Premiers pas
en **CSS** et
HTML

CHEZ LE MÊME ÉDITEUR

HTML, CSS et JavaScript

R. RIMELE. – **HTML5.**
N°12982, 2011, 600 pages.

R. GOETTER. – **CSS avancées.** *Vers HTML5 et CSS3.*
N°12826, 2011, 400 pages.

R. GOETTER. – **CSS 2 : pratique du design web.**
N°12461, 3ᵉ édition, 2009, 340 pages.

R. RIMELE. – **Mémento HTML5.**
N°13420, à paraître 2012, 14 pages.

R. GOETTER. – **Mémento CSS 3.**
N°13281, 2011, 14 pages.

R. GOETTER. – **Mémento XHTML.**
N°12541, 2ᵉ édition, 2009, 14 pages.

D. CEDERHOLM. – **CSS 3 pour les Web designers.**
N°12987, 2011, 132 pages (A Book Apart).

J. KEITH, préface de J. ZELDMAN. – **HTML 5 pour les Web Designers.**
N°12861, 2010, 90 pages (A Book Apart).

E. SARRION. – **jQuery et jQuery UI.**
N°12892, 2011, 500 pages.

C. PORTENEUVE. – **Bien développer pour le Web 2.0.** *Bonnes pratiques Ajax.*
N°12391, 2ᵉ édition, 2008, 674 pages.

Développement Web mobile

F. DAOUST, D. HAZAËL-MASSIEUX. – **Bonnes pratiques pour le Web mobile.** *Conception et développement.*
N°12828, 2011, 300 pages.

E. SARRION. – **XHTML/CSS et JavaScript pour le Web mobile.** *Développement iPhone et Android avec et iUI et XUI.*
N°12775, 2010, 274 pages.

J. STARK. – **Applications iPhone avec HTML, CSS et Java-Script.** Conversion en natifs avec PhoneGap.
N°12745, 2010, 190 pages.

CMS et développement côté serveur

F.-X. ET L. BOIS. – **WordPress 3 pour le blogueur efficace.**
N°12829, 2011, 358 pages.

M. BLANCHARD. – **Magento.** *Réussir son site e-commerce.*
N°12515, 2010, 352 pages.

Y. BRAULT, préface d'Edwy PLENEL. – **Concevoir et déployer ses sites web avec Drupal 6 et 7.**
N°12780, 2ᵉ édition, 2010, 420 pages.

V. ISAKSEN, T. TARDIF. – **Joomla et Virtuemart.** *Réussir sa boutique en ligne.*
N°12487, 2ᵉ édition, 2009, 336 pages.

E. DASPET et C. PIERRE DE GEYER. – **PHP 5 avancé.**
N°13435, 6ᵉ édition, à paraître 2012, 800 pages.

J.-M. DEFRANCE. – **Ajax, jQuery et PHP.**
N°13271, 2011, 474 pages.

A. VANNIEUWENHUYZE. – **Programmation Flex 4.**
N°12725, 2ᵉ édition, 2010, 604 pages.

G. SWINNEN. – **Apprendre à programmer avec Python 3.**
N°12708, 2ᵉ édition, 2010.

Design et marketing Web

A. BOUCHER. **Ergonomie web.** *Pour des sites web efficaces.*
N°13215, 3ᵉ édition, 2011, 380 pages.

A. BOUCHER. – **Ergonomie web illustrée.** *60 sites à la loupe.*
N°12695, 2010, 302 pages (Design & Interface).

I. CANIVET. **Bien rédiger pour le Web.** *Stratégie de contenu pour améliorer son référencement.*
N°12883, 2ᵉ édition, 2011, 540 pages.

E. MARCOTTE, **Responsive Web Design.**
N°13331, 2011, 160 pages (A Book Apart).

E. KISSANE, **Stratégie de contenu Web.**
N°13279, 2011, 96 pages (A Book Apart).

A. BOUCHER. – **Mémento Ergonomie web.**
N°12698, 2ᵉ édition, 2010, 14 pages.

E. SLOÏM. – **Mémento Sites web.** *Les bonnes pratiques.*
N°12802, 3ᵉ édition, 2010, 18 pages.

M.-V. BLOND, O. MARCELLIN, M. ZERBIB. – **Lisibilité des sites web.** *Des choix typographiques au design d'information.*
N°12426, 2009, 326 pages.

O. ANDRIEU. – **Réussir son référencement web.**
N°13396, 2012, 480 pages.

S. ROUKINE. – **Améliorer ses taux de conversion Web.**
N°12858, 2011, 260 pages

A. KAUSHIK. – **Web Analytics 2.0.**
N°12801, 2011, 486 pages

S. BORDAGE. – **Conduite de projet Web.**
N°13308, 6ᵉ édition, 2012, 480 pages.

N. CHU. – **Réussir un projet de site web.**
N°12742, 6ᵉ édition, 2010, 256 pages.

T. PARISOT. – **Réussir son blog professionnel.** *Image, communication et influence à la portée de tous.*
N°12768, 2ᵉ édition, 2010, 322 pages.

Francis **Draillard**

Premiers pas en CSS et HTML

→ **4ᵉ édition**

EYROLLES

ÉDITIONS EYROLLES
61, bd Saint-Germain
75240 Paris Cedex 05
www.editions-eyrolles.com

Avant-propos

Des pages web ? Oui, mais avec du style ! Comment créer des sites à la fois esthétiques et faciles à mettre à jour ? Car si les pages que nous concevons ont belle allure, c'est bien ; mais qu'y a-t-il derrière, comment sont codées ces magnifiques pages ?

Sera-t-il facile de changer la charte graphique du site ? Ou de modifier la structure d'une page ? Sera-t-il possible de créer de nouvelles pages en réutilisant le travail de mise en forme déjà effectué ?

Bref, à quoi sert d'avoir une voiture rutilante, avec toit ouvrant, jantes alliage, rétroviseurs électriques et tout le tralala, s'il faut démonter le moteur pour faire la vidange ? C'est une comparaison exagérée, certes, mais qui a le mérite de poser clairement le problème.

Vous avez donc compris qu'au-delà du résultat affiché d'un site web, il faut penser à sa maintenance : rectifications, mises à jour, changements de mise en page doivent pouvoir s'effectuer facilement. Il nous faut donc apprendre le langage HTML, mais pas seulement. Existe-t-il également une technique pour obtenir une mise en page à la fois précise et souple ? Bien sûr ! Et vous avez de la chance, tous ces points sont justement l'objet de l'ouvrage qui se trouve entre vos mains !

Une méthode moderne, pour créer des sites web de bonne qualité et faciles à maintenir, consiste à écrire les pages en HTML, langage clair et efficace, en association avec des feuilles de style ou CSS, pour *Cascading Style Sheets*. Nous étudierons parallèlement les standards XHTML 1/CSS 2 avec les normes HTML 5 et CSS 3 qui constituent le futur du Web.

Les feuilles de style sont utilisées depuis longtemps dans les traitements de texte. Elles facilitent la mise en forme, tout en rendant plus homogènes les différentes pages d'un long document. En ce qui concerne les pages web, les premières normes pour les feuilles de style, CSS 1, ont été publiées fin 1996, suivies des normes CSS 2 en 1998.

Les normes HTML 5 et CSS 3 en cours d'élaboration sont largement détaillées dans cet ouvrage. Cependant, pour que nous puissions les utiliser pleinement, il nous faudra attendre que les logiciels de navigation web les prennent en compte pour que les concepteurs puissent enfin les utiliser, d'où un certain « retard à l'allumage ».

Les avantage cumulés du HTML et des CSS sont disponibles, profitons-en ! Et découvrons ensemble dans cet ouvrage tout le bénéfice que l'utilisation rationnelle de ces normes nous apporte : une façon différente d'appréhender la conception des pages web. Il suffit de s'y aventurer pour être conquis... Bonne lecture !

Structure de l'ouvrage

Le **premier chapitre** est une introduction qui nous présente le principe général du langage HTML, des feuilles de style et d'une bonne écriture HTML/CSS.

Le **deuxième chapitre** explique de façon concrète les bases du HTML qui sont pour la plupart communes aux normes XHTML 1 et HTML 5, les différences éventuelles étant précisées. À partir d'exemples, il détaille l'utilisation des principales balises HTML, présente leur classement par types de balise et leur hiérarchie dans une page web. Il fournit les quelques mots de vocabulaire utilisés par la suite pour expliquer la conception d'une feuille de style.

Les spécificités de la norme HTML 5 sont traitées dans le **troisième chapitre**. Ces nouveaux éléments pourront être utilisés au fur et à mesure de leur prise en compte par les navigateurs.

Au **quatrième chapitre** apparaissent les feuilles de style. À partir d'exemples, nous verrons de quelle façon et à quel endroit les écrire, quelles unités de mesure utiliser, etc.

Les propriétés CSS, définies par la norme CSS 2 et constituant toujours la base des CSS 3, sont détaillées dans les **cinquième** et **sixième chapitres**, qui expliquent respectivement les propriétés de mise en forme et celles liées au positionnement des éléments dans la page. Des exemples illustrent chaque propriété, dont toutes les valeurs possibles sont détaillées. Les principales nouveautés apportées par la norme CSS 3 sont expliquées de la même façon, dans le **septième chapitre**.

Le **huitième chapitre** est une synthèse des précédents : à partir de nos connaissances en HTML et CSS, nous construirons ensemble les trames de sites complets, d'abord avec des blocs de couleur unie, puis avec des images de fond pour créer des sites réellement finis.

Après cela, nous nous rendrons dans le domaine des pages web pour téléphones mobiles et appareils de poche. Ce **neuvième chapitre** explique dans un premier temps le principe de conception pour les écrans de poche. Ensuite, il reprend le dernier exemple complet du chapitre précédent, pour en proposer une version qui s'adapte automatiquement au Web mobile en fonction de la taille de l'écran.

Le **dixième chapitre** nous parle des autres médias pour lesquels des propriétés de style existent, plus particulièrement les pages destinées à l'impression et la diffusion sonore des pages web.

En **annexes** se trouvent les noms et codes des couleurs de base, un tableau de synthèse sur le comportement des principaux navigateurs, et des astuces très pratiques pour y adapter les feuilles de style, en particulier pour remplacer quelques propriétés mal interprétées par les anciennes versions d'Internet Explorer. Suivent un index des propriétés, en guise de formulaire, puis une liste de références bibliographiques et de sites web utiles.

Les fichiers qui servent d'exemples dans le livre peuvent être téléchargés à l'adresse http://livre.antevox.fr ainsi que sur la fiche de l'ouvrage sur http://www.editions-eyrolles.com.

Crédits des photographies et illustrations

Tous droits réservés pour toutes les photographies et illustrations publiées dans cet ouvrage.

Les crédits qui ne figurent pas dans les légendes des illustrations sont mentionnés ci-après.

Les pages d'ouverture des chapitres 1, 3, 6 et 7 sont des extraits du site Zen-Garden http://www.csszengarden.com/tr/francais/, respectivement les versions :

- « Tranquille » par Dave Shea (http://www.mezzoblue.com) ;
- « Japanese garden » par Masanori Kawachi (http://www.jugglinglife.org) ;
- « Like the Sea » par Lars Daum (http://www.redrotate.de/) ;
- « Kyoto Forest » par John Politowski (http://www.rpmdesignfactory.com).

Figures 1–3, 2-13, 4–4 à 4–11, 7-4, 10–2, A-2, A-3 (haut), pages d'ouverture des chapitres 4, 5 et 10, ainsi que des annexes A, C et D : copyright 2010 Francis Draillard, Micro Application et ses concédants.

Figures 1–1, 1–2, 2–1 à 2–9, 2–11 à 2-13, 2-15 à 2–19, 2-22, 3-1 à 3-8, 3-10, 3-12 à 3-17, 4–1, 4–2, 4-13 et 4–14, 5–1 à 5–8, 5-10 à 5-15, 6–1 à 6-6, 6-8 à 6-15, 6-17, 7-2, 7-3, 7-6, 7-8, 7-9, 7-11 à 7-16, 7-20, 7-23, 8-2 à 8-13, 9-5, 9-8 à 9-10, 10-1, 10-2, B-7, pages d'ouverture du chapitre 8 et de l'annexe B : Francis Draillard.

Page d'ouverture du chapitre 2 : dessin d'Alice Draillard.

Figure 4-3 : extraite du site http://www.wikipedia.fr, photo d'Éric Pouhier (décembre 2005). Figure B-1 : utilisation d'une illustration provenant du site http://www.wikipedia.fr. Page d'ouverture du chapitre 9 : photo provenant du site Wikimedia http://wikimediafoundation.org/wiki/Accueil.

Remerciements

Je tiens à remercier Muriel Shan Sei Fan, éditrice informatique des Éditions Eyrolles. C'est grâce à elle que la publication de ce livre a été possible et ses conseils m'ont été précieux pour la rédaction finale. Merci aussi à Dimitri Robert : auteur d'un excellent livre sur le logiciel Gimp, dans cette même collection, il m'a aiguillé vers Muriel pour lui proposer mon manuscrit.

Merci encore à celles et ceux qui ont participé aux différents stades de la conception de ce livre :

- pour leurs conseils judicieux et la coordination de ce livre, à Muriel Shan Sei Fan pour toutes les éditions, ainsi qu'à Sandrine Paniel depuis la troisième édition ;
- pour la relecture à Eliza Gapenne et Anne Bougnoux (première édition), à Jean-Baka Domelevo Entfellner (deuxième édition) et à Sandrine Paniel depuis la troisième édition ;
- pour la mise en page à Gaël Thomas et Jean-Marie Thomas lors de la première édition, et à nouveau à Gaël Thomas qui a œuvré seul pour les éditions suivantes.

Je remercie beaucoup pour leur contribution :

- Alain Beyrand (http://www.pressibus.org) : son classement des couleurs est très intéressant. Il est publié en annexe (mais en moins bien, car sans les couleurs !).
- Les auteurs du site http://www.w3.org, source extrêmement riche de renseignements qui explique dans tous leurs détails les normes du World Wide Web Consortium (W3C), ainsi que Jean-Jacques Solari, qui a traduit en français bon nombre de ces documents sur le site http://www.yoyodesign.org. Trois figures sont extraites de ce site, ainsi que les tableaux des propriétés CSS, qui se trouvent en annexe.
- Le site www.w3schools.com, dont le contenu et les exemples sont un complément utile aux normes éditées par le W3C.

Je suis reconnaissant également à mes étudiants de l'EIGSI (École d'ingénieurs à La Rochelle) et de Sup de Co La Rochelle. Qu'ils me pardonnent : je me suis servi de leurs erreurs et de leurs difficultés pour rendre ce livre plus clair et plus pédagogique.

Enfin, c'est de tout mon cœur que je remercie mon épouse et ma fille, pour leur soutien et leur participation.

Francis Draillard

contact@antevox.fr

http://www.antevox.fr

Table des matières

1

Jardin Zen css

La beauté de la conception CSS

Le chemin vers l'édification

Les reliques passées des sélecteurs spécifique aux navigateurs, des DOMs incompatibles, et du manque de support des CSS encombrent un long chemin sombre et morne.

Aujourd'hui, nous devons nous clarifier l'esprit et nous débarassez des pratiques passées. La révélation de la véritable nature du Web est maintenant possible, grâce aux efforts infatigables des gens du W3C, du WaSP et des créateurs des principaux navigateurs.

Le Jardin Zen css vous invite à vous relaxer et à méditer sur les leçons importantes des maîtres. Commencez à voir clairement. Apprenez à utiliser ces techniques (bientôt consacrées par l'usage) de manière neuve et revigorante. Ne faites qu'Un avec le Web.

Alors, de quoi s'agit–il?

Il y a clairement un besoin pour les graphistes de prendre les CSS au sérieux. Le Jardin Zen vise à exciter, inspirer, et encourager la participation. Pour commencer, voyez quelques concepts choisis dans la liste. Cliquez sur n'importe lequel pour le charger sur cette page. Le code HTML demeure le même, et seule la feuille de style extérieure change. Oui, vraiment.

Une demonstration de ce qu'on peut accomplir lorsqu'on utilise les CSS pour la conception web. Sélectionnez n'importe quelle feuille de style listée pour charger le résultat sur cette page.

Téléchargez les fichiers d'exemple html et css

Les CSS permettent un contrôle complet et total du style d'un document hypertexte. La seule manière de vraiment démontrer cela d'une manière qui excite les gens est de démontrer ce qui peut vraiment être, une fois que les rennes ont été placées dans les mains de ceux capables de créer la beauté basée sur la forme. Jusqu'à maintenant, les exemples de trouvailles et montages intéressants ont étés fournis par des programmeurs et des structuralistes. Les concepteurs ont encore à faire leurs preuves. Cela doit changer.

choisissez une conception:

Dazzling Beauty by Deny Sri Supriyono

Dark Rose by Rose Fu

Leave My Ego by Jon Tan

LoGoZee by ViaRon Pierre-Antoine

The Diary by Alexander Shabuniewicz

Lonely Flower by Mitja Ribic

Mozart by Andrew Brundle

Organica Creativa by Eduardo Cesario

archivelo

Conceptions suivantes »

Voir toutes les conceptions

Introduction au HTML et aux feuilles de style CSS

Que signifient HTML et CSS ?
Quels avantages nous apportent
les feuilles de style ?
Comment se partagent-elles
le « travail » de mise en page
avec le code HTML ?

Cette introduction nous emmène à la découverte de quelques notions fondamentales à propos du HTML et des feuilles de style CSS. Ce sera aussi l'occasion, à partir d'exemples, de poser les principes d'une bonne écriture des pages web.

Signification de HTML et CSS

Le sigle HTML correspond aux initiales de « HyperText Markup Language », c'est-à-dire *langage de marquage hypertexte*.

Cela signifie que la mise en place d'une page web (titres, paragraphes, images...) utilisera des caractères pour *marquer* d'une certaine façon les différentes parties du texte. Parmi ces caractères de marquage, certains correspondront à des liens vers d'autres pages web : ce sont des liens *hypertextes*.

Le HTML 4 a évolué vers l'appellation XHTML 1, avant de revenir à son nom initial HTML pour la version 5. Le « X » de XHTML vient de XML, soit « eXtensible Markup Language », langage plus complexe et plus strict que le HTML. C'est lui qui a inspiré la transition du HTML vers la forme plus rigoureuse qu'est le XHTML. Son successeur, le HTML 5, accepte à nouveau une syntaxe plus souple, tout en conservant les bases et les acquis de la version XHTML 1.

Quant à CSS, cela signifie « *Cascading Style Sheets* », ce qui se traduit en français par *feuilles de style en cascade*. À la version courante CSS 2 vient s'ajouter la dernière norme CSS 3, qui reprend l'existant et ajoute de nouvelles propriétés très intéressantes.

La feuille de style fournit la mise en forme des éléments de la page, qui auront été écrits en HTML. Elle s'applique à une ou plusieurs pages du site.

Le terme « en cascade » indique que la mise en forme d'une page peut faire appel à plusieurs feuilles de style. Les différentes propriétés affectées à un même élément s'ajoutent alors pour lui donner sa mise en forme finale. Lorsque deux propriétés se contredisent, des règles de priorité s'appliquent et c'est généralement le dernier style défini qui est pris en compte.

Principes de base pour une page web

Voici les principales qualités demandées à une page web : qu'elle soit claire dans sa conception, accessible à tous et que son esthétique s'accorde bien avec son contenu.

Choix sensé des balises HTML

En HTML, chaque élément doit être porteur de sens. Par exemple :

- Pour un titre de page, utiliser un titre de niveau 1 `<h1>` plutôt qu'un paragraphe quelconque `<p>`.
- Pour un menu (liste de liens), choisir une liste sans numérotation `<ul>`.

L'utilisation de balises qui donnent du sens présente plusieurs intérêts :

- le code sera plus clair pour le développeur et la maintenance future du site en sera facilitée ;
- les moteurs de recherche indexeront mieux les pages, car ils y retrouveront plus facilement les mots-clés essentiels ;
- l'accessibilité sera améliorée pour les personnes en situation de handicap visuel.

Adaptation aux navigateurs

Il s'agit de couvrir, autant que possible, une large gamme de navigateurs :

- différents logiciels du marché ;
- divers systèmes d'exploitation ;
- d'autres médias que le PC : assistant personnel ou PDA, téléphone mobile, smartphone ou tablette connectée...

De plus, les pages web doivent rester lisibles lorsque la feuille de style n'est pas prise en compte :

- lecture en mode texte ;
- lecture vocale ou en braille ;
- anciens navigateurs qui ne reconnaissent pas complètement les styles.

Figure 1–1 *Nos pages doivent pouvoir s'afficher dans différents navigateurs.*

Accessibilité

L'accès aux personnes handicapées (que le handicap soit visuel, auditif, moteur) doit être facilité :

- Proposez une navigation alternative lorsque sont utilisés des menus graphiques ou reposant sur des scripts (des modules complémentaires, appelés *plug-ins* en anglais, sont nécessaires pour Java, Flash...).
- Évitez les structures de page reposant sur des cadres (*frames*) ou des tableaux, réservez les tableaux à la présentation de données en lignes ou en colonnes.
- Ne vous basez pas uniquement sur les couleurs, permettez également l'augmentation de la taille du texte.
- Proposez une alternative aux contenus purement visuels (images) ou auditifs, facilitez la lecture des liens hypertextes...

L'apparence, fonction du thème et du public concerné

Le choix des couleurs et des polices de caractères est fonction du style à donner aux pages web, donc de leur thème et du public visé.

Polices de caractères

- Pour le web, utilisez généralement des polices sans sérif (Arial, Helvetica, Trebuchet, Verdana...).

- Réservez aux titres les autres polices et surtout les polices fantaisie.
- N'abusez pas de l'italique, à réserver pour quelques mots ou remarques.
- Évitez les caractères trop petits pour des paragraphes entiers.
- Limitez à deux ou trois le nombre de polices différentes dans une même page.

FIGURE 1–2 *Choisissez des polices lisibles et harmonieuses : ne suivez pas ce très mauvais exemple !*

En résumé, quelques sentiments liés aux couleurs

Les différentes couleurs correspondent à des sentiments, des impressions, des atmosphères. La connaissance de ces relations peut nous aider à choisir le graphisme du site à créer, en fonction de son sujet et de la catégorie d'internautes auquel il est destiné. Voici les valeurs communément associées aux couleurs les plus courantes :

- Les couleurs chaudes, telles que le jaune, l'orange et le rouge, représentent la chaleur et le dynamisme, ainsi que les impulsions.
- Les couleurs froides, comme le gris, le bleu, le vert et le violet, indiquent la fraîcheur, le calme et aussi le raisonnement (sciences).
- Les couleurs vives sont associées à l'action.

- Les couleurs pastel font penser à la poésie et donnent une impression de sensibilité.
- Enfin, le gris et le blanc sont des couleurs passe-partout.

Homogénéité du site

Les différentes pages d'un site doivent présenter un minimum d'homogénéité entre elles. Elles proposeront par exemple des variations autour d'un graphisme commun.

Il est donc important de définir une « charte graphique » (polices, couleurs, logos...) à partir de laquelle les pages seront construites.

FIGURE 1–3 *Bien choisir les couleurs d'une page*

Principes d'une bonne écriture HTML/CSS : donner du sens au codage

L'essentiel est de séparer le contenu (codé en HTML) de la mise en forme (feuilles de style CSS). Cette méthode présente plusieurs avantages, notamment la clarté du code et la possibilité de définir des styles communs à plusieurs pages.

Voici quelques exemples de mise en forme à l'aide de balises qui donnent du sens au texte. Ils utilisent le principe des balises, que nous n'avons pas encore détaillé car c'est l'objet du chapitre qui suit. Cependant c'est une première approche intéressante, avant de se jeter dans le grand bain du HTML et des CSS !

Titre de page

Au lieu d'écrire le titre dans un paragraphe normal `<p>` et de l'affubler d'une tonne de mises en forme (grande taille, gras, espacement au-dessus et en dessous), codez-le plutôt comme « titre de niveau 1 » avec la balise `<h1>` et, si besoin est, complétez sa mise en forme à l'aide d'une règle de style CSS :

- dans le code HTML : `<h1>Ici un titre</h1>`
- et dans la feuille de style : `h1 { ...mise en forme...}`

Mise en gras ou en italique

Pour mettre des mots en gras ou en italique, nous utilisions jusqu'à la norme HTML 4 les balises `<b>` (gras) et `<i>` (italique), qui sont à présent remplacées dans cette utilisation, tant en XHTML 1 qu'en HTML 5 : nous utiliserons respectivement `<strong>` et `<em>` pour ces deux mises en forme courantes.

L'affichage sera identique avec les anciennes et les nouvelles balises, alors pourquoi ce changement ? Il correspond au raisonnement suivant :

- Les nouvelles balises `<strong>` et `<em>` indiquent une mise en relief plus ou moins prononcée sans dire par quel moyen elle s'effectuera, notamment sans préciser qu'il s'agit du gras ou de l'italique comme le font les anciennes `<b>` (« gras » se dit *bold* en anglais) et `<i>`.
- Ainsi par exemple, le concepteur de la page peut effectuer cette mise en forme par un changement de couleur du texte, sans recourir au gras ni à l'italique. Ce choix serait en contradiction avec le nom des anciennes balises, il ne l'est pas avec celui des nouvelles.

Liste de liens hypertextes (menu)

Pour écrire un menu, évitez d'avoir recours à une succession de balises `<p>`. Préférez-leur une structure de liste en délimitant l'ensemble par la balise `<ul>` (liste non numérotée), et chaque ligne par une balise `<li>`. Nous reviendrons bientôt sur l'utilisation de ces balises.

Ainsi, cette partie se différenciera du texte et constituera un ensemble homogène, avec une fonction bien précise : celle d'un menu. Par contre, si la suite de la page contient des paragraphes <p> incluant aussi des liens hyper-textes, ceux-ci seront bien repérés comme représentant le texte de la page.

À NOTER **Menu en début de page**

Puisque nous parlons de menu, il faut signaler que sa place de choix dans le code se trouve au début de la page. Celle-ci sera alors mieux comprise par les navigateurs qui lisent la page en mode texte, d'où une accessibilité améliorée pour les personnes handicapées et un meilleur référencement par les moteurs de recherche.

FIGURE 1-4 *Cet extrait de page contient en haut un titre de niveau 1 (nom du site), à gauche une liste de liens (menu général) et sur la droite un paragraphe de texte. Il provient de la page d'accueil du site* http://www.framasoft.net, *portail de la communauté francophone des logiciels libres.*

Intérêt des feuilles de style

L'utilisation des feuilles de style n'a pas pour seul but de répondre aux normes et de faire plaisir au W3C (consortium qui définit les règles de codage des pages web : http://www.w3.org). Un bénéfice réel et concret découle de cette façon de travailler.

La dissociation du contenu (HTML) et de la mise en forme (feuille de style) permet :

- de retrouver et corriger plus facilement le texte des pages ;
- d'utiliser une feuille de style externe, commune aux différentes pages d'un site. Il en résulte une meilleure unité graphique entre ces pages et

aussi des mises à jour plus simples par la suite. Une modification dans la feuille de style externe se répercute d'un seul coup sur toutes les pages du site.

La mise en page est beaucoup plus légère, car elle ne nécessite plus comme autrefois l'utilisation de tableaux. Les CSS permettent en effet de positionner les différentes partie d'une page web :

- soit de façon rigoureuse : blocs fixes dont les coordonnées sont choisies ;
- soit d'une manière souple : blocs flottants qui s'alignent les uns par rapport aux autres.

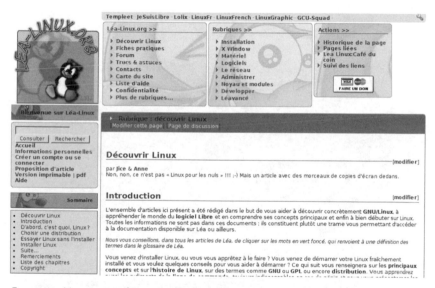

FIGURE 1–5 *Une page web est constituée de blocs contenant du texte et des images (extrait de la page* http://lea-linux.org/cached/index/Intro-index.html, *site francophone d'entraide pour les utilisateurs de Linux).*

Cette présentation était l'occasion de connaître quelques principes de base auxquels nous ferons référence plus tard. Le chapitre qui suit va nous donner des outils concrets pour écrire une page HTML et nous préparer à la mise en place d'une feuille de style.

L'essentiel du HTML/XHTML

Qu'est-ce qu'une page web et quelle en est la structure ? Quelles sont les règles d'imbrication des balises HTML ? Partons à la découverte du langage HTML, dont les bases sont communes aux deux versions XHTML 1 et HTML 5.

Dans le contenu d'une page web, chaque balise HTML représente un élément. Après avoir étudié l'utilisation de ces balises, nous nous intéresserons à leur imbrication : un élément est toujours inclus à l'intérieur d'un autre, ne serait-ce que celui qui délimite et englobe le contenu de la page. La hiérarchie entre ces éléments est importante à comprendre pour ensuite bien utiliser les feuilles de style.

Dans ce chapitre nous préciserons quelques termes, essentiels pour comprendre les feuilles de style. Toutes ces notions ainsi que l'essentiel des balises sont valables pour les deux normes XHTML 1 et HTML 5 ; les différences seront indiquées chaque fois qu'il s'en présentera.

Principe des balises

HISTOIRE **Naissance du HTML**

Le langage HTML fut inventé en 1990 par Tim Berners-Lee lorsqu'il travaillait au CERN de Genève (Centre Européen de Recherche Nucléaire). L'objectif était alors d'afficher des pages d'information ayant les propriétés suivantes :

- Les pages étaient reliées entre elles par des liens hypertextes (ces liens sur lesquels, aujourd'hui, nous n'arrêtons pas de cliquer !).
- Ces documents devaient être lisibles sur tous les ordinateurs, quel que soit leur système d'exploitation : Windows, Unix, Mac OS, etc.

Tim Berners-Lee a poursuivi ce travail en fondant le W3C, World Wide Web Consortium. Cet organisme regroupe les principaux acteurs du Web ; il standardise et fait évoluer les différentes normes du monde Internet.

C'est pour constituer un ensemble de pages reliées entre elles, accessibles de n'importe quelle machine sur le réseau, que le HTML fut créé, sur le principe du codage de portions de texte à l'aide de balises. Cette méthode reste bien sûr d'actualité, les pages du Web étant exclusivement codées avec des caractères.

Les différentes parties de texte sont donc délimitées par des « balises », qui donnent des indications de mise en forme ou de structuration, l'une d'elles (<a> comme *ancre*) servant à relier les pages entre elles par les fameux liens hypertextes.

Par exemple, la mise en italique du mot « bonjour » s'écrit :

```
<em>bonjour</em>
```

> NORMES **La balise <em> remplace la balise <i>**
>
> Difficile de résister à l'usage de cette balise <i> qui est si simple et intuitive : **i** comme **i**talique ! À présent, la norme lui préfère la balise <em> (emphase) : elle est plus générale et indique une mise en relief du texte.
> Ainsi, si cette balise <em> produit par défaut de l'italique, libre au concepteur d'indiquer dans sa feuille de style que cette mise en relief ne se fera pas en italique mais, pourquoi pas, en jaune sur fond rose... C'est très gai, non ?

Autre exemple d'élément (ici un titre de niveau 1) :

```
<h1>Premier chapitre</h1>
```

Les mots ainsi encadrés par la balise <h1> seront écrits en caractères gras et de grande taille. Ils seront aussi plus clairement séparés du texte qui les entoure.

Évolution de la norme HTML

Après sa version 4, le HTML a évolué vers une norme dont la syntaxe est plus rigide, mais plus rigoureuse, d'où un code clarifié qui simplifie la maintenance des pages web. Cette version a été appelée XHTML 1, de façon à bien marquer cette orientation.

Son successeur, le HTML 5, a repris la dénomination initiale car il est redevenu plus tolérant pour le codage. Cependant, il reste fortement conseillé de conserver les bonnes habitudes introduites par le XHTML.

Ces pratiques éclairées n'ont rien de compliqué et consistent également à utiliser les feuilles de style CSS (*Cascading Style Sheets*), de façon à ne pas mélanger le contenu du texte et sa mise en forme. Nous allons étudier tout cela de façon progressive : après avoir posé la base que constitue le code HTML, nous passerons à l'étude des CSS.

> NORMES
>
> **Méli-mélo de numéros pour les normes HTML/XHTML**
>
> Entre HTML et XHTML, les numérotations de versions ont été disparates, car au HTML 4 a succédé le XHTML 1 puis le HTML 5. Voici l'explication de ce cheminement sinueux :
>
> - Apparu en 1997, le HTML version 4 a fait place en 2000 au XHTML 1. La version suivante aurait dû être le XHTML 2 et induire une rupture technologique, mais la compatibilité nécessaire avec les sites et navigateurs existants rendait ce cap difficile à maintenir.
> - C'est pourquoi le W3C a adopté en 2007 les propositions du WHATWG (*Web Hypertext Application Technology Working Group*) pour la création de la norme HTML 5. L'appellation HTML est reprise, car cette version 5 réintroduit quelques éléments et tolérances dont ont besoin les éditeurs *Wysiwyg* (*what you see is what you get*). Ces logiciels mélangent le contenu et la mise en forme, celle-ci s'effectuant à l'aide de la souris et sans écrire de code.
> - Il existe également une version XHTML 5 dont nous n'aurons pas l'utilité dans cet ouvrage : hormis deux lignes d'en-tête, elle partage les mêmes balises que le HTML 5, mais donne l'accès à des données au format XML (eXtensible Markup Language) utilisant des balises personnalisables. Quant à la version XHTML 2, son développement a officiellement été abandonné en 2009.

Premières règles d'écriture HTML

Familiarisons-nous avec les principes de base qui valent pour l'écriture d'un fichier HTML : son nom d'abord, puis la façon d'écrire son contenu.

Règles pour les noms des fichiers

Chaque page web est un fichier dont le nom peut comprendre des lettres, des chiffres et des tirets. À éviter : les espaces, les caractères accentués et le « ç ». Son extension est généralement « .html ».

La première page du site et de chacun de ses sous-dossiers doit être nommée index.html (ou index.htm). En effet, c'est cette page de nom *index* qui s'affichera par défaut si l'internaute tape l'adresse de votre site sans préciser le nom du fichier, comme dans www.votresite.com. S'il n'existe pas de page nommée *index*, l'internaute ne verra alors qu'une liste de fichiers et de sous-dossiers, façon explorateur de fichiers...

> REMARQUE **Arborescence du site**
>
> Lorsque le site comprend des sous-niveaux, notez qu'il faut saisir dans la barre d'adresse le séparateur /, habituel également dans le monde Unix/Linux, tandis que l'explorateur de fichiers sous Windows utilise la barre oblique inverse ou *antislash* \...

Règles d'écriture des balises en HTML et XHTML

Nous avons vu que le passage du HTML au XHTML a apporté une écriture plus précise, pour plus de logique et de clarté dans le codage de nos pages web. Ces règles du XHTML sont simples à énoncer :

- Les balises s'écrivent toujours en minuscules.
- Chaque balise doit être refermée.

Le HTML 5 est plus tolérant, considérant par exemple que le début d'un nouveau paragraphe entraîne automatiquement la fermeture du précédent, même si celle-ci n'a pas été précisée. Cependant, la notation plus rigoureuse du XHTML est vivement conseillée : non seulement cette écriture reste valide en HTML 5, mais elle ne peut que faciliter la lecture du code et éviter des erreurs.

NORMES **Fermeture des balises simples**

En XHTML, toutes les balises doivent être fermées, y compris celles qui, n'entourant pas de contenu, ne s'écrivent pas par paires. Leur barre de fermeture est alors intégrée dans la balise elle-même :

- Saut de ligne : `<br />` au lieu de `<br>`
- Tracé d'une ligne horizontale : `<hr />` au lieu de `<hr>`
- Image : `<img src="logo.gif" />` au lieu de `<img src="logo.gif">`

Cette barre de fermeture interne est facultative en HTML 5, qui accepte donc les deux formes d'écriture.

En ce qui concerne les attributs des balises, ils sont à écrire entre guillemets simples ou doubles. Par exemple la balise qui affiche l'image fournie par le fichier `logo.gif` s'écrit :

```
<img src="logo.gif" />
```

D'autre part, lorsqu'il y a imbrication de balises dans le code, leur ordre de fermeture doit être l'inverse de celui d'ouverture :

```
<h1>...<em>...</em></h1>
```

Structure d'une page HTML

Une page HTML s'écrit de la façon suivante :

- Sur la première ligne, la balise `<!DOCTYPE ...>` indique la version de (X)HTML utilisée.
- Le reste de la page est encadré par des balises `<html>` et `</html>` qui signifient *début* et *fin* de HTML.
- Entre ces deux balises se trouvent deux parties : l'en-tête de la page entre `<head>` et `</head>` et le contenu (le corps) de la page entre `<body>` et `</body>`.

Structure générale d'une page HTML

```
<!DOCTYPE html>
<html>
  <head>
```

```
    <title>Titre affiché dans la barre du navigateur
    </title>
            . . .
  </head>
  <body>
    ...Contenu de la page...
  </body>
</html>
```

Notez qu'en XHTML, la balise <!DOCTYPE ...> est beaucoup plus longue et un peu barbare ; la version simplifiée écrite ici correspond à la norme HTML 5. Ne vous inquiétez pas pour autant : un simple copier-coller nous fournira le bon DOCTYPE et nous y reviendrons plus loin. Notez que cette balise est la seule à s'écrire en majuscules, toutes les autres sont en minuscules.

Délimité par les balises <head> et </head>, l'*en-tête* donne des informations qui ne seront pas visibles dans la page web, sauf la balise <title> qui fournit le titre de la page affiché dans la barre de titre, tout en haut de la fenêtre du navigateur. Les autres balises de l'en-tête indiquent la langue et le codage utilisés, les styles (feuilles de style CSS), etc. Nous les détaillerons plus loin également.

Tout le contenu visible dans le navigateur, le texte comme les liens vers les images, se trouve dans le *corps de la page* entre les balises <body> et </body>.

Espaces, sauts de ligne et commentaires invisibles

Dans votre fichier d'édition, vous pouvez sauter des lignes et aérer le code HTML à votre guise : quel que soit le nombre d'espaces ou de sauts de lignes se succédant entre deux mots, le navigateur n'affichera qu'un seul espace.

Pour créer un saut de ligne qui sera effectivement affiché, il faut utiliser la balise
 (comme *break*).

Pour forcer l'affichage de plusieurs espaces successifs sur une ligne, il faut utiliser le caractère spécial   pour *non breakable space*, ou *espace insécable* en français .

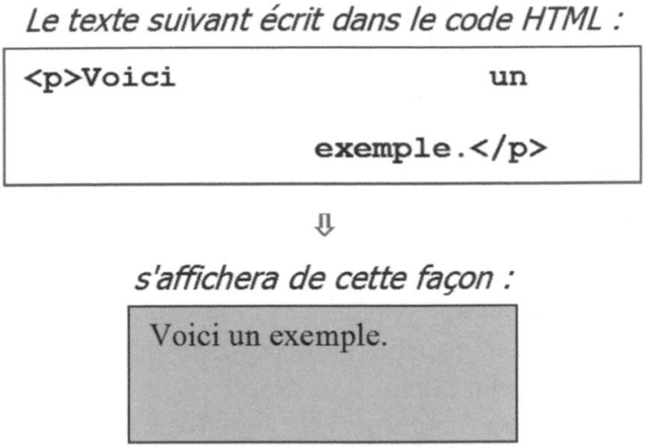

Le texte suivant écrit dans le code HTML :

```
<p>Voici                        un

                    exemple.</p>
```

⇓

s'affichera de cette façon :

Voici un exemple.

FIGURE 2–1 *Les suites d'espaces et les sauts de ligne tapés dans le code HTML sont ignorés lors de l'affichage.*

> SYNTAXE **Caractères spéciaux**
>
> Attention, tous les caractères spéciaux (dont l'espace insécable ` `) commencent par l'esperluette (&) et se terminent par un point-virgule, qu'il ne faut pas oublier.

D'autre part, il est toujours utile de placer des *commentaires* dans le code HTML, pour s'y retrouver plus tard. Ils ne seront pas affichés par le navigateur, mais constituent une aide pour celui qui écrit et lit le code source de la page. Ils peuvent être écrits sur une ou plusieurs lignes et sont délimités par les balises `<!--` et `-->`.

Exemples de commentaires

```
<!-- Ici un commentaire pour le créateur de la page -->

<!--
   Et là un autre exemple de commentaire,
   sur plusieurs lignes cette fois,
   toujours à l'attention du programmeur.
-->
```

Principales balises HTML

L'expérience montre que dans l'utilisation d'un logiciel de traitement de texte, par exemple, ce sont toujours les mêmes fonctions de base qui sont utilisées et qui permettent de satisfaire la majorité des besoins.

De même en HTML, la connaissance de quelques balises simples nous suffira pour une première approche et dans la plupart des utilisations courantes.

Un exemple pour commencer

Avant de détailler ces balises essentielles utilisées en (X)HTML, voici un exemple concret et illustré qui nous permettra d'en découvrir quelques-unes en avant-première.

Exemple de page codée en HTML

```
<!DOCTYPE html PUBLIC "-//W3C//DTD XHTML 1.0 Strict//EN"  ❶
         "http://www.w3.org/TR/xhtml1/DTD/xhtml1-strict.dtd">
<html xmlns="http://www.w3.org/1999/xhtml" xml:lang="fr">  ❷

<head>
    <meta http-equiv="content-type"
          content="text/html; charset=utf-8" />  ❸
    <title>Blog de Vincent THYME</title>  ❹
</head>
<body>
    <h1>Bienvenue chez Vincent THYME</h1>  ❺

    <h2>Mon blog à quatre sous</h2>  ❻
    <p>  ❼
       Voici quelques petites lignes à l'attention de
       mes visiteurs. Je voudrais partager avec vous
       <em>mes passions, mes idées, mes projets</em>...
    </p>

    <h2>Mes activités préférées</h2>  ❽
    <ul>  ❾
        <li>Le surf</li>
```

```
            <li>La plongée sous-marine</li>
            <li>L'informatique</li>
        </ul>
    </body>

    </html>
```

La figure 2-2 montre le résultat de cette page intitulée *Blog de Vincent Thyme*. Nous allons étudier et commenter les balises qui la composent.

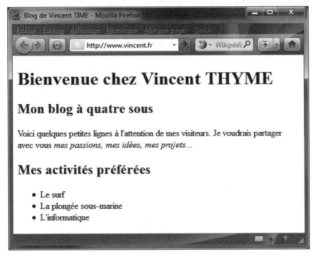

FIGURE 2-2 *Le blog de Vincent : une première page toute simple en HTML.*

Les deux premières balises

❶ `<!DOCTYPE ...>` nous indique que cette page est codée en XHTML Strict, version 1.0. Cette balise est trop compliquée à retenir : elle ne s'écrit pas, elle se colle à partir d'un modèle ! Si le HTML 5 simplifie considérablement la syntaxe de cette balise, nous utilisons cependant la norme XHTML : en effet, les internautes qui visiteront nos pages n'utiliseront pas tous une version récente de leur navigateur, capable d'interpréter le HTML 5.

NORMES **Les DOCTYPE et leur simplification en HTML 5**

Bien que cette page soit volontairement basique, le début est un peu compliqué, c'est la norme qui l'exige. Le HTML 5 remédie à ce problème, car les quatre premières lignes deviennent :

```
<!DOCTYPE HTML>
<html>
<head>
<meta charset="utf-8">
```

Lorsque la majorité des navigateurs utilisés comprendra le HTML 5, nos débuts de page seront plus clairs !

La liste des `<!DOCTYPE   ...>` officiels se trouve sur le site du W3C. Ces prologues sont aussi expliqués sur le site *pompage.net*.

▶ http://www.w3.org/QA/2002/04/valid-dtd-list.html
▶ http://www.pompage.net/pompe/doctype/

❷ En HTML 5, la deuxième balise s'écrirait simplement `<html>`, mais en XHTML, il est conseillé d'utiliser les deux attributs mentionnés ici : le premier donne un lien vers la liste des balises HTML et le deuxième précise la langue utilisée, ici `fr` pour le français.

Là encore, un copier-coller s'impose pour cette deuxième et dernière balise un peu complexe. Notez que la balise de fermeture, tout à la fin du fichier, s'écrit simplement `</html>` dans tous les cas.

En-tête

❸ La première ligne de l'en-tête est nécessairement la balise `<meta ...>` qui indique le *type de codage utilisé*, ici `utf-8`. Cette ligne correspond à la norme XHTML et a considérablement été simplifiée en HTML 5. Si le fichier HTML est bien enregistré suivant ce codage `utf-8` (recherchez cette option dans le logiciel que vous utilisez pour écrire ce fichier), il sera possible de taper tels quels les accents, le ç et le symbole €, sans avoir à les coder avec des *entités HTML*, comme `&euro;`.

❹ La balise `<title>` permet d'écrire un *titre* qui apparaîtra dans la barre de titre du navigateur, tout en haut de la fenêtre.

Corps de la page

❺ La balise `<h1>` met en forme le *titre de niveau 1* : grande taille, gras, espacement important au-dessus et en dessous.

❻/❽ Les balises `<h2>` correspondent à des *sous-titres* : taille un peu moins grande, un peu moins d'espacement autour.

❼ Le *paragraphe* `<p>` permet d'écrire une phrase. Quelques mots sont en *italique* à la fin de celle-ci, grâce à la balise `<em>` imbriquée à l'intérieur des balises `<p> ... </p>`.

❾ Enfin, la page se termine par une *liste à puces* indiquée par la balise `<ul>`, chaque *ligne* étant repérée par une balise `<li>`, ce qui signifie retour à la ligne et nouvelle puce.

Quittons maintenant ce premier exemple pour présenter en détail les balises HTML les plus utiles.

Paragraphes et titres

Chaque *paragraphe* est encadré par les balises `<p> ... </p>`. Un paragraphe ne contient jamais d'autres paragraphes, mais peut inclure des balises de mise en forme, comme le gras ou l'italique, des liens hypertextes et des images.

Les *titres* sont des balises commençant par **h** comme *header*, c'est-à-dire *en-tête* en anglais. `<h1>`, `<h2>` et `<h3>`, ... correspondent à différents niveaux de titre : `<h1>` pour un titre de niveau 1, `<h2>` pour un sous-titre de niveau 2, etc.

> À NOTER **Niveaux de titre courants**
>
> Il est rare d'utiliser des niveaux de titre au-delà de 3 ou 4. Si ces balises existent jusqu'à `<h6>`, le titre `<h4>` correspond à un texte de taille normale mis en gras, `<h5>` et `<h6>` donnant des caractères plus petits. La figure 2-3 donne un aperçu des tailles associées aux différents niveaux de titre.

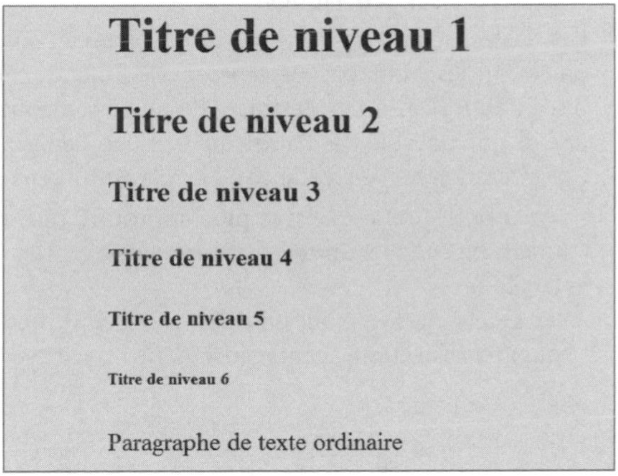

Titre de niveau 1

Titre de niveau 2

Titre de niveau 3

Titre de niveau 4

Titre de niveau 5

Titre de niveau 6

Paragraphe de texte ordinaire

FIGURE 2-3 *Différences de taille pour les niveaux de titre 1 à 6, encadrés par les balises <h1> ... </h1> jusqu'à <h6> ... </h6>.*

Mise en forme commune à une partie du texte

Pour *regrouper en un seul bloc* un ensemble de paragraphes, de titres, etc., il suffit de les encadrer avec les balises `<div>` .... `</div>` (*div* comme une *division* ou partie d'une page). Le bloc ainsi constitué peut être encadré, mis en forme ou positionné dans la page, à l'aide des styles CSS qui seront abordés dans les chapitres suivants.

Les balises `<span>` ... `</span>` permettent de *regrouper plusieurs mots* d'un paragraphe et de leur donner une mise en forme commune, par exemple pour la taille, la couleur ou la police de caractère. Le mot anglais *span* signifiant *portée*, cela revient à sélectionner une *partie du texte* à mettre en forme, quelques mots ou quelques lettres. Il ne s'agit pas ici d'un bloc de texte dont la position est définie dans la page, mais d'un groupe de mots ou de lettres qui conserve sa place à l'intérieur d'un paragraphe.

À NOTER **Balises génériques**

Les balises `<div>` et `<span>` sont appelées *balises génériques*, parce qu'elles n'ont pas de sens en elles-mêmes. Pour respecter l'esprit du HTML, il est préférable de ne pas en abuser et d'utiliser autant que possible des balises qui ont une signification, donnant une indication sur l'importance ou le rôle du contenu :

* `<strong>` ou `<em>` sera plus approprié que `<span>` pour une mise en relief du texte, même si ce n'est pas du gras ou de l'italique
* `<h1>` ou `<h2>`, ... pour un titre, `<p>` pour un paragraphe unique, remplaceront avantageusement un `<div>` s'il peut être évité.

Principales mises en forme

Italique et gras

L'*italique* s'obtient avec la balise `<em>` ... `</em>` qui signifie en anglais *emphasis*, c'est-à-dire *accent* ou *insistance*. Elle n'entraîne pas de retour à la ligne, ce n'est pas un « bloc » de texte.

Pour mettre un terme en **gras**, il suffit de l'encadrer avec la balise `<strong>` ... `</strong>`, comme *stronger emphasis*, soit encore plus en relief qu'avec la balise `<em>`.

À NOTER **Modifier la mise en forme par défaut**

Les balises `<em>` et `<strong>` correspondent par défaut à l'italique et au gras. Mais grâce aux styles CSS, vous pouvez décider de remplacer ces mises en forme. Par exemple :

* l'italique fera place à un texte en vert, police Arial ;
* le gras sera remplacé par du blanc sur fond bleu.

Dans les deux cas, l'idée de mettre le texte en relief est respectée, mais avec d'autres apparences que le gras et l'italique. Cette modification de la mise en forme par défaut sera d'ailleurs possible pour toutes les balises HTML.

Exposant et indice

Les balises `<sup>` ... `</sup>` et `<sub>` ... `</sub>` permettent respectivement de placer un caractère en *exposant* ou en *indice*, comme dans l'exemple suivant :

```
<p>
   Unité de volume : m<sup>3</sup>
   <br />
   Formule de la molécule d'eau : H<sub>2</sub>O
</p>
```

La taille du texte entre ces balises `sup` et `sub` est diminuée, avec un décalage vers le haut pour `sup`, vers le bas avec `sub`.

Annotations en petite taille de caractères

Pour afficher un texte en plus petite taille, il est pratique d'utiliser la balise `<small>` ... `</small>`, qui réduit la taille du texte pour afficher un commentaire, une annotation ou une référence. Cependant, l'emploi de cette balise pour une simple mise en forme est à éviter, car le texte qu'elle encadre doit vraiment correspondre à un contenu accessoire et indépendant du contenu principal. Pour la simple réduction de taille des caractères, nous utiliserons les feuilles de style.

Citation avec retrait

La balise `<blockquote>` ... `</blockquote>` permet de faire figurer une citation dans une page, avec un effet de mise en page qui consiste en une mise en retrait du texte.

Cependant, si le seul but est d'augmenter la marge de gauche du texte sans qu'il n'y ait de notion de citation, il est préférable là encore d'effectuer cette mise en forme à l'aide d'une feuille de style.

Cette balise n'étant pas un conteneur, le texte qu'elle contient doit être placé à l'intérieur d'une balise `<p>` ou d'un bloc `<div>`, comme dans l'exemple de la page suivante.

```
<h4>La devise des Trois Mousquetaires</h4>
<blockquote>
  <p>Un pour tous, tous pour un !</p>
</blockquote>
```

Il existe un attribut `cite` qui peut être inclus dans la balise `<blockquote>` pour donner la référence de la citation. Cela peut être par exemple une adresse web :

```
<blockquote cite="http://www.w3.org/TR/xhtml1/">
```

ou encore un numéro ISBN pour un livre :

```
<blockquote cite="ISBN:978-2-212-12724-9">
```

ou bien toute autre référence universelle, appelée URI comme *Uniform Resource Identifier*.

Liens hypertextes

La balise `<a....>...</a>` permet d'écrire un *lien hypertexte* : le curseur prend la forme d'une main au passage de la souris sur ce lien, et un clic permet d'afficher la page qui est référencée dans cette balise. Cette balise est dite *en ligne*, car elle ne produit pas de retour à la ligne.

Exemples simples de liens

```
<a href="http://livre.antevox.fr"> ❶
         Exemples du livre à télécharger
</a>

<a href="index.html">Retour à la page d'accueil</a> ❷
<a href="documents/liste.html">Documents à télécharger</a> ❸
```

L'attribut `href` (*hypertext reference*) est obligatoire, puisqu'il indique l'adresse de la page à afficher lors d'un clic sur ce lien.

Cela peut être *une adresse internet* ❶ ou *un nom de fichier seul* ❷, lorsque la page à atteindre se trouve située dans le même dossier que la page en cours d'affichage.

Si le fichier est dans un sous-dossier, il faut taper le nom de ce dossier suivi d'un séparateur : / comme sous Unix ou Linux, et non \ comme dans Windows. Le dernier exemple ❸ affiche le fichier liste.html qui se trouve dans le sous-dossier documents du dossier courant, c'est-à-dire du dossier qui contient la page affichée.

Lien avec attributs accesskey **et** title

```
<a href="http://www.antevox.fr"
   accesskey="a"  title="Site de l'auteur">
      Visitez le site de l'auteur
</a>
```

Il est très utile de faire figurer l'attribut accesskey : les personnes handicapées pourront activer le lien par un appui simultané sur la touche *Alt* et la lettre indiquée entre guillemets (à condition que ce raccourci ne soit pas déjà utilisé par le navigateur).

L'attribut title permet d'afficher un texte automatiquement dans une bulle au passage de la souris sur le lien, comme le montre la figure 2-4.

FIGURE 2-4 *Lien hypertexte : au passage de la souris, le curseur prend la forme d'une main et le contenu de l'attribut title s'affiche dans une bulle.*

Lien hypertexte vers un endroit de la page

```
<a href="#poissons"
   accesskey="p" title="Les habitants de la mer">
      Accès au paragraphe "Les habitants de la mer"
</a>
...
...
<h2 id="poissons">Les habitants de la mer</h2>
```

Pour mettre en place un lien vers un endroit précis de la page courante, il suffit d'ajouter un identifiant en attribut de la balise *destination*, par exemple `id="toto"`, ce qui permet de l'atteindre directement grâce au lien `<a href="#toto">...</a>`.

Si le texte à relier au lien en question n'est pas encadré par une balise, il est possible d'utiliser la balise `<a>` comme ancre simple, uniquement pour attribuer un identifiant à cette partie du texte :

```
<a id="toto">Texte à relier au lien interne</a>
```

Cette méthode permet également de créer un lien vers un endroit précis d'une autre page que celle affichée.

Par exemple, le lien `<a href="oiseaux.html#rossignol">` affichera la page `oiseaux.html` et placera le curseur de la fenêtre sur la balise d'identifiant `id="rossignol"`.

> À NOTER **Dièse # - pas dièse**
>
> Le lien `<a href="#toto"> ... </a>` contient un *dièse* # avant le nom de l'identifiant, alors que la balise destination contient un attribut `id="toto"` sans dièse. Bien que cette méthode d'adressage soit très simple, au sujet du dièse ce bémol s'imposait !

Par ailleurs, la balise `<a>` permet d'autres types de liens que ceux vers une page web, en particulier des *liens de contact* vers une adresse de messagerie, comme le montre l'exemple ci-dessous.

Lien vers une adresse de messagerie

```
<a href="mailto:contact@antevox.fr"
   accesskey="m"
   title="Envoi d'un courriel à l'auteur">
    Pour contacter l'auteur...
</a>
```

Dans cet exemple, l'attribut `href` contient `mailto:` suivi de l'adresse électronique vers laquelle sera envoyé le courriel.

Un clic sur ce lien ouvre le *logiciel de messagerie par défaut* sur l'ordinateur du visiteur, et remplit la rubrique *Destinataire* avec l'adresse fournie.

Il est possible d'ajouter un sujet et d'autres destinataires, avec le séparateur ? après l'adresse courriel et le séparateur & par la suite, avant chaque nouveau paramètre :

```
<a href="mailto:toto@laposte.net?subject=Essai de
              message&cc=titi@gmail.com">
    Envoyer un message
</a>
```

Dans l'exemple précédent, le *destinataire* du message est `toto@laposte.net`, le *titre* du message est « Essai de message », et il y a un destinataire en *copie* (cc comme copie carbone) : `titi@gmail.com`.

ATTENTION **Protégez du spam vos adresses de courriel !**

Les adresses ainsi inscrites dans une page web peuvent être lues par des logiciels automatiques, qui balaient les pages pour remplir des bases de données d'adresses électroniques à l'usage des *spammeurs* : ceux qui envoient du *spam*, ces messages publicitaires indésirables également appelés *pourriels*.

Il faut donc protéger les adresses :

- soit en codant la balise en *JavaScript*, programme que ces logiciels n'interprètent pas mais qui est normalement pris en compte par les navigateurs ; une recherche sur Internet vous fournira rapidement différentes solutions, comme celle proposée par ce site autour de la messagerie électronique :
  ▸ http://www.arobase.org
- soit *au minimum* en modifiant l'adresse, que l'internaute rectifiera à la main dans la fenêtre de sa messagerie, par exemple sous cette forme :
  `<a href="mailto:titi@pasdespam-laposte.net">`
  ou encore celle-ci :
  `<a href="mailto:titi-chez-gmail.com">`.

Les listes

Différents types de listes sont utilisables en HTML : d'une part, les listes à puces et les listes numérotées telles que celles proposées par les logiciels de traitement de texte, et, d'autre part, les listes de définitions constituées d'une succession de termes et de définitions associées, comme dans un lexique.

Listes à puces ou numérotées

Une énumération gagne en clarté lorsque chacun des points est repéré par une puce ou un numéro. De telles listes sont délimitées par les balises :

- `<ul>...</ul>` comme *unordered list* pour une *liste à puces* ;
- `<ol>...</ol>` comme *ordered list* pour une *liste numérotée*.

Dans les deux cas, *chaque ligne* est repérée par `<li>...</li>` à l'intérieur de ces balises.

Exemples de listes

```
<p>Liste à puces :</p>
<ul>
    <li>Premièrement</li>
    <li>Deuxièmement</li>
    <li>Troisièmement</li>
</ul>

<p>Liste numérotée :</p>
<ol>
    <li>Premièrement</li>
    <li>Deuxièmement</li>
    <li>Troisièmement</li>
</ol>
```

L'affichage correspondant à ce code HTML est donné par la figure 2-5.

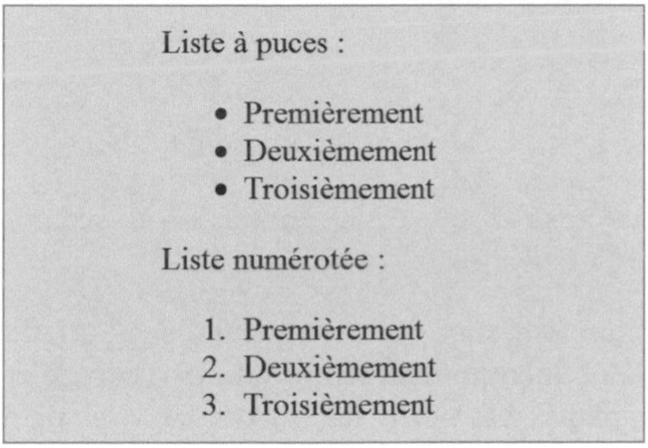

FIGURE 2-5 *Deux types de listes : liste à puces et liste numérotée.*

VARIANTES **Personnalisation des listes**
Comme nous le verrons plus loin, ces listes pourront être personnalisées grâce à l'emploi des feuilles de style CSS :
- choix du type de puce, celle-ci pouvant éventuellement être une image ;
- modification de la numérotation, variantes avec différents types de chiffres ou avec des lettres.

Listes de définitions

Plus rarement employées que les listes à puces, les listes de définitions servent à présenter une suite de termes accompagnés de leur définition ou d'une explication à leur propos.

Le navigateur met en décalage les termes et les définitions, qui utilisent les balises suivantes :

dl	*definition list* = liste de définitions (encadre la liste)
dt	*definition list term* = un terme de la liste de définitions
dd	*definition list definition* = une définition de la liste de définitions (associée à un terme)

Exemple de liste de définitions

```
<dl>
    <dt>amener</dt>
        <dd>Conduire quelqu'un avec soi.</dd>
    <dt>apporter</dt>
        <dd>Porter quelque chose avec soi.</dd>
</dl>
```

Ces listes de définitions sont également utilisées pour afficher des dialogues, la balise `<dt>` mentionnant le nom du personnage et la balise `<dd>` encadrant sa réplique. Les noms de ces deux balises peuvent alors être compris comme *dialog talker* pour `<dt>` (le personnage qui parle) et *dialog discourse* pour `<dd>` (la réplique de ce personnage).

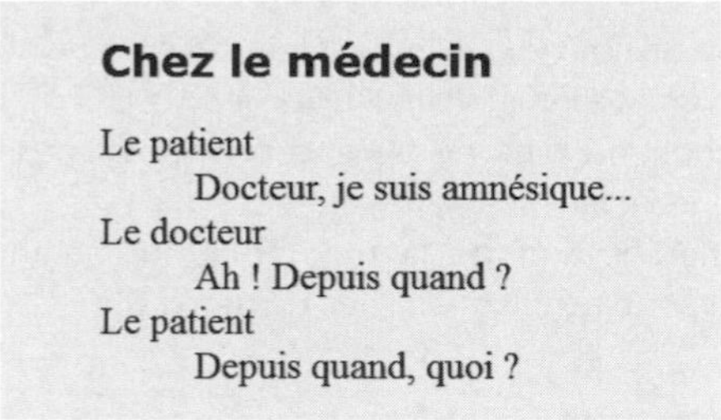

Chez le médecin

Le patient
      Docteur, je suis amnésique...
Le docteur
      Ah ! Depuis quand ?
Le patient
      Depuis quand, quoi ?

FIGURE 2-6 *Exemple d'utilisation des balises <dl>, <dd> et <dt> pour la mise en forme d'un dialogue.*

Tableaux

En HTML, l'utilisation des tableaux est à réserver à la présentation de données numériques ou d'informations synthétiques. Lorsqu'il s'agit de placer côte à côte les différentes parties d'une page, nous utilisons des blocs `<div>` qui sont positionnés à l'aide d'une feuille de style.

Création d'un tableau HTML

Un tableau est délimité par les balises HTML `<table> ... </table>`.

Initialement, les bordures du tableau sont invisibles, donc il faut indiquer l'épaisseur de la bordure en pixels à l'aide d'une des deux méthodes suivantes.

- en associant l'attribut `border` à la balise `<table>`, en écrivant par exemple `<table border="1">...</table>` ;
- en définissant cette bordure de tableau à l'intérieur d'une feuille de style, comme nous le verrons au chapitre 5.

Deux anciens attributs de la balise `<table>`, `cellspacing` et `cellpadding`, permettaient de préciser respectivement en pixels *l'espacement entre cellules* (traits d'encadrement simples si 0, doubles sinon) et *les marges intérieures* des cellules. Ils sont à présent tombés en désuétude et remplacés par des mises en forme dans la feuille de style. Encore acceptés en XHTML 1, ils ne font plus partie de la norme HTML 5.

Le tableau se construit ligne par ligne, avec les balises `<tr>` ... `<tr>` comme *table row* en anglais, c'est-à-dire *rangée du tableau*.

Les cellules du tableau sont définies à l'intérieur de chaque ligne, grâce aux balises `<td>` ... `</td>` comme *table data*, soit *donnée du tableau*. Lorsqu'il s'agit d'une cellule de titre, il est possible d'utiliser à la place les balises `<th>` ...`</th>` comme *table header* ou *en-tête du tableau* : le texte est alors mis en gras et centré.

Les balises `<caption>` ... `</caption>` sont facultatives : placées sous la balise de début de tableau `<table>`, elles permettent de définir un titre associé au tableau, qui s'écrira par défaut au-dessus de celui-ci.

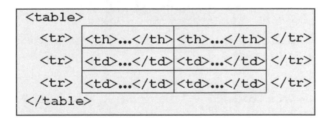

FIGURE 2-7 *Structure d'un tableau en XHTML.*

Exemple de tableau

```
<table border="1">

  <tr>  
    <th>Pays</th>
```
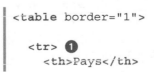

```
      <th>Capitale</th>
    </tr>

    <tr> ❷
      <td>France</td>
      <td>Paris</td>
    </tr>

    <tr> ❸
      <td>Espagne</td>
      <td>Madrid</td>
    </tr>

</table>
```

Cet exemple affiche un tableau à trois lignes (trois balises `<tr>`) et deux colonnes (deux balises `<td>` ou `<th>` par ligne). La première ligne ❶ contient deux cellules d'en-tête, les deux autres lignes ❷ et ❸ contiennent les données du tableau. La figure 2-8 montre le résultat obtenu avec ce code.

Pays	Capitale
France	Paris
Espagne	Madrid

FIGURE 2–8 *Premier exemple de tableau : une ligne de titres (balises <th>) et deux lignes de données (balises <td>).*

Fusionner des cellules

L'attribut `colspan` permet de fusionner horizontalement les cellules de plusieurs colonnes. Par exemple, la balise `<td colspan="3">...</td>` sera équivalente à trois cellules `<td>...</td>` à l'intérieur d'une ligne.

De même, l'attribut `rowspan` sert à fusionner verticalement les cellules de plusieurs lignes. Une balise `<td rowspan="4">...</td>` sera équivalente à quatre cellules dans le sens vertical : cela signifie que les trois lignes qui suivent auront une cellule `<td>...</td>` en moins.

COMPLÉMENTS

En-tête et pied de tableau, mise en forme de colonnes

Une ou plusieurs lignes peuvent être englobées dans un en-tête de tableau, entre les balises `<thead>` et `</thead>`, ou dans un pied de tableau, étant alors placées entre `<tfoot>` et `</tfoot>`. Les balises `<thead>` et `<tfoot>` sont à écrire *avant* le corps du tableau, qui dans ce cas sera entouré des balises `<tbody>` et `</tbody>`. Le navigateur affichera l'en-tête au début du tableau et le pied de tableau à la fin, bien que ce dernier soit écrit dans le code avant le corps du tableau. Une autre balise `<col ... />` sert à définir une mise en forme spécifique pour une ou plusieurs colonnes. Par exemple, un tableau comprenant deux colonnes aux caractéristiques différentes (largeur, couleur de fond, etc.) peut s'écrire avec la structure suivante :

```
<table>
  <col id="colonne1" />
  <col id="colonne2" />
  ... contenu du tableau ...
</table>
```

La mise en forme est alors effectuée dans une feuille de style, à partir des identifiants `id` associés à chacune des colonnes. Notez que l'attribut `width`, qui donne directement la largeur des colonnes à l'intérieur de la balise `<col>`, est utilisable en XHTML 1 mais n'est plus valide depuis la norme HTML 5.

L'exemple suivant montre le codage d'un tableau qui comprend des cellules fusionnées, horizontalement et verticalement :

```
<table border="1">
  <tr> ❶
    <th colspan="2">Infos pays</th>
  </tr>

  <tr>
    <th>Pays</th>
    <th>Langue</th>
  </tr>

  <tr>
    <td>Andorre</td>
    <td>catalan</td>
  </tr>
```

```
<tr> ❷
  <td rowspan="2">Canada</td>
  <td>anglais</td>
</tr>

<tr> ❸
  <td>français</td>
</tr>
</table>
```

Comme le montre la figure 2-9, la première ligne ❶ de ce tableau contient une *fusion horizontale* de cellules, *sur deux colonnes* : une seule balise `<th>` au lieu de deux sur cette ligne.

L'avant-dernière ligne ❷ contient une *fusion verticale* de cellules, *sur deux lignes* : la ligne suivante ❸ ne contient donc qu'une seule balise `<td>` au lieu de deux.

FIGURE 2-9 *Deuxième exemple de tableau : il comprend des cellules fusionnées, horizontalement et verticalement.*

NORMES **Éviter les tableaux pour la mise en page**

Rappelons qu'en HTML, les tableaux servent uniquement à présenter des données. En effet, ils sont tout à fait déconseillés lorsqu'il s'agit de placer des contenus côte à côte : nous étudierons plus loin comment positionner des blocs de texte dans une page en utilisant les propriétés CSS adéquates. Les mises en page effectuées à l'aide de tableaux imbriqués sont très complexes, difficiles à mettre à jour et empêchent un référencement correct par les moteurs de recherche.

Insertion d'images

La création d'une page web contenant texte et images nécessite plusieurs fichiers : le fichier HTML contient le texte et chacune des images est enregistrée dans un fichier séparé.

Pour ne pas alourdir les pages, il est important de n'utiliser que des formats d'image compressés :

- JPEG (16 millions de couleurs, extension de fichier .jpg) pour les photos ou les dessins dotés de nombreuses nuances de couleurs, avec un taux de compression de 70 à 80 % pour ne pas trop perdre en qualité (90 % pour les images de toute petite taille) ;
- GIF (256 couleurs) pour les dessins au trait sans dégradés de couleurs, les images avec une couleur de fond transparente, les images animées (un seul fichier contenant une succession d'images dans le temps) ;
- PNG (16 millions de couleurs) pour les photos ou images munies de nombreuses nuances de couleurs, permettant plusieurs niveaux de transparence (transparence progressive utilisée pour créer des fonds translucides, par exemple).

Il faut éviter les images non compressées, telles que celles d'extension .bmp, car leur taille peut être multipliée par dix par rapport aux formats précédents.

La balise image

En HTML, insérer une image revient à placer un *lien* vers le fichier qui la contient, avec la balise <img ... />. Elle contient obligatoirement l'attribut src qui indique le nom du fichier image à afficher.

Exemple de balise image

```
<img src="tux.png" alt="Le pingouin Tux"
                title="Tux est la mascotte de Linux" />
```

Si l'attribut src ne contient qu'un nom de fichier, cela signifie que ce fichier image se trouve dans le même dossier que la page web qui l'utilise.

Si cette image se trouvait dans le sous-dossier *images*, la balise `img` s'écrirait :

```
<img src="images/tux.png" alt="..." title="..." />
```

> NORMES **Fermeture de la balise img**
>
> Vous souvenez-vous qu'en XHTML, toute balise doit être fermée ? Or, la balise `img` est seule ! Alors, sa barre de fermeture est intégrée : elle se trouve juste avant le chevron fermant, précédée par un espace. Cette règle vaut pour toutes les balises qui s'utilisent seules, comme le saut de ligne `<br />` et la ligne horizontale `<hr />`. Elle est devenue facultative avec la norme HTML 5 qui accepte les deux formes, avec ou sans barre de fermeture intégrée.

Il est important de renseigner l'attribut `alt` d'une balise image : c'est un *texte de remplacement* pour ceux qui naviguent en mode texte, notamment les personnes ayant un handicap visuel. C'est aussi un moyen de renseigner les moteurs de recherche.

> NORMES **Contenu de l'attribut alt**
>
> La balise `alt` doit indiquer, de façon concise, le *contenu* de l'image et sa *fonction* si elle en a une (par exemple, si l'image est un bouton d'action). Il est superflu d'y écrire « image de... », « graphisme de... » ou « photo de... ».
>
> Pour une image décorative qui n'a pas de sens en elle-même, ou si une légende est associée à l'image, l'attribut `alt` peut être vide mais reste obligatoire : `alt=""`.

Quant à l'attribut `title`, il permet d'afficher un *texte dans une bulle* au passage de la souris sur l'image : c'est un renseignement complémentaire, dont le but n'est pas de décrire l'image, contrairement à la balise `alt`.

> À NOTER **L'attribut title est facultatif**
>
> Lorsque la balise `title` est absente, il n'y a pas de bulle d'information au survol de la souris. Seuls les anciens navigateurs Internet Explorer, jusqu'à la version 7, utilisent le texte de l'attribut `alt` de la balise `<img>` en tant que bulle dans ce cas de figure.

Dimensionner une image

Il est possible de préciser les dimensions que doit prendre l'image, en utilisant les attributs `width` et `height`, qui donnent respectivement sa *largeur* et sa *hauteur*. Le plus simple consiste à ne définir qu'un seul de ces attributs, car l'autre sera calculé automatiquement pour que les proportions soient respectées.

Cependant, mieux vaut éviter ces attributs et retailler préalablement l'image aux dimensions souhaitées : l'image affichée sera de meilleure qualité et cela n'obligera pas les internautes à télécharger un gros fichier pour afficher seulement une petite image ! Ce redimensionnement du fichier image peut s'effectuer très simplement, en utilisant par exemple un logiciel gratuit comme *Gimp, PhoXo, PhotoFiltre, IrfanView, XnView, RPhoto...*

Objets multimédias

Cette partie concerne uniquement la norme XHTML 1, qui utilise la balise `<object ...> ... </object>`, accompagnée de balises `<param ... />`, pour insérer des objets multimédias : *sons, vidéos, animations...* Le chapitre qui suit présentera les syntaxes plus simples adoptées en HTML 5 pour la mise en place d'éléments multimédias.

Animation Flash

Voici un exemple qui montre l'insertion d'une animation Flash au format swf :

```
<object type="application/x-shockwave-flash"
        data="nom-fichier-flash.swf" ❶
        width="150" height="100">
   <param name="movie" value="nom-fichier-flash.swf" /> ❷
   <param name="wmode" value="transparent" />
   <p>Texte alternatif</p> ❸
</object>
```

La balise `<object ...>` possède plusieurs attributs, dont `data` ❶ pour indiquer le *nom du fichier Shockwave Flash* (`.swf`), `width` et `height` - à ne pas oublier - pour donner la *largeur* et la *hauteur* de cette animation sur l'écran.

Le *nom du fichier* est répété dans une balise paramètre `<param ... />` ❷, qui comprend une *barre de fermeture intégrée*, puisqu'elle n'encadre pas de contenu.

D'autre part, il ne faut pas oublier d'écrire un paragraphe `<p>` ❸ contenant un *texte alternatif*, pour les personnes handicapées ainsi que pour tous les navigateurs qui ne pourront pas afficher cette animation, dont les moteurs de recherche.

Vidéo

Il existe plusieurs techniques et plusieurs formats pour insérer une vidéo sur une page web. Dans chaque cas, le visiteur doit posséder sur son ordinateur le logiciel capable de lire le format vidéo choisi.

Une méthode courante et assez universelle consiste à insérer la vidéo en tant qu'*objet Flash*, comme sur les sites de partage de vidéos Youtube et Dailymotion.

Il suffira alors que FlashPlayer soit installé, ce qui est généralement le cas : ce complément logiciel gratuit et intégré au navigateur, qui permet l'affichage des animations Flash, est présent sur au moins 95 % des ordinateurs.

Le code XHTML utilise donc la syntaxe précédente et nécessite la présence de deux fichiers :

- Le fichier vidéo converti au format *flv* comme *FLash Vidéo*. Cette conversion peut s'effectuer avec un logiciel gratuit comme *ffmpeg* pour Linux, *ffmpegX* pour Mac ou *Free FLV Converter* pour Windows.
- Un *lecteur vidéo Flash*, en quelque sorte une télévision qui s'affichera sur la page et qui diffusera notre fichier vidéo (voir la figure 2-11). Il s'agit d'un fichier Flash d'extension *swf*, dont il existe nombre de versions sur Internet, comme le lecteur Open Source *JW FLV Player*, disponible à l'adresse : http://www.jeroenwijering.com

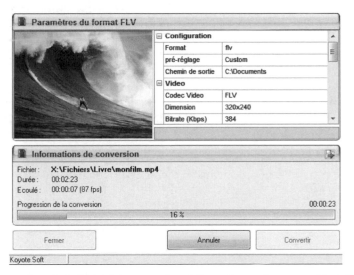

FIGURE 2-10 *Extrait du logiciel de conversion vidéo au format flv comme Flash Video : Free FLV Converter (http://www.koyotesoft.com– image provenant du site http:// commons.wikimedia.org)*

Code à écrire pour insérer un fichier vidéo

```
<object type="application/x-shockwave-flash"
        data="flvplayer.swf" width="300" height="300"> ❶
    <param name="movie" value="flvplayer.swf" /> ❷
    <param name="flashvars" value="file=mavideo.flv" /> ❸
    <p>Texte alternatif</p> ❹
</object>
```

Le nom du lecteur vidéo Flash *flvplayer.swf* est mentionné deux fois, sur les lignes ❶ et ❷ : il représente l'animation Flash à afficher. Le nom du fichier vidéo, ici `mavideo.flv`, est indiqué par un paramètre ❸ attribué à l'animation donc au lecteur vidéo.

D'autres paramètres peuvent être ajoutés, comme par exemple celui qui autorise la fonction plein écran :

```
<param name="allowFullScreen" value="true" />
```

Il est également possible de programmer un démarrage automatique de la vidéo, en modifiant le paramètre qui indique le nom de la vidéo à diffuser :

```
<param name="flashvars"
       value="autostart=true&file=mavideo.flv" />
```

Pour connaître la liste des paramètres possibles et leur syntaxe, il faut consulter l'aide associée au lecteur vidéo utilisé, en général disponible sur le site de son concepteur.

Enfin, il ne faudra pas oublier le *texte alternatif* ❹, pour faciliter la vie des internautes handicapés ; il servira en même temps à renseigner les moteurs de recherche.

> ATTENTION **Dimensions indispensables**
>
> Comme lorsqu'il s'agit d'insérer une animation Flash, la balise `<object ...>` doit contenir les attributs de dimension `width` et `height`, qui donnent respectivement la largeur et la hauteur de la vidéo en pixels.

FIGURE 2–11 *Exemple de vidéo diffusée par le lecteur JW FLV Player, qui propose une barre de commandes située sous la vidéo : lecture/pause, plein écran, réglage du son.*

Sauts, lignes et caractères spéciaux

Nous avons déjà vu le *saut de ligne* : balise <br /> comme *break* en anglais. Celle-ci comporte une barre de fermeture intégrée, nécessaire en XHTML et facultative en HTML 5.

Déjà rencontré également, l'*espace insécable* :   comme *non brea- kable space* est un espace qu'il ne faudra pas couper. Il est utile pour éviter la séparation de deux mots par un retour à la ligne.

La balise <hr /> comme *horizontal rule* (traduit mot à mot : *règle horizon- tale*) permet d'afficher un trait de séparation horizontal.

Formulaires

Pour inviter le visiteur à prendre contact avec nous, un formulaire à rem- plir est plus simple et plus direct à utiliser qu'une adresse de messagerie. La figure 2-12 montre les principaux éléments qu'il pourra contenir et que nous allons étudier à partir des numéros repères.

Les zones de saisie d'un formulaire sont parfois appelés des *champs*, terme utilisé pour les bases de données.

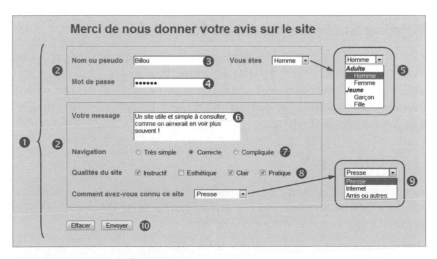

FIGURE 2–12 *Exemple de formulaire.*

Balise formulaire

L'ensemble du formulaire ❶ se trouve entre les balises `<form>` et `</form>`. La balise de début doit contenir au minimum deux attributs :

- La *méthode d'envoi des données*, en principe `method="post"` pour l'envoi masqué des données.

> ALTERNATIVE **Envoi visible des données**
> La technique `method="get"` est peu employée, car elle affiche ces données dans la barre d'adresse du navigateur.

- Le fichier qui effectuera *l'action d'envoi du message* et le confirmera au visiteur, tel que `action="envoi.php"`. Il s'agit obligatoirement d'un fichier écrit en langage PHP : nous en examinerons un exemple très simple plus loin.

Tout formulaire sera donc encadré par des balises de ce type, avec ici l'appel d'un fichier `envoi.php`, qu'il faudra écrire pour transmettre le message :

```
<form method="post" action="envoi.php">
   ... toutes les balises du formulaire seront ici ...
</form>
```

Regroupement de parties de formulaire

Pour améliorer la présentation, il est possible de lier visuellement certaines parties de formulaire, en les plaçant entre des balises `<fieldset>` et `</fieldset>`. Nous retrouvons ici le terme de *champ*, soit *field* en anglais. En principe, le navigateur encadre d'un filet les parties ❷ ainsi constituées ; la figure 2-12 en contient deux.

Les étiquettes

Elles ne sont pas numérotées sur notre exemple, car elles apparaissent partout ! Ce sont les textes qui présentent les zones de saisie, comme *Nom ou pseudo*, *Mot de passe*, *Votre message*, etc.

Chacune d'entre elles est encadrée par les balises `<label>` et `</label>`, le mot *label* signifiant *étiquette* en anglais.

Zones de texte simples

La balise `input` correspond à une *entrée* ou *saisie* d'informations. Elle peut prendre différentes formes, notamment celle d'un zone de saisie à une seule ligne : elle est idéale pour indiquer un nom, un prénom, un numéro de téléphone, etc. Comme c'est une balise qui s'utilise seule, elle se termine par la barre de fermeture intégrée : `<input .../>`.

Elle possède comme attributs principaux :

- Son nom `name="..."` qui sert à identifier la donnée lors de l'envoi du formulaire ; ce nom sera sans accents ni espaces. Toutes les balises de saisie d'un formulaire auront ainsi un nom.
- Le type d'entrée sera `type="text"` pour un texte en clair ❸ et `type="password"` pour un mot de passe ❹, lorsque les caractères saisis doivent être masqués par des points ou des étoiles.
- Éventuellement, un texte prédéfini à afficher dans la zone de saisie, qui sera indiqué par l'attribut `value="..."`.

> À NOTER
> **Effacement automatique du texte initial d'une zone de saisie**
> Pour éviter au visiteur d'avoir à effacer le texte initialement affiché par l'attribut `value`, il faut ajouter une petite fonction JavaScript. Celle-ci supprime le contenu de l'attribut `value` lorsque la zone de texte reçoit le *focus*, c'est-à-dire le curseur. Elle lui attribue alors un contenu vide (utilisation de deux apostrophes à la suite, car les guillemets servent déjà à entourer l'ensemble de la fonction).
> Notre balise ❸ pourrait donc s'écrire :
> ```
> <input type="text" name="nom" value="Votre nom"
>        onfocus="value='';" />
> ```
> Un problème subsiste, car l'utilisateur qui revient sur une saisie pour la rectifier voit celle-ci s'effacer. Il faut alors ajouter un test, pour n'effacer que le texte initial :
> ```
> <input type="text" name="nom" value="Votre nom"
>        onfocus="if (value=='Votre nom') value='';" />
> ```
> Notez ici les apostrophes qui servent de guillemets imbriqués, ainsi que la comparaison dans le test `if`, qui s'écrit avec deux signes `==`.

Les zones de texte ❸ et ❹ s'écrivent ainsi, accompagnées de leurs étiquettes :

```
<label>Nom ou pseudo</label>
<input type="text" name="nom" />  ❸
<label>Mot de passe</label>
<input type="password" name="motdepasse" />  ❹
```

Zones de texte sur plusieurs lignes

Lorsque le contenu à saisir dans une zone de texte est susceptible de comporter plusieurs lignes, il faut utiliser la balise `textarea`, qui s'écrit pour la zone ❻ de notre exemple :

```
<label>Votre message</label>
<textarea name="message">Tapez ici votre message
</textarea>
```

Contrairement à la balise `<input .../>` qui est seule et intègre sa barre de fermeture, il existe une balise de fermeture `</textarea>`.

Le texte initialement affiché est facultatif et s'écrit ici entre les balises `<textarea ...>` et `</textarea>`. Par contre, l'effacement automatique de ce texte affiché au départ s'effectue exactement comme pour la balise `input`, avec la fonction JavaScript qui efface l'attribut `value`, bien qu'ici l'affichage du texte initial n'utilise pas cet attribut.

Boutons radio, à choix unique

Les boutons ronds, appelés *boutons radio*, sont utilisés lorsqu'il s'agit d'effectuer un choix exclusif dans une liste d'options. C'est la balise `input` qui est à nouveau utilisée, ici avec l'attribut `type="radio"`. L'exemple ❼ de la figure 2-12 s'écrit ainsi :

```
<input type="radio" name="navig" value="très simple" />
<label>Très simple</label>
<input type="radio" name="navig" value="correcte"
                              checked="checked" />
<label>Correcte</label>
<input type="radio" name="navig" value="compliquée" />
<label>Compliquée</label>
```

Penchons-nous sur le fonctionnement des boutons radio :

- Les balises `input` d'un même groupe de choix ont toutes le même attribut `name`. La valeur renvoyée sera l'attribut `value` du bouton qui aura été sélectionné.

- Pour proposer dans le formulaire une autre liste de choix à réponse unique, il suffira d'écrire des balises `input` de type « radio » avec un autre attribut `name`.

- Il est possible de cocher initialement une des options, en lui ajoutant l'attribut `checked="checked"`. L'attribut `checked` tout seul est également utilisable et compris par les navigateurs. Il ne fait pas partie de la norme officielle du XHTML 1, mais est à nouveau accepté en HTML 5.

Cases à cocher

Contrairement aux boutons radio, les cases à cocher permettent plusieurs choix ou aucun. C'est toujours la balise `input` qui est de service, cette fois avec l'attribut `type="checkbox"`. Les cases à cocher de notre exemple ❽ s'obtiennent avec le code suivant :

```
<input name="instructif" type="checkbox" value="instructif" />
<label>Instructif</label>
<input name="esthetique" type="checkbox" value="esthétique" />
<label>Esthétique</label>
<input name="clair" type="checkbox" value="clair" />
<label>Clair</label>
<input name="pratique" type="checkbox" value="pratique" />
<label>Pratique</label>
```

Alors que le choix unique d'un bouton radio ne représentait qu'une seule donnée, les balises `input` de type `checkbox` possèdent des attributs `name="..."` différents : l'envoi du formulaire devra fournir l'état de chaque case à cocher.

La valeur renvoyée sera le contenu de l'attribut `value` si la case a été cochée, une valeur vide dans le cas contraire.

Listes déroulantes

Une liste déroulante permet un choix unique comme dans les exemples ❺ et ❾ et s'écrit à l'aide des balises `select` et `option`. L'ensemble de la liste est encadré par les balises `<select name="...">` et `</select>`, chaque ligne étant définie entre les balises `<option value="...">` et `</option>`.

Voici le code correspondant à la liste ❾ de la figure 2-12 :

```
<label>Comment avez-vous connu ce site</label>
<select name="connaissance">
    <option value="presse">Presse</option>
    <option value="internet">Internet</option>
    <option value="autre">Amis ou autres</option>
</select>
```

COMPLÉMENT **Liste à choix multiples**

La balise `<select name="..." multiple>` autorise l'utilisateur à choisir plusieurs occurrences dans la liste, en appuyant sur la touche *Ctrl* du clavier. Dans ce cas, la liste n'est plus déroulante et affiche directement toutes les options les unes sous les autres. L'attribut `multiple` modifie donc à la fois les possibilités de choix et l'apparence de la balise `<select>`.

La liste de choix est envoyée par le formulaire sous forme d'un tableau PHP, c'est pourquoi l'attribut `name` de la balise `<select>` doit être suivi de deux crochets, comme le montre l'exemple suivant, illustré par la figure 2-13 :

```
<select name="choixcouleurs[]" multiple size="5">
    <option value="bleu">le bleu</option>
    <option value="vert">le vert</option>
    <option value="rouge">le rouge</option>
    <option value="jaune">le jaune</option>
    <option value="blanc">le blanc</option>
</select>
```

L'attribut `size` permet de définir le nombre de lignes à afficher simultanément. Si la liste est plus grande que sa taille, une barre de défilement s'affiche.

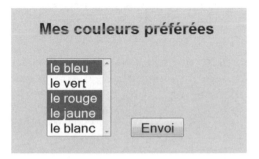

FIGURE 2-13 *Choix multiple dans une liste, à l'aide d'une balise <select> possédant l'attribut multiple.*

Il est possible de regrouper par catégories les options d'une liste déroulante, comme c'est le cas dans l'exemple ❺. Les options d'une catégorie sont regroupées entre deux balises <optgroup label="..."> et </optgroup> ; le titre de la catégorie est indiqué dans l'attribut label et ne peut pas être sélectionné.

L'exemple ❺ de la figure 2-12 comprend deux groupes et s'écrit :

```
<label>Vous êtes</label>
<select name="qui">
   <optgroup label="Adulte">
      <option value="homme">Homme</option>
      <option value="femme">Femme</option>
   </optgroup>
   <optgroup label="Jeune">
      <option value="garçon">Garçon</option>
      <option value="fille">Fille</option>
   </optgroup>
</select>
```

Boutons d'effacement et d'envoi

Le *bouton d'effacement* réinitialise le formulaire à son affichage initial (les données saisies sont effacées, les textes et choix par défaut sont repris en compte).

Le *bouton d'envoi* transmet les données à la page dont le nom est indiqué dans l'attribut action de la balise de début de formulaire :

`<form method="post" action="envoi.php">`.

Ces deux boutons ❿ terminent en général le formulaire. Ils s'écrivent avec la balise `input` et l'attribut `type="reset"` pour l'effacement, `type="submit"` pour l'envoi :

```
<input type="reset" value="Effacer" />
<input type="submit" value="Envoyer" />
```

L'attribut `value` a ici une fonction très particulière : il sert à définir le texte qui sera affiché sur le bouton.

> UTILE **Bouton Envoyer et touche Entrée**
>
> Le bouton d'envoi, tel qu'il est écrit ici, présente un inconvénient : l'appui sur la touche *Entrée* provoquera l'envoi du message (sauf si le curseur est situé dans une zone de texte à plusieurs lignes). Cet envoi risque d'être prématuré au goût du visiteur, qui pensait peut-être valider une ligne de texte.
>
> Pour éviter ce genre de désagrément, il est possible d'utiliser un bouton général, grâce à une balise `<input type="button" .../>`, l'envoi s'effectuant par une action écrite en JavaScript. Ce bouton d'envoi amélioré s'écrit :
>
> `<input type="button" value="Envoyer" onclick="submit();" />`

Fichier d'envoi du formulaire

Nous avons fait le tour des balises de formulaire, jusqu'au bouton d'envoi. Ce dernier fait appel à une page écrite en PHP, mentionnée dans la balise de début du formulaire :

```
<form method="post" action="envoi.php">
```

Nous allons adopter la forme la plus simple possible de ce fichier `envoi.php`, pour n'utiliser que des notions très accessibles du PHP, langage qui s'exécute sur le serveur hébergeant le site Internet.

Ce fichier doit effectuer les opérations suivantes :

1 Récupérer les données envoyées par le formulaire par la méthode « post ».

2 Les associer avec des titres pour constituer un message lisible.

3 Envoyer le message.

4 Afficher un texte de confirmation pour le visiteur, si l'envoi s'est passé normalement, un message d'erreur dans le cas contraire.

> ATTENTION **Conditions techniques nécessaires**
>
> L'envoi d'un formulaire par un fichier PHP ne peut s'effectuer qu'à deux conditions :
> - L'hébergement sur lequel vous avez placé votre site doit être capable d'exécuter un programme en PHP.
> - La fonction `mail` du PHP, qui servira à l'envoi, doit être autorisée.
>
> La plupart des hébergements propose ces fonctions, mais certaines offres gratuites ou très basiques peuvent être limitées.

Pour ne pas avoir à écrire trop de lignes identiques et clarifier notre fichier, nous allons étudier l'envoi de la première partie du formulaire de la figure 2-12, soit les balises ayant pour attributs `name="nom"` (saisie de *Votre nom ou pseudo*, `name="qui"` (liste déroulante *Vous êtes*) et `name="motdepasse"` (saisie intitulée *Mot de passe*).

Contenu du fichier envoi.php

```php
<?php
  // Récupération des données du formulaire ❶
  $nom = $_POST["nom"];
  $qui = $_POST["qui"];
  $passe = $_POST["motdepasse"];

  // Texte à envoyer ❷
  $texte = "Nom : $nom\n";
  $texte = $texte . "Qui êtes-vous : $qui\n";
  $texte = $texte . "Mot de passe :\n" . $passe;
  $texte = stripslashes($texte);
```

```
// Destinataire et objet du message ❸
$destinataire = "toto@net.fr";
$objet = "Formulaire du site Internet";

// En-tête masqué (codage des caractères)
$headers = "Content-type: text/plain;
                        charset=utf-8"; ❹

// Envoi du message, puis confirmation sur la page
$envoi_bon = mail($destinataire, $objet, $texte,
                $headers); ❺
if ($envoi_bon) { echo "Envoi OK"; }
else { echo "Erreur"; } ❻
?>
```

Fonctionnement du fichier envoi.php

Il suffit de placer ce fichier texte, enregistré sous le nom envoi.php et dans le même dossier que la page contenant le formulaire, pour correspondre à l'attribut action="envoi.php" de la balise form.

Quelques points de repère :

- Le code PHP commence par <?php et se termine par ?> : ce sont ici la première et la dernière ligne de notre fichier.
- Les lignes de commentaires commencent par // et sont bien sûr facultatives.
- Chaque instruction se termine par un point-virgule.
- Tous les noms de variables commencent par le symbole $.
- Dans la constitution des textes du message, le caractère \n correspond à un saut de ligne (\n\n pour deux sauts de ligne), et le point sert à « coller » (*concaténer* en langage informatique) deux morceaux de texte entre eux ou un texte avec une variable contenant du texte.

La récupération des données ❶ s'effectue selon une syntaxe bien précise, par exemple $_POST["nom"] pour la balise d'attribut name="nom". Ces données sont stockées dans des variables $nom, $qui et $passe (il est souvent plus simple de leur donner le même nom que dans le formulaire, mais ce n'est pas obligatoire).

La variable `$texte` sert à mémoriser le message à envoyer. Pour plus de clarté, sa construction ❷ s'effectue sur plusieurs lignes, à l'aide du point pour ajouter du texte à cette variable. La fonction `stripslashes($texte)` sert à enlever le signe \ qui est ajouté par le PHP avant chaque apostrophe ou guillemet saisi dans le formulaire (par exemple, si le nom saisi est « d'Alembert », la variable `$nom` contient « d\'Alembert »).

Les variables `$destinataire` et `$objet` ❸ sont utilisées, comme leur nom l'indique, pour mémoriser l'adresse de messagerie à laquelle sera envoyée le message, et le titre de celui-ci.

La variable d'en-tête `$headers` ❹ peut contenir beaucoup plus d'informations. Il faut au minimum indiquer le type de codage de la page du formulaire, de façon à ce que les lettres accentuées s'affichent correctement. Le codage universel UTF-8 est conseillé, car il est utilisable pour toutes les langues.

La fonction `mail` ❺ utilise les différents éléments que nous avons préparés pour envoyer le message. Le résultat est ici stocké dans la variable `$envoi_bon` qui vaudra `true` (vrai) si l'envoi a réussi, `false` (faux) sinon.

Un test ❻ sur la variable `$envoi_bon` permet d'afficher un message à l'aide de la fonction `echo "texte à afficher";`.

Pour envoyer le reste du formulaire, il suffit d'ajouter des lignes aux étapes ❶ et ❷. De même, en adaptant ces deux étapes à votre formulaire et aux noms que vous avez utilisés, vous pourrez créer votre propre fichier d'envoi.

Une page dans un cadre

En utilisant la balise `<iframe>`, il est possible d'inclure, à l'intérieur d'une page web, un cadre contenant une autre page HTML, cette dernière pouvant appartenir à votre site ou provenir d'un autre.

> **ATTENTION Problèmes d'accessibilité**
>
> La balise `<iframe>` est mentionnée ici, car elle fait partie du « paysage web », mais son emploi n'est pas conseillé : elle pose des problèmes d'accessibilité pour les personnes handicapées et peut aussi compliquer la navigation dans votre site.
> Admise en « XHTML 1 Transitional » mais pas en « XHTML 1 Strict », cette balise `<iframe>` fait cependant partie de la norme HTML 5.

Même si elle n'est pas du tout recommandée en matière d'accessibilité, l'existence de la balise <iframe> est à connaître, car vous pourrez la rencontrer en surfant sur Internet. Elle peut être intéressante dans certains cas très particuliers, comme dans l'exemple suivant qui affiche une carte dynamique du site de cartographie coopérative libre OpenStreetMap (www.openstreetmap.org).

Balise <iframe> affichant la page www.openstreetmap.org

```
<h2>OpenStreetMap, la cartographie libre</h2>
<iframe src ="http://www.openstreetmap.org/"
        width="650" height="400">
   <p>Votre navigateur ne reconnaît pas les iframes.</p>
</iframe>
<p>Source : <strong><a href="www.openstreetmap.org">
             www.openstreetmap.org</a></strong></p>
```

Les dimensions du cadre pourront bien sûr être modifiées ; la figure 2-14 montre le résultat obtenu. Entre les deux balises <iframe> et </iframe> se trouve un message de remplacement : il sera affiché par les navigateurs qui ne comprennent pas ce type de cadre.

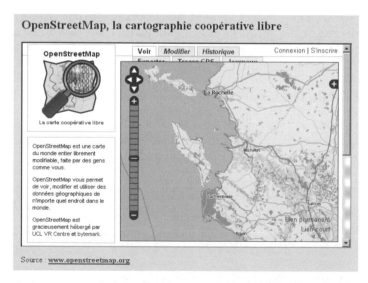

FIGURE 2–14 *Une fenêtre affiche le contenu du site OpenStreetMap.*

> IMPORTANT **Droit et éthique**
> Si la balise `<iframe>` permet d'inclure dans votre page une autre page provenant d'un site différent, il est important de mentionner clairement sa source, pour des raisons d'éthique. N'oubliez pas de vérifier qu'un tel affichage est autorisé. En particulier, ce n'est pas le cas pour le site de cartographie privé GoogleMaps.

Autres balises de texte

Une liste de quelques autres balises, moins courantes d'utilisation dans une première approche du HTML, complétera notre énumération.

TABLEAU 2–1 Quelques balises HTML d'utilisation moins courante

Balise	Action
address	crée un nouveau paragraphe constitué par une adresse, écrite en italique
q	`<q>` comme *quote* indique une courte citation dans une phrase, le texte étant placé entre guillemets
cite	sert également pour afficher une citation au cours d'une phrase, le texte étant alors écrit en italique
dfn	définition d'un mot, en cours de phrase (en italique)
abbr	abréviation (pas de mise en forme)
del ins	texte supprimé (barré grâce à la balise `<del>` comme *delete*) et remplacé par un autre (à insérer en utilisant la balise `<ins>`)
var	nom d'une variable (en italique)
code	extrait de code informatique (police Courier)
samp	exemple de code informatique (police Courier)
kbd	saisie au clavier (police Courier)
pre	préformaté (police Courier, espaces et sauts de lignes affichés tels qu'ils sont notés)

> Norme **Liste complète des balises HTML sur le site du W3C**
>
> La liste détaillée des balises XHTML 1 et HTML 5 est disponible sur de nombreux sites, comme celui-ci (en anglais) qui détaille de façon claire et précise les normes du W3C :
>
> - pour les balises XHTML 1 : http://www.w3schools.com/tags
> - pour les balises HTML 5 : http://www.w3schools.com/html5/html5_reference.asp

Deux catégories d'éléments : blocs et en ligne/niveau texte

Dans le premier exemple HTML que nous avons étudié, vous avez remarqué que certaines balises comme `<p>` provoquaient un retour à la ligne, alors que d'autres comme `<em>` laissaient le texte concerné à sa place, à la suite des mots précédents.

Certaines propriétés de mise en forme par les feuilles de style s'appliqueront dans un cas et pas dans l'autre. C'est pourquoi il est important de bien les distinguer.

Le HTML définit donc pour les balises deux types d'éléments :

- Certains se suivent sur une même ligne de texte : ce sont des *éléments en ligne*. Le HTML 5 les appelle à présent *éléments de niveau texte*.
- Les autres se succèdent verticalement, séparés par un retour à la ligne automatique : ils sont de type *bloc*.

Éléments en ligne ou de niveau texte

Ils s'écrivent les uns à la suite des autres, dans le texte de la page.

Exemples d'éléments en ligne

```
<strong>...</strong> <!-- mise en relief -->
<em>....</em> <!-- emphase -->
```

Les éléments en ligne se répartissent eux-mêmes en deux catégories :

- les « éléments **remplacés** » dont les dimensions (largeur et hauteur) peuvent être définies : images, zones de saisie d'un formulaire...
- les « éléments **non remplacés** » dont la taille est fonction de leur contenu : éléments `<strong>`, `<em>`, `<span>`, ancre `<a>`, ...

Certaines propriétés liées aux blocs peuvent être appliquées aux éléments en ligne de type *remplacés*.

Les principaux éléments HTML de niveau texte, c'est-à-dire de type « en ligne », sont les suivants :

- élément `<span>` (qui sert à délimiter une partie de texte ayant une mise en forme commune) ;
- ancre `<a>` ;
- image `<img>` et objet multimédia `<object>` ;
- texte mis en relief avec `<em>` (italique) ou encore plus en évidence avec `<strong>` (en gras) ;
- extraits de citation `<q>` (apparaît entre guillemets) et `<cite>` (italique) ;
- extrait de programme `<code>` ou de texte à entrer au clavier (police de type Courier) ;
- exemple `<samp>` (police Courier), variable `<var>` (italique) ;
- abréviation `<abbr>` ;
- texte inséré `<ins>` (apparaît souligné) et texte supprimé `<del>` (apparaît barré).

Ces éléments en ligne peuvent être imbriqués, mais ils ne peuvent pas contenir d'élément de type bloc.

Éléments de type bloc

Les blocs se placent automatiquement les uns sous les autres. L'utilisation des styles permet de les positionner de façon précise.

Exemples d'éléments de type bloc

```
<h1>....</h1> <!-- titre de niveau 1 -->
<p>...</p> <!-- paragraphe -->
```

Tout élément de type bloc peut contenir d'autres blocs et bien sûr des éléments en ligne, à la notable exception des `<p>` et `<h1>`, `<h2>`,...`<h6>` qui ne peuvent inclure d'autres blocs.

> **ATTENTION**
>
> Les paragraphes et les titres ne peuvent inclure de blocs.

À NOTER **Marges par défaut**
Tous les blocs (sauf `<div>`) possèdent des marges intérieures (`padding`) et extérieures (`margin`) par défaut, qu'il faut préciser ou mettre à zéro dans la feuille de style.

Voici les principaux éléments HTML de type « bloc » :

- élément `<div>`, qui sert de boîte « conteneur » et dans lequel seront placés d'autres blocs ;
- titres `<h1>` à `<h6>` ;
- paragraphe `<p>`
- liste et élément de liste `<ul>`, `<ol>` et `<li>`, liste de définition `<dl>` ainsi que ses éléments `<dd>` et `<dt>` ;
- citation `<blockquote>` (apparaît en retrait) ;
- texte préformaté `<pre>` (affichage fidèle de tous les espaces et retours à la ligne) ;
- adresse `<address>` (s'affiche en italique, avec espacement vertical).

Hiérarchie des éléments : l'héritage

Les éléments qui composent une page HTML, c'est-à-dire les balises avec leur contenu, sont *juxtaposés* ou *imbriqués*. Il en découle une *hiérarchie*, qui sera à prendre en compte dans le choix des propriétés de style.

En effet, certaines propriétés de style ont la faculté d'être héritées et se transmettront donc aux blocs imbriqués, alors que ce ne sera pas le cas pour d'autres propriétés.

Hiérarchie des blocs imbriqués et juxtaposés

Les blocs qui constituent une page forment en quelque sorte une famille, ils sont désignés les uns par rapport aux autres dans cet esprit :

- Lorsque des blocs sont contenus dans un autre bloc, ils sont les *enfants* de ce dernier.
- Entre eux, ces blocs imbriqués sont des *frères*.
- Le bloc conteneur est leur *père*.
- Le *premier fils* d'un bloc conteneur est le premier des blocs imbriqués qu'il contient.

Voici un exemple qui nous transporte dans l'atmosphère calme et sereine de la campagne et qui produit l'affichage montré par la figure 2-15 :

Exemple de code contenant des blocs imbriqués et juxtaposés

```
<body id="ferme">  ❶
   <div id="basse-cour">À l'ombre du noisetier...  ❷
      <p id="poule">Cot ! Cot ! Cot!</p>
      <p id="canard">Coin ! Coin ! Coin !</p>
      <p id="chien">Ouah ! Ouah !
         <em id="puce">une puce pique le chien</em>
      </p>
   </div>
   <div id="enclos">Dans une prairie verte...  ❸
      <p id="vache">Meuh ! Meuh !</p>
      <p id="cochon">Groin ! Groin !</p>
   </div>
</body>
```

En français, l'histoire se raconte ainsi :

- La ferme contient la basse-cour et l'enclos.
- La basse-cour contient la poule, le canard et le chien.
- Le chien « contient » la puce.
- L'enclos contient la vache et le cochon.

Les éléments HTML de cet exemple sont imbriqués de la même façon, en suivant la logique de cette histoire.

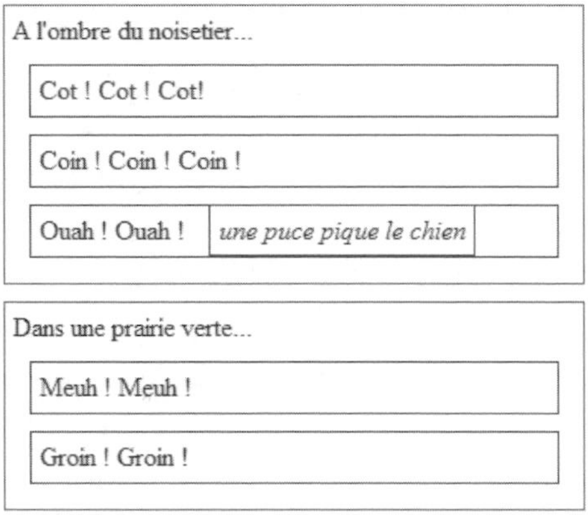

A l'ombre du noisetier...

Cot ! Cot ! Cot!

Coin ! Coin ! Coin !

Ouah ! Ouah ! | *une puce pique le chien*

Dans une prairie verte...

Meuh ! Meuh !

Groin ! Groin !

FIGURE 2–15 *Exemple de blocs imbriqués et juxtaposés.*

FIGURE 2–16 *À la ferme...*

Termes hiérarchiques utilisés en HTML/CSS

Le bloc `<body id="ferme">` ❶ est l'*ancêtre* commun à tous les autres blocs.

Il est le *père* des deux éléments `<div id="basse-cour">` ❷ et `<div id="enclos">` ❸ qui sont ses deux descendants directs, appelés ses *fils* ou ses *enfants*. Ces deux blocs sont donc *frères*. Le *premier fils* de l'élément `<body id="ferme">` ❶ est `<div id="basse-cour">` ❷.

Le bloc `<div id="basse-cour">` ❷ a trois fils (paragraphes *poule*, *canard*, *chien*, qui sont frères entre eux) et un petit-fils (le texte *puce*, qui est le fils du paragraphe *chien*).

Le bloc `<div id="enclos">` ❸ a deux fils (les paragraphes *vache* et *cochon*).

Héritage des propriétés de style

Comme nous l'avons vu, certaines des propriétés définies dans les feuilles de style sont *héritées*, c'est-à-dire qu'elles sont transmises aux éléments imbriqués ; d'autres ne peuvent pas l'être.

Si une propriété *héritée* est appliquée à un élément, elle s'appliquera en même temps à tous les éléments que celui-ci contient.

Si en revanche elle n'est *pas héritée*, elle ne se retrouvera pas sur les éléments imbriqués.

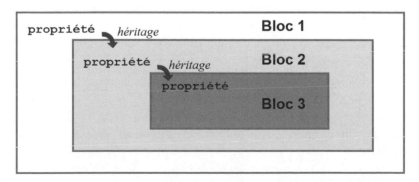

FIGURE 2-17 *Principe de l'héritage d'une propriété, illustré ici pour des blocs imbriqués.*

Reprenons l'exemple de la ferme pour illustrer le comportement de deux propriétés dans les blocs imbriqués.

La propriété `font-family` (police d'écriture) est *héritée*. Supposons, par exemple, que la propriété `font-family: Arial;` soit appliquée aux blocs `<div>` ❷ et ❸ seulement (basse-cour et enclos). Grâce à l'héritage de cette propriété et comme le montre la figure 2-18, tous leurs descendants directs ou indirects seront également écrits en Arial (ces descendants sont les blocs `<p>` qui sont leurs enfants et l'élément `<em>` qui est un petit-enfant).

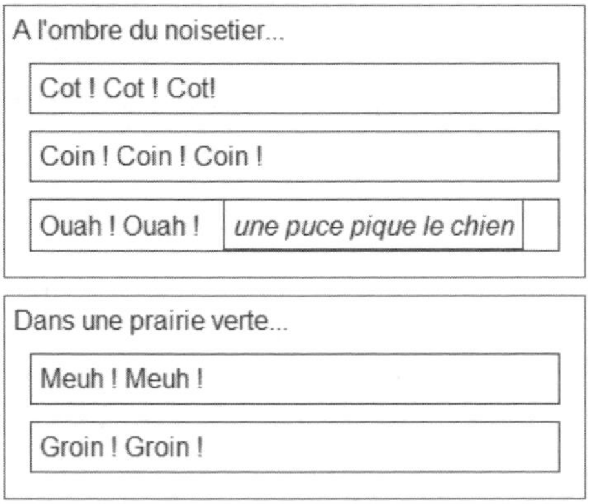

```
A l'ombre du noisetier...

    Cot ! Cot ! Cot!

    Coin ! Coin ! Coin !

    Ouah ! Ouah !    une puce pique le chien


Dans une prairie verte...

    Meuh ! Meuh !

    Groin ! Groin !
```

FIGURE 2–18 *La propriété font-family est héritée.*

La propriété `border` (type de bordure) *n'est pas héritée*. La figure 2-19 donne le résultat affiché lorsqu'une bordure est attribuée aux seuls blocs `<div>` ❷ et ❸ (basse-cour et enclos). Leurs descendants ne seront pas encadrés, car ils conserveront la valeur par défaut « aucune bordure ».

Lorsque nous utiliserons des feuilles de style CSS pour mettre en forme les différents éléments de nos pages, nous nous inquiéterons des facultés d'héritage de chacune des propriétés utilisées :

- lorsqu'il s'agit d'une propriété héritée, il sera inutile de la réécrire pour chaque bloc imbriqué, il suffira de l'appliquer une fois au bloc conteneur ;
- par contre, si la propriété de style concernée n'est pas héritée, elle devra être répétée pour chacun des blocs imbriqués auxquels il faudra affecter ce style.

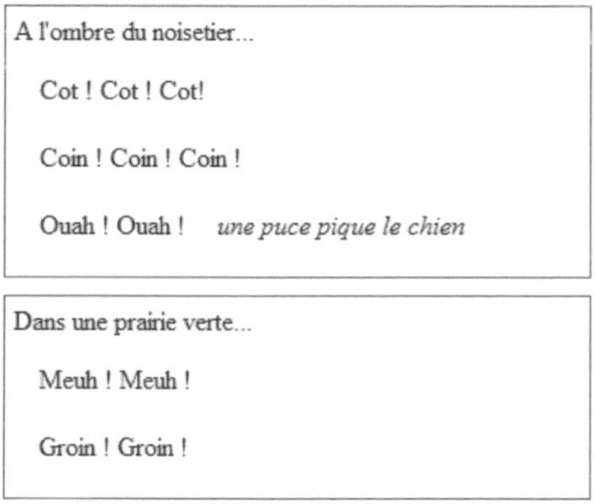

A l'ombre du noisetier...

  Cot ! Cot ! Cot!

  Coin ! Coin ! Coin !

  Ouah ! Ouah !   *une puce pique le chien*

Dans une prairie verte...

  Meuh ! Meuh !

  Groin ! Groin !

FIGURE 2–19 *La propriété border (type de bordure) n'est pas héritée.*

Nous allons encore préciser quelques détails sur les balises d'en-tête du HTML et la validation du code, pour conclure ce chapitre.

Compléments sur les balises d'en-tête

Balise DOCTYPE

Rappelons que cette balise, située tout au début de notre fichier, indique au navigateur la version de HTML utilisée.

Cette déclaration est importante pour une bonne interprétation du code. Voici les DOCTYPE les plus courants :

XHTML 1.0 Transitional

```
<!DOCTYPE html PUBLIC "-//W3C//DTD XHTML 1.0 Transitional//EN"
    "http://www.w3.org/TR/xhtml1/DTD/xhtml1-transitional.dtd">
```

XHTML 1.0 Strict (sans utilisation de balises obsolètes)

```
<!DOCTYPE html PUBLIC "-//W3C//DTD XHTML 1.0 Strict//EN"
    "http://www.w3.org/TR/xhtml1/DTD/xhtml1-strict.dtd">
```

HTML 5

```
<!DOCTYPE html>
```

Le DOCTYPE du HTML 5 est insensible à la casse : il peut être écrit avec des majuscules, comme avec des minuscules.

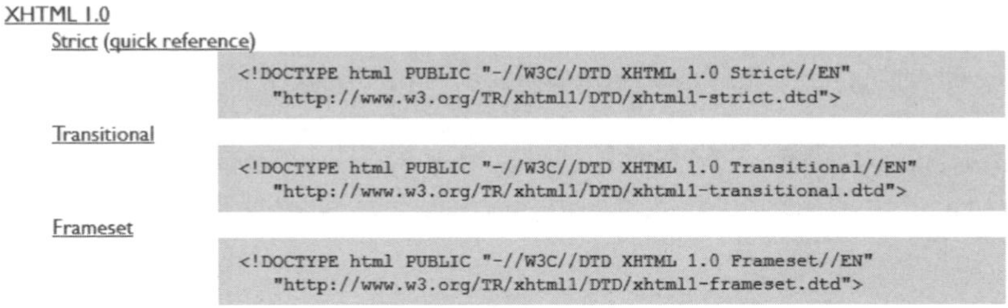

XHTML 1.0
  Strict (quick reference)

```
<!DOCTYPE html PUBLIC "-//W3C//DTD XHTML 1.0 Strict//EN"
    "http://www.w3.org/TR/xhtml1/DTD/xhtml1-strict.dtd">
```

Transitional

```
<!DOCTYPE html PUBLIC "-//W3C//DTD XHTML 1.0 Transitional//EN"
    "http://www.w3.org/TR/xhtml1/DTD/xhtml1-transitional.dtd">
```

Frameset

```
<!DOCTYPE html PUBLIC "-//W3C//DTD XHTML 1.0 Frameset//EN"
    "http://www.w3.org/TR/xhtml1/DTD/xhtml1-frameset.dtd">
```

FIGURE 2–20 *Extrait des DOCTYPES officiels, fournis par le site http://www.w3.org .*

> NORMES **Différences entre XHTML 1 Strict et Transitional**
> Le XHTML 1 *Strict* respecte exactement les normes XHTML 1.
> En XHTML 1 « de transition », nommé *Transitional*, il est possible d'utiliser des balises ou attributs de la norme HTML 4 qui ont été abandonnés en XHTML 1 et sont dits « obsolètes ».
> Un retour en arrière vers cette ancienne norme est bien sûr à éviter, mais ce DOCTYPE se rencontre encore régulièrement, généralement utilisé pour assurer une compatibilité avec des structures de page existantes.

Balise meta et codage en utf-8

Rappelons que la première ligne qui suit <html ...> doit être une balise <meta ... /> qui indique le *type de codage* utilisé pour enregistrer le fichier texte.

Si ce codage est correctement déclaré, il sera possible de taper directement lettres accentuées, c cédille ç et symbole euro €, sans avoir à utiliser des entités HTML comme à pour « à » ou ç pour « ç » par exemple.

Voici la balise `meta` qui indique que la page a été enregistrée selon la norme de codage `utf-8` :

```
<meta http-equiv="content-type"
      content="text/html; charset=utf-8" />
```

Notez que le HTML 5 propose une syntaxe beaucoup plus simple, en donnant au mot `charset` le statut d'attribut direct de la balise `<meta>` :

```
<meta charset="utf-8" />
```

> MÉTHODE
> **Éditer son fichier HTML avec le bon type de codage**
> Le fichier HTML doit être édité et enregistré avec le même type de codage que celui déclaré dans cette ligne. Le choix s'effectue soit dans la boîte de dialogue d'enregistrement de l'éditeur, par exemple à l'aide d'une liste déroulante *Codage*, soit dans un autre menu comme *Format, Option...*

> NORMES **Principaux types d'encodage**
> Les types d'encodage les plus couramment utilisés sont les suivants :
> - utf-8 (`charset=utf-8`) : codage universel Unicode (sur un ou deux octets), à privilégier car c'est la solution d'avenir.
> - iso-8859-1 ou Latin-1 (`charset=iso-8859-1`) : codage occidental classique, souvent utilisé.
> - iso-8859-15 ou Latin-9 (`charset=iso-8859-15`) : codage occidental iso-8859-1 plus quelques caractères, dont €, Œ, œ, et Ÿ.
> - Windows-1252 ou ANSI (`charset=windows-1252`) : codage provenant du iso-8859-1, comprenant également €, Œ, œ, et Ÿ.

Notez que dans la balise `meta` du XHTML 1, les guillemets n'entourent pas seulement le type de codage (ici `utf-8`), mais l'expression entière qui suit l'attribut `content` (sa valeur étant ici `"text/html; charset=utf-8"`).

Là encore, la version HTML 5 est bien simplifiée, le terme `"utf-8"` étant seul entre guillemets car c'est la valeur donnée à l'attribut `charset`.

Autres balises d'en-tête

La balise `<base ... />` permet de définir le dossier de référence pour les liens hypertextes, les images ou autres fichiers fournis dans le code.

> EXEMPLE **Utilisation de la balise <base ...>**
> Si l'en-tête contient la balise :
> `<base href="http://monsite.com/fichiers/" />`
> alors la balise
> `<img src="images/logo.png" alt="logo">`
> (placée dans le corps de la page) affichera l'image `logo.png` située dans le dossier :
> `http://monsite.com/fichiers/images/`.

Comme nous l'avons vu, la balise `<title>Titre de la page</title>` indique le texte qui s'affichera dans la barre de titre du navigateur.

D'autres balises `<meta ... />` permettent de fournir des informations complémentaires : mots-clés, résumé de la page, nom de son auteur...

> ATTENTION **Ne pas confondre titre et nom du fichier**
> Le contenu de cette balise `<title>` n'a rien à voir avec le nom du fichier, ce dernier étant défini lors de l'enregistrement de la page.
> Par contre, ce sera le nom proposé par défaut à l'internaute qui voudra mémoriser l'adresse de cette page parmi ses *Marque-pages* ou *Favoris*.

Validation du code HTML

Pour vérifier si le code d'une page est valide, suivant la norme indiquée dans la balise `<!DOCTYPE ...>`, il suffit de mettre cette page en ligne et d'indiquer son url au validateur du W3C, à l'adresse :
http://validator.w3.org.

Cette page propose également la validation d'une page par un copier-coller de son contenu dans un cadre. Une option propose même la vérification d'un extrait de page, pour lequel il faudra alors choisir la version de HTML correspondant à cette partie de code.

> À NOTER **La validation n'est qu'une indication**
> Le validateur vérifie uniquement la *syntaxe* de la page (en quelque sorte, sa « grammaire »), mais pas la logique dans l'emploi des balises, à savoir si le sens associé à telle ou telle balise correspond bien au texte qu'elle encadre.

Nous voilà familiarisés avec le HTML : à présent, la construction d'une page élémentaire avec quelques balises simples est tout à fait dans nos cordes. De plus, nous sommes sensibilisés à des notions telles que l'imbrication des blocs et l'héritage des propriétés de style, qui nous seront utiles pour mettre en forme notre page.

Nous venons d'étudier les éléments de base qui appartiennent à la fois aux normes XHTML 1 et HTML 5, mis à part les quelques cas particuliers qui ont été signalés. Le chapitre qui suit va nous en dire davantage sur les innovations du HTML 5, qui modernise, complète et simplifie le codage de nos pages.

chapitre

3

Nouveautés du HTML 5

Découvrons comment le HTML 5 fait évoluer et simplifie le codage des pages web. Nous allons étudier les modifications et compléments apportés par cette nouvelle norme : orientations, nouvelles balises et attributs supplémentaires.

SOMMAIRE

- ▸ Orientations du HTML 5
- ▸ Blocs et sections en HTML 5
- ▸ Davantage de signification pour le texte
- ▸ Images, sons, vidéos et animations
- ▸ Contrôle précis des formulaires
- ▸ À utiliser progressivement

Faut-il parler de HTML 5 ou de XHTML 5 ? Comme ces deux langages sont très proches et contiennent les mêmes balises, il sera plus simple de parler de HTML 5. Nous allons découvrir ici les principales nouveautés de cette version, qui vaudront en même temps pour le XHTML 5.

Orientations du HTML 5

Avant d'entrer dans le détail des nouveautés du HTML 5, voyons ensemble dans quelle direction cette nouvelle norme nous emmène.

Évolution et compatibilité

L'essentiel des apports du HTML 5 consiste à donner davantage de sens au codage. Notamment, l'introduction de nouvelles balises spécialisées permettra de mieux repérer dans la page web les différentes parties qui la composent.

Plusieurs bénéfices sont attendus :

- une meilleure accessibilité pour les personnes handicapées, en particulier pour celles qui lisent les sites en mode texte ;
- une vue plus claire du code, qui permettra au développeur de s'y retrouver plus facilement pour la mise à jour des sites web ;
- la possibilité d'affiner le référencement des pages, pour les moteurs de recherche qui vont pouvoir exploiter les informations données par ces nouvelles balises.

Une autre orientation du HTML 5 concerne la compatibilité et la tolérance avec les versions précédentes du HTML. Ainsi, il sera possible d'écrire les balises en minuscules ou en majuscules, leurs attributs entourés ou non de guillemets et la barre de fermeture des éléments seuls sera facultative : par exemple, `<br>` et `<br />` sont deux sauts de ligne aux normes HTML 5.

De même et toujours pour des raisons de compatibilité, les balises `<b>` et `<i>` seront à nouveau acceptées pour la mise en gras et en italique, en parallèle avec les balises `<strong>` et `<em>` dont l'emploi reste recommandé.

Un en-tête simplifié

L'écriture des balises `DOCTYPE` et `html` est considérablement simplifiée, de même que la déclaration du type de codage avec une balise `meta`. Le début d'un fichier HTML 5 s'écrit ainsi :

```
<!DOCTYPE HTML>
<html>
    <head>
        <meta charset="UTF-8">
```

Il ne sera plus nécessaire de copier-coller des lignes barbares. Cette écriture épurée signifie que les navigateurs ne se demanderont plus quelle est la version de HTML utilisée. Au-delà de la simplification évidente, c'est en même temps un engagement de compatibilité : toutes les versions existantes de HTML ou XHTML seront prises en compte de la même façon.

Dans le corps de la page, les *balises de type bloc* sont toujours différenciées des *balises qui s'appliquent au texte*, nouvelle appellation pour ce que le XHTML nommait « éléments en ligne ».

Par ailleurs, le lien avec une feuille de style ou un fichier JavaScript ne nécessitent plus l'attribut `type="text/css"` ou `type="text/javascript"`. L'écriture de ces appels de fichiers sera donc simplifiée, comme le montrent les exemples suivants :

```
<link rel="stylesheet" href="monstyle.css" />
<script src="monscript.js"></script>
```

L'attribut `type` n'apportait effectivement pas d'information supplémentaire, le type de fichier appelé étant clairement défini ici.

Enfin, la balise d'en-tête `<link rel="icon" ... />`, qui donne le nom de l'icône du site placée à gauche de la barre d'adresse du navigateur, peut maintenant préciser les dimensions de ce logo. C'est l'attribut `sizes` (attention à ne pas oublier le s du pluriel) qui indique dans l'ordre la hauteur et la largeur de l'icône séparées par la lettre x, comme dans cet exemple :

```
<link rel="icon" href="favicon.ico" sizes="16x16" />
```

Blocs et sections en HTML 5

Les pages web regorgent de blocs de texte encadrés par la balise `<div>`, souvent imbriqués les uns dans les autres. Dans bien des cas, leur nombre pourrait être diminué, par un emploi judicieux du couple XHTML – CSS.

C'est pourquoi de nouvelles balises sont introduites en HTML 5, de façon à fournir davantage de précisions, notamment sur l'organisation du contenu des pages. Elles vont donc venir remplacer une partie de nos bonnes vieilles `<div>` les balises de section qui suivent.

Sections de base d'une page

Ces balises ont pour objet de délimiter certaines zones de texte en fonction de leur sens dans la page.

`section`	Regroupe un contenu associé à un thème donné. Bien qu'elle paraisse presque aussi vague que la balise `<div>`, elle est cependant moins générique : elle délimitera les différentes parties, soit d'une page, soit d'un bloc indépendant comme ceux indiqués ci-dessous.
`article`	Il s'agit d'une partie de la page qui peut se comprendre indépendamment du reste, de la même façon qu'un article d'un journal par rapport aux autres.

aside	C'est également une partie indépendante de texte qui se suffit à elle-même, à ceci près qu'elle peut n'avoir qu'un rapport éloigné, voire aucun rapport, avec le contenu principal de la page. Il s'agit typiquement d'un encadré, d'une zone grisée en aparté ou d'un bloc placé sur un côté de la page (d'où son nom), comme une publicité, une annonce interne ou un complément d'information.
nav	Menu de navigation à l'intérieur des pages du site. Il contient normalement une liste de liens, éventuellement précédée d'un titre. Il n'est pas nécessaire d'inclure tous les menus de la page dans cette balise, seuls les principaux ont vocation à l'utiliser.

Une particularité est à noter : si une balise `article` peut comprendre plusieurs balises `section`, une page peut aussi être divisée en sections plus générales. Dans ce cas, chaque balise `section` est susceptible de contenir plusieurs balises `article`. Il est donc prévu que les balises `section` puissent se retrouver à plusieurs niveaux, à l'intérieur d'une page.

Sous-sections de type <div>

Ces blocs peuvent également remplacer certaines balises <div>, mais ils n'ont pas le statut de section. Ils ont vocation à regrouper, à l'intérieur d'une page ou d'une section, des éléments liés entre eux : par exemple, des balises qui ensemble constituent soit un en-tête, soit un pied de page ou un « pied de section ». Ces blocs sont les suivants :

header	Cette balise a pour but de délimiter l'en-tête de la page ou d'une de ses sections. Elle peut contenir des titres et un paragraphe d'introduction.
hgroup	Il s'agit de regrouper ensemble des titres successifs de type <h1>, <h2>, etc. Cette balise peut être incluse dans un <header>. Son utilisation n'est cependant pas du tout obligatoire.
footer	Comme son nom l'indique, cette partie regroupe les éléments constituant le pied de page, soit d'une page, soit d'une section.

Dans la même catégorie, il serait possible d'ajouter l'élément `<address>`, qui, bien sûr, sert à afficher une adresse, mais qui existait déjà depuis la version HTML 4.

Toutes ces balises peuvent contenir des titres du type `<h1>`, des paragraphes `<p>`, des listes à puces, etc.

Les balises qui ont le statut de section pourront en outre contenir des entêtes `<header>` et des pieds de page `<footer>`.

Exemple utilisant plusieurs sections

```
<article>
<header>  ❶
    <img src="fleurs.jpg" alt="Fleurs"
        title="Florilège" />
    <h1>Fleurs</h1>
    <h2>Les couleurs de la nature</h2>
    <p>Quelques fleurs pour orner votre écran.</p>
</header>
<section>  ❷
    <h1>Les roses</h1>
    <img src="roses.jpg" alt="Roses" title="Roses" />
    <p>Du rouge au jaune, elles sont inimitables.</p>
</section>
<section>  ❸
    <h1>Les œillets</h1>
    <img src="oeillets.jpg" alt="Œillets"
        title="Œillets" />
    <p>Leur parfum et leur finesse vous séduira.</p>
</section>
<footer>  ❹
    <p>Admirez les fleurs qui vous entourent</p>
</footer>
</article>
<aside>  ❺
    <p>Notre almanach est paru !</p>
<aside>
```

Cet exemple concerne une partie de page web, comprenant un article `<article>` et un encadré `<aside>`. Une fois sa mise en forme effectuée à l'aide de la feuille de style, son aspect sera celui de la figure 3-1.

Il possède un en-tête ❶, deux sections ❷ et ❸, ainsi qu'un pied de page ❹. Il est suivi d'une section `<aside>` ❺, qui est un encadré sur le côté de la page.

L'en-tête `<header>` ❶ aurait pu rassembler les deux titres `<h1>` et `<h2>` à l'intérieur d'un groupe de titres `<hgroup>` si la mise en page le nécessitait, par exemple pour positionner ces deux titres à un endroit précis.

Dans le cas d'un article plus étoffé, son en-tête `<header>` ❶ peut inclure un bloc de navigation interne `<nav>`, ce dernier comportant par exemple un titre `<h1>` et une liste non numérotée `<ul>` contenant les liens.

Si les sections ❷ et ❸ avaient été plus développées, elles auraient pu elles-mêmes contenir un en-tête `<header>` et un pied de page `<footer>` spécifiques. Cette remarque vaut aussi pour la section `<aside>` ❺.

Figure 3–1 *Exemple utilisant plusieurs sections HTML 5.*

> **À NOTER Balise <menu> à ne pas confondre avec <nav>**
>
> Le HTML 5 réintroduit également la balise <menu> (disparue dès le HTML 4) pour encadrer une liste de liens correspondant à un menu secondaire ou à un ensemble de boutons de commande. Son emploi est donc distinct de la balise <nav> qui est réservée à un menu de navigation parmi des pages. La balise <menu> peut contenir deux attributs :
>
> * label="..." pour indiquer le titre du menu.
> * type="..." qui indique de quel menu il s'agit, avec les valeurs possibles list (valeur par défaut, pour une liste de liens secondaires), context (lorsqu'il s'agit d'un menu contextuel) et toolbar (pour encadrer un ensemble de boutons constituant une barre d'outils).
>
> Cette balise <menu> peut contenir des boutons associés à des actions écrites en JavaScript et représentés par la nouvelle balise <command>, utilisable avec les attributs suivants :
>
> * type pour définir la forme prise cette balise, soit type="command" (valeur par défaut, c'est un texte qui sert de commande, comme un lien de menu), type="checkbox" (case à cocher) ou type="radio" (bouton radio).
> * label="..." qui relie à cette commande un titre qui sera affiché.
> * icon="mon_image.gif" pour associer une image à cette commande.
> * checked pour activer cette option par défaut (réservé aux types *checkbox* et *radio*).
> * radiogroup="..." (pour le type *radio*) qui permet d'associer cette commande à un choix exclusif parmi les autres commandes qui ont le même nom pour cet attribut *radiogroup*.
> * disabled pour désactiver cette commande, dans les cas où elle n'est pas disponible (cet attribut sera généralement mis en place par un programme PHP ou JavaScript, en fonction du contexte).
>
> La balise <command> n'est utilisable qu'à l'intérieur d'une balise <menu> et sera ignorée si elle se trouve en dehors de celle-ci.

Des détails sur demande

La balise <details> donne la possibilité d'afficher sur demande des précisions sur un texte. Elles sont initialement masquées et il suffira à l'internaute de cliquer sur le titre associé, qui est affiché à l'aide de la balise <summary>.

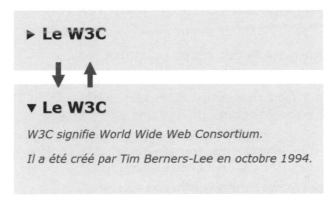

Figure 3–2 *Le navigateur Chrome reconnaît les balises <details> et <summary> : un clic sur le titre fait apparaître ou disparaître les détails et modifie le sens de la flèche, affichée automatiquement.*

Il est possible d'afficher directement les précisions en question, en ajoutant l'attribut `open="true"` à la balise `<details>`. Si cet attribut est absent ou s'il a la valeur `open="false"`, les précisions sont masquées jusqu'au clic sur le titre associé.

Exemple de détail d'information masqué

```
<details>
    <summary>Le W3C</summary>
    <p>W3C signifie World Wide Web Consortium.</p>
    <p>Il a été créé par Tim Berners-Lee
        en octobre 1994.</p>
</details>
```

Dans cet exemple, seul le titre, encadré par `<summary>`, est affiché. Cliquer dessus fera apparaître les détails qui lui sont associés, c'est-à-dire les deux paragraphes qui le suivent. Un deuxième clic sur ce titre masque à nouveau ces détails.

Attributs supplémentaires pour les blocs

Personnalisation des listes numérotées

La balise `<ol>` crée automatiquement une liste numérotée, attribuant un nouveau numéro à chacune des lignes `<li>` qu'elle contient. Deux attributs complètent cette balise :

- `start="..."` sert à indiquer un numéro de départ pour la liste, sous forme d'un nombre entier (cet attribut retrouve sa place, après avoir été mis de côté par la norme précédente).
- `reversed` entraîne une numérotation décroissante.

Exemples de listes numérotées personnalisées

```
<h3>Nombres en anglais à partir de 10</h3>
<ol start="10">
    <li>Number ten</li>
    <li>Number eleven</li>
    <li>Number twelve</li>
</ol>

<h3>Notre classement</h3>
<ol reversed>
    <li>Le troisième est Pierre.</li>
    <li>Le deuxième est Paul.</li>
    <li>Le premier est Jacques.</li>
</ol>
```

Quant aux balises `<li>` d'une liste numérotée `<ol>`, elles retrouvent l'attribut `value`, lui aussi précédemment délaissé. Il permet de spécifier un numéro donné pour une ligne, comme dans l'exemple suivant :

```
<ol>
    <li>...</li>
    ...
    <li value="888">Numéro chinois porte-bonheur</li>
    ...
</ol>
```

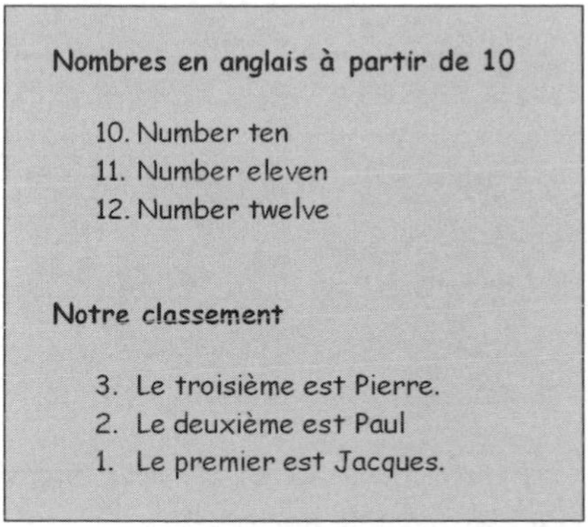

Nombres en anglais à partir de 10

   10. Number ten
   11. Number eleven
   12. Number twelve

Notre classement

   3. Le troisième est Pierre.
   2. Le deuxième est Paul
   1. Le premier est Jacques.

Figure 3-3 *Exemples de listes numérotées personnalisées : la première avec un numéro de départ différent de 1, la seconde présentée dans l'ordre décroissant.*

Éléments déplaçables dans la page

De plus en plus de sites nous proposent des pages sur mesure, en nous donnant la possibilité de déplacer certains de leurs éléments. L'attribut draggable pourra déterminer si un élément est déplaçable ou non, avec les valeurs suivantes :

- draggable="true" si l'élément peut être déplacé par l'utilisateur.
- draggable="false" pour interdire le glisser-déposer.
- draggable="auto" pour utiliser l'option par défaut (déplacement des objets autorisé ou non) définie dans le navigateur, à l'aide d'un menu du type *Options* ou *Préférences*.

Glisser-déposer en HTML 5

Elément 1 : `<div id="div1" draggable="true";>`
Elément 2 : `<div id="div2" draggable="false";>`

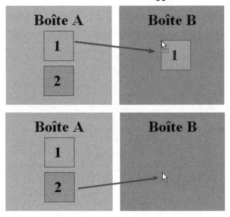

FIGURE 3-4 *Le glisser-déposer d'éléments, géré par ailleurs en JavaScript, peut être autorisé ou interdit à l'aide de l'attribut draggable.*

COMPLÉMENT **Principe du glisser-déposer**

La gestion du glisser-déposer, en anglais *drag and drop*, s'effectue en JavaScript à partir des événements suivants :

- `ondragstart/ondragstop` : début/fin du déplacement de l'objet.
- `ondragenter/ondragexit` : la souris entre dans un bloc de dépose éventuel/sort de ce bloc.
- `ondragover` : l'objet bouge au-dessus d'un bloc de dépose éventuel.
- `ondragdrop` : l'objet concerné est lâché dans une zone de dépose.

Ces événements sont à traiter à l'intérieur de plusieurs balises : l'élément à déplacer, le bloc qui le contient, ainsi que le ou les blocs susceptibles de le recevoir. Par exemple, si à un bloc est associé l'événement `ondragover="return false;"`, le placement de l'objet mobile y sera interdit. La page suivante contient une démonstration de code JavaScript qui a inspiré l'exemple de la figure 3-4 :

▸ http://ljouanneau.com/lab/html5/demodragdrop.html

Davantage de signification pour le texte

Le HTML 5 propose des balises spécifiques pour repérer des parties de phrases, préciser ce qu'elles représentent et apporter de nouvelles fonctions.

Nouvelles balises de texte HTML 5

À l'intérieur d'une phrase, la balise générale `<span>` entoure les mots, groupes de mots ou valeurs qui doivent avoir une mise en forme spécifique. Le HTML 5 propose d'autres balises pour repérer certaines significations courantes de contenu.

Surlignage de mots

La balise `<mark>` a pour objectif le surlignage de mots, d'expressions ou de phrases pour montrer qu'ils sont plus précisément en rapport avec le sujet de la page. En général, elle servira à mettre en évidence un mot-clé dans une page qui affiche le résultat d'une recherche effectuée à partir de ce mot.

Exemple donnant les résultats d'une recherche sur le mot « riz »

```
<h2>Le <mark>riz</mark> dans nos repas</h2>
<ul>
    <li><mark>Riz</mark> soufflé le matin ;</li>
    <li><mark>Riz</mark> cantonais à midi ;</li>
    <li>Gâteau de <mark>riz</mark> le soir.</li>
</ul>
```

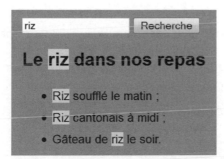

Figure 3–5 *Le repérage d'un mot dans un résultat de recherche, grâce à la balise <mark>.*

Mesures comprises entre deux bornes

Si le HTML 5 introduit la balise `<meter>`, ce n'est pas pour une utilisation avec tous les nombres qui constituent des mesures, mais uniquement pour ceux qui correspondent à une valeur placée entre un minimum et un maximum connus.

Six attributs peuvent être utilisés avec cette balise `<meter>` :

- `min` et `max` indiquent les valeurs minimale et maximale possibles, qui sont par défaut 0 et 1 lorsque ces attributs ne sont pas précisés ;
- `low` et `high` définissent les limites en deçà ou au-delà desquelles la valeur sera considérée comme basse ou haute ;
- `optimum` donne la valeur optimale, qui n'est pas nécessairement la valeur moyenne, car c'est parfois la valeur maximale ou minimale ;
- `value` est la valeur à afficher (alternative à l'écriture d'une valeur entre `<meter>` et `</meter>`, elle permet l'utilisation du JavaScript pour modifier cette valeur).

Exemples d'utilisation de la balise `<meter>`

```
<h1>Résultats des rencontres sportives</h1>
<ul>
    <li>Danse : <meter min="0" max="10">9,5</meter></li>
    <li>Tirs au but<meter max="5">4</meter> sur 5</li>
    <li>Taux de qualification : <meter>75 %</meter></li>
</ul>
```

Dates et heures

À partir d'une date ou d'une heure écrite dans un format standard, la balise `<time>` permettra au navigateur de l'afficher au format « régional », défini par l'internaute sur son ordinateur et qui correspond généralement à celui utilisé dans son pays.

Exemple affichant date et heure avec la balise `<time>`

```
<p>Le <time>1789-07-14</time>, la prise de la
Bastille s'est terminée à <time>17:00</time>.</p>
```

Dans le rendu de cet exemple sur un navigateur, la date se présentera sous la forme habituelle du pays de notre visiteur. De même, l'heure pourra s'afficher sous la forme *17h00* ou *5pm*, suivant le cas.

Deux attributs sont utilisables avec la balise `<time>` :

- `datetime` pour indiquer à l'intérieur de la balise la date ou l'heure indiquée (ou bien les deux). Le format complet associant date et heure est le suivant : `datetime="YYYY-MM-DDThh:mm:ss"`, YYYY représentant l'année, MM le mois, DD le jour, hh l'heure et ss les secondes. Cette valeur peut éventuellement être complétée par un point et deux chiffres, pour afficher les centièmes de seconde.
- `pubdate` sert à préciser que la date fournie est celle de publication d'un article.

Les balises <b>, <i> et <s> sont de retour

Le HTML 5 reprend quelques balises courantes du HTML 4 dont l'emploi était déconseillé en XHTML 1 : `<b>`, `<i>` et `<s>` pour *gras*, *italique* et *barré*. Cependant, il nuance un peu leur sens.

La balise `<b>` met le texte en gras et sera utilisée lorsque le texte concerné n'a pas davantage d'importance que les mots qui l'entourent, sinon c'est `<strong>` qui s'applique.

De même, la balise `<i>` pourra remplacer `<em>` pour placer des mots en italique, dans le cas où cela ne correspond pas à une mise en relief du texte.

La balise `<s>`, quant à elle, permet de rayer un texte qui est incorrect ou qui n'est plus approprié. Le plus simple consiste à le supprimer, mais il est parfois utile d'en laisser la trace tout en montrant bien qu'il n'est plus valable. Un exemple simple utilisant `<s>` est celui du *prix barré* qui fait place à une promotion :

```
<h3>Promotion sur les voyages dans l'espace !</h3>
<p>Prix normal : <s>20 000 000 €</s></p>
<p>Cette semaine : <strong>19 999 900 €</strong></p>
```

Promotion sur les voyages dans l'espace !

Prix normal : ~~20 000 000 €~~

Cette semaine : **19 999 900 €**

Figure 3-6 *L'utilisation de la balise <s> pour rayer un contenu qui n'est plus d'actualité.*

Coupure des mots trop longs

Lorsqu'un mot ou un groupe de caractères attachés est très long, cela peut poser des problèmes de mise en page, comme le montre la figure 3-7. La justification du texte allonge exagérément les espaces sur la ligne qui précède le long mot en question, et ce dernier constituant un tout, il peut déborder du bloc dont il fait partie.

La solution, présentée par cette même figure, consiste à autoriser des coupures de lignes à l'intérieur de ces longs mots à certains endroits précis, qui seront repérés par la balise <wbr> comme *word break*, c'est-à-dire *coupure de mot*.

Sans <wbr>

Mes recettes sont sur le site www.jaimelesbananesetlespoiresavecduchocolat.com

Elles sont faciles, variées et amusantes, essayez-les !

Vous aussi, partagez avec nous une sélection de vos meilleures recettes.

Chaque mois, les visiteurs sélectionnent leurs préférées et le gagnant reçoit le badge officiel du site.

Avec <wbr>

Mes recettes sont sur le site www.jaime lesbananesetlespoires avecduchocolat.com

Elles sont faciles, variées et amusantes, essayez-les !

Vous aussi, partagez avec nous une sélection de vos meilleures recettes.

Chaque mois, les visiteurs sélectionnent leurs préférées et le gagnant reçoit le badge officiel du site.

Figure 3-7 *Dans les mots trop longs, la balise <wbr> permet de placer, à certains endroits précis, des autorisations de retour à la ligne.*

Dans notre exemple, le mot problématique est une gigantesque adresse web :

```
www.jaimelesbananesetlespoiresavecduchocolat.com
```

Écrite telle quelle, elle sort allègrement de sa colonne. Il faut donc y autoriser des coupures, en y insérant quelques balises <wbr> :

```
www.jaime<wbr>lesbananes<wbr>etlespoires<wbr>avecducho
colat.com
```

Le navigateur se permettra de revenir à la ligne (sans tiret de coupure de mot) lorsque apparaît la balise <wbr>. Dans l'exemple présenté par la figure 3-7, il utilise la première et la troisième balise <wbr> pour insérer un retour à la ligne, tandis qu'il ignore la deuxième, dont il n'a pas besoin.

De nouveaux attributs pour le texte

Le HTML 5 prévoit d'ajouter des attributs complémentaires à certaines balises existantes. Celles qui concernent les formulaires étant nombreuses, elles seront regroupées dans un paragraphe que nous trouverons plus loin.

Contenus modifiables

L'attribut contenteditable peut être inséré dans n'importe quelle balise HTML 5, pour permettre à l'internaute d'en modifier le contenu. Ses valeurs possibles sont :

- contenteditable seul ou contenteditable="true", si le contenu de la balise doit être modifiable.
- contenteditable="false" pour que le texte affiché reste fixe.
- contenteditable="inherit" (valeur par défaut) lorsque la valeur de cet attribut est héritée, donc définie par celle attribuée à l'élément parent, qui contient la balise concernée.

Bien évidemment, les modifications ainsi effectuées n'apparaissent que sur l'écran du visiteur et ne viennent pas modifier le contenu du site. Le rechargement de la page, par la commande *Actualiser* du navigateur ou la touche *F5* du clavier, permet de retrouver la version initiale du texte.

Liens hypertextes

Choix de la fenêtre de destination

Associé à la balise de lien hypertexte `<a>`, l'attribut `target` avait été supprimé depuis la norme XHTML 1. Encore très utilisé actuellement pour définir la fenêtre dans laquelle s'ouvrira la page pointée par le lien, il est réintégré dans la version HTML 5.

Il convient également à la balise `<base>`, qui fournit le chemin de référence pour tous les liens d'une page.

Pour ouvrir une page dans une nouvelle fenêtre, il suffira donc d'écrire :

```
<a href="http://www.unautresite.com" target="_blank" />
```

L'attribut `target` sera également utilisé pour gérer les balises `<iframe>`, qui servent à inclure une page web à l'intérieur d'une autre, la fenêtre principale étant appelée fenêtre parente. Rappelons toutefois que l'emploi des balises `<iframe>` est déconseillé, car elles compliquent la navigation et entravent l'accès aux personnes ayant un handicap visuel.

Les valeurs possibles pour cet attribut `target` sont les suivantes :

- `target="_blank"` ouvre le lien dans une nouvelle fenêtre.
- `target="_parent"` affiche la page dans la fenêtre parente, lorsque le lien se trouve dans une fenêtre `iframe`.
- `target="_self"` correspond au comportement habituel d'un lien, la page s'affichant dans la même fenêtre que celle qui contient le lien (c'est la valeur par défaut, utilisée si l'attribut `target` est absent).
- `target="_top"` permet de revenir à la fenêtre parente de plus haut niveau, en cas de fenêtres imbriquées.

L'affichage d'une page à l'intérieur d'une autre étant à éviter, c'est surtout la première valeur « `_blank` » qui retiendra notre attention.

Type de média concerné

Toujours pour la balise `<a>`, le HTML 5 introduit l'attribut `media` qui permet de définir à quel type d'appareil est réservé ce lien. Cet attribut sert également pour la balise `<link>`, de façon à associer une feuille de style spécifique à des caractéristiques précises d'écran (par exemple, pour adapter l'affichage aux terminaux mobiles de petite taille).

Ses valeurs les plus courantes sont :

- `all` (tous les médias, c'est la valeur par défaut) ;
- `screen` (écran d'ordinateur) ;
- `handheld` (appareil mobile) ;
- `print` (impression).

D'autres valeurs plus spécifiques sont possibles, comme `speech` (synthétiseur vocal), `braille` (terminal braille), `projection` (projecteur vidéo), `tty` (imprimante de type « télétype » à caractères de largeur fixe) et `tv` (télévision avec une basse résolution, défilement limité des pages).

Des variantes plus complexes sont utilisables, entre autres pour sélectionner des tailles d'écran, comme dans l'exemple ci-dessous :

```
<a href="img1-grande.jpg"
   media="screen and (min-width:500px)">img1.jpg</a>
```

Dans la lignée de cet exemple, il est possible de définir certaines conditions sur les caractéristiques de l'appareil qui visionne le site :

- Largeur et hauteur de la fenêtre (`width` et `height`, comme dans `min-width:600px` ou `max-height:500px`) ou de l'écran utilisé (`device-width` et `device-height`, utilisés avec `min` ou `max` et un nombre de pixels, par exemple `max-device-width:480px`).
- `orientation` portrait ou paysage (`orientation:portrait` ou `orientation:landscape`).
- `ratio` du type 4/3 ou 16/9 pour la *fenêtre* (`ratio:16/9`) ou pour *l'écran* (`device-ratio:16/9`).
- `color` pour le nombre de bits utilisés dans le codage de chaque couleur (par exemple, `color:3`), `color-index` pour le nombre de couleurs possibles (comme `min-color-index:256`), `monochrome` pour le nombre de bits associés à chaque pixel en niveaux de gris (par exemple, `monochrome:3`).
- `resolution` pour spécifier la résolution proposée par l'appareil (par exemple, `resolution:150dpi`), exprimée en dpi (*dot per inch*, soit points par pouce) ou en dpcm (*dot per cm*, points par centimètre).

- `grid` pour indiquer si l'affichage utilise une grille (`grid:1`) ou s'il s'effectue point par point (`grid:0`).
- `scan` pour définir si l'affichage sur une télévision s'effectue de façon progressive de la première à la dernière ligne (`scan:progressive`) ou si les lignes sont entrelacées comme pour les tubes cathodiques, avec affichage des lignes impaires puis des lignes paires (`scan:interlace`).

Les préfixes `min-` et `max-` sont utilisables pour toutes ces propriétés, exceptées les caractéristiques `orientation`, `grid` et `scan`.

Lorsque plusieurs de ces conditions sont utilisées, comme dans l'exemple fourni précédemment, elles sont reliées par des opérateurs logiques : AND pour le « et », une virgule (,) pour le « ou » et NOT pour le « non » et peuvent être groupées à l'intérieur de parenthèses.

Images, sons, vidéos et animations

De nouvelles balises viennent préciser et simplifier certains contenus multimédias : images fixes ou dynamiques, éléments audio ou vidéo, animations.

Images, photos et figures

La balise `<figure>` est une sorte de mini-section regroupant tout ce qui est en rapport avec l'image qu'elle contient. Une balise `<figcaption>` peut y être incluse, au début ou à la fin : elle permet d'indiquer un titre pour cette figure.

Utilisation de la balise <figure>

```
<figure>
<figcaption>Tux en mousquetaire !</figcaption>
<img src="Tux-GNUsquetaire.png" alt="Tux"
     title="Tux mousquetaire" />
<p>Par André Pascual de Linuxgraphic.org
    pour les GNUsquetaires.
</p>
</figure>
```

Regrouper à l'intérieur de la balise `<figure>` tout ce qui concerne une image donnée apporte du sens à la page, facilitant l'accessibilité aux personnes ayant un handicap visuel et donnant des informations aux moteurs de recherche. Cette balise ne correspond pas à une mise en forme spécifique de la part du navigateur, mais nous pourrons lui en attribuer une à l'aide d'une feuille de style.

Contenus audio et vidéo

La balise générale `<object>` pourra être remplacée par des balises spécifiques `<audio>` et `<video>`, pour proposer un élément sonore ou une vidéo. Outre leur nom significatif, l'avantage de ces balises est d'utiliser les ressources du navigateur et de ne pas nécessiter l'appel à un logiciel externe pour leur lecture. Ces balises proposent les attributs suivants :

- `src` indique la source du contenu, c'est-à-dire le nom du fichier audio ou vidéo à lire.
- `autoplay` entraîne un démarrage automatique du son ou du film, dès l'affichage de la page.
- `preload` permet d'anticiper ou non le chargement du contenu à l'ouverture de la page, de façon à en préparer la diffusion. Les valeurs possibles sont `preload="none"` (le fichier ne se télécharge qu'à la lecture), `preload="metadata"` (seules quelques données associées au fichier sont téléchargées : taille, durée, liste de lecture, première image pour une vidéo, etc.) et `preload="auto"` (chargement automatique du fichier à lire).
- `loop` sert à reboucler en permanence la diffusion.
- `controls` affiche les boutons de contrôle proposés par l'interface du navigateur, comme volume, pause et reprise, retour au début, avance ou retour rapide, arrêt (un exemple est donné par la figure 3-8).

De plus, la balise `<video>` accepte les attributs `width` et `height`, qui définissent les dimensions en pixels de l'objet, ainsi que l'attribut `poster` pour indiquer l'adresse d'une image qui s'affichera dans l'attente de la diffusion de la vidéo.

Insertion simple de contenus audio et vidéo

```
<audio src="mamusique.mp3" loop controls>
   Votre navigateur ne peut pas afficher
   ce contenu audio.
</audio>
<video src="monfilm.webm"
      poster="affiche.jpg" autoplay>
   Votre navigateur ne peut pas afficher
   ce contenu vidéo.
</video>
```

Le texte inscrit entre la balise de début et celle de fin sert d'alternative et ne sera publié que par les navigateurs qui ignorent cette nouvelle fonction HTML 5.

FIGURE 3-8 *Interfaces affichées par le navigateur Chrome lorsque les balises <audio> et <video> sont utilisées avec l'attribut controls.*

Une deuxième syntaxe existe, utilisant une ou plusieurs balises `<source>` qui proposeront soit un type de décodeur pour la lecture du contenu, soit plusieurs formats du même contenu à diffuser, de façon à ce que le navigateur en reconnaisse au moins un. Les deux exemples suivant montrent ces possibilités d'utilisation et peuvent s'appliquer chacun aux deux balises `<audio>` et `<video>`.

Contenu vidéo proposé dans plusieurs types de codage

```
<video controls>
    <source src="monfilm.webm" type="video/webm">
    <source src="monfilm.mp4">
    Votre navigateur ne peut pas afficher
    ce contenu vidéo.
</video>
```

Contenu audio avec définition d'un codec

```
<audio>
    <source src="ma_musique.ogg"
            type="audio/ogg; codecs=vorbis" />
    Votre navigateur ne peut pas afficher
    ce contenu audio.
</audio>
```

> Normes **Formats audio et vidéo**
>
> Le W3C ne préconise pas de normes pour l'audio et la vidéo, laissant les navigateurs prendre en compte les formats les plus courants :
> - Les fichiers audio sont en général codés en MP3 ou dans le format libre Ogg Vorbis, qui fournit des fichiers plus compacts pour une qualité identique.
> - La vidéo pourra être codée avec le format libre et ouvert WebM, soutenu par de nombreux acteurs de l'informatique. Ce format est en concurrence avec le MPEG-4 (appelé aussi MP4) et sa norme propriétaire H.264, d'usage commun mais soumise à licence. Le MPEG-4 fonctionne aussi avec les normes DivX (propriétaire) et XDiv (libre).

Animations de type Flash

De nouvelles balises font leur apparition en HTML 5 pour afficher les contenus multimédias qui accompagnent de plus en plus souvent nos pages.

Lorsque le navigateur nécessite un logiciel additif (plug-in en anglais) pour afficher un élément multimédia, c'est l'ancienne balise <embed> qui est de service, remise au goût du jour.

Elle est beaucoup plus simple que la balise <object> utilisée en XHTML, car elle nécessite seulement l'attribut src (comme *source*) qui indique le nom du fichier à lire. L'extension de ce fichier, par exemple .swf pour une animation Flash, détermine l'application qui servira à le lire.

Exemple d'une animation Flash (fichier d'extension .swf)

```
<embed src="mon_animation.swf">
```

La balise <embed> accepte les attributs width et height qui définissent sa largeur et sa hauteur, ainsi que l'attribut type, qui s'écrit pour une application Flash type="application/x-shockwave-flash" mais qui n'est plus nécessaire en HTML 5.

FIGURE 3-9 *Exemple de livre à feuilleter, créé sous forme d'animation Flash avec le logiciel E-anim (extrait du site* www.phildes.com *dédié à ce logiciel).*

Il est parfois utile de préciser certains paramètres pour la lecture du fichier fourni. En XHTML, cette fonction est assurée par une ou plusieurs balises `<param>` incluses dans la balise `<object>`, comme dans l'exemple suivant, qui indique une lecture en haute qualité :

```
<object data="mon_animation.swf">
    <param name="quality" value="high">
</object>
```

Le HTML 5 propose de transmettre plus simplement ces informations dans la balise `<embed>`, en utilisant le nom du paramètre (ici `quality`) en tant qu'attribut dont la valeur est celle de ce paramètre (soit `high` dans notre exemple). Les trois lignes précédentes sont donc remplacées par celle-ci :

```
<embed src="mon_animation.swf" quality="high">
```

D'autres paramètrages pourront être ajoutés dans la balise `<embed>`, toujours en tant qu'attributs et suivant ce même principe.

Images dynamiques

La balise canvas

La nouvelle balise `<canvas>` affiche dynamiquement une image mise à jour à l'aide d'un code JavaScript. C'est en quelque sorte une balise image dont le contenu viendrait d'ailleurs, c'est-à-dire du script en question. Quant au texte qui se trouve entre `<canvas>` et `</canvas>`, il est ignoré et sert d'alternative pour les navigateurs qui ne comprennent pas cette balise.

L'exemple qui suit, inspiré de la page www.xul.fr/canvas, montre son utilisation de façon schématique. La figure 3-10 indique le résultat obtenu avec ces quelques lignes de code.

Principe d'utilisation de la balise <canvas> : tracé d'un rectangle vert

```
<script type="text/javascript">
function fonction_canvas() ❶
{
```

```
        var balise_canvas = document.getElementById('image1'); ❷
        if (balise_canvas.getContext) { ❸
            var context2D = balise_canvas.getContext('2d'); ❹
            context2D.fillStyle = "rgb(0,220,0)"; ❺
            context2D.fillRect(50,10,150,100); ❻
        }
    }
    window.onload = fonction_canvas;❼
    </script>

    <h3>Voici un rectangle vert</h3>
    <canvas id="image1"> ❽
        Votre navigateur ne peut pas afficher cet élément. ❾
    </canvas>
```

Le fonctionnement de l'exemple ci-dessus est le suivant :

- La fonction JavaScript, appelée ici `fonction_canvas` ❶, est exécutée au chargement de la page, grâce à la ligne ❼.
- Elle repère la balise `<canvas>` concernée ❽ par son identifiant ❷ puis s'assure que la méthode `getContext` est bien disponible ❸, celle-ci permettant d'utiliser les fonctions de dessin.
- Dans ce contexte de dessin en deux dimensions ❹, deux éléments sont créés : un remplissage vert ❺ et le tracé d'un rectangle plein ❻ avec cette couleur. Le rectangle est défini par les coordonnées (x,y) de son coin supérieur gauche et de son coin inférieur droit.
- La balise `<canvas>` ❽ affiche le dessin ainsi défini dans son « contexte à deux dimensions ». Les navigateurs qui ne connaissent pas cette balise montreront le texte de la ligne ❾.

FIGURE 3–10 *Résultat obtenu avec notre exemple tout simple, qui affiche un rectangle vert.*

Il est évident que l'utilisation réelle de la balise `<canvas>` ne se limitera pas à un exemple aussi simple. La structure étant la même, le code JavaScript sera beaucoup plus sophistiqué et modifiera automatiquement l'image affichée, pour l'actualiser en fonction de nouvelles données ou pour répondre à une action de l'utilisateur.

Une application très utile consiste à afficher une carte dynamique à l'écran, comme celles fournies par le service Google Maps. Nous ne nous étendrons pas sur les quelques pages de code JavaScript nécessaires à sa mise en œuvre ! Cependant, il suffit d'observer la figure 3-11 pour constater le gain considérable de rapidité qu'elle permet.

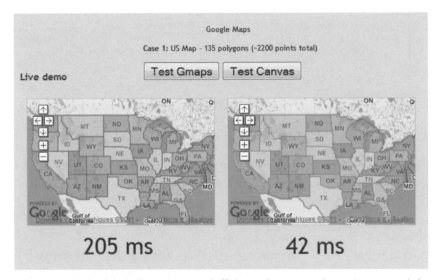

Figure 3-11 *Grâce à la balise <canvas>, l'affichage d'une carte dynamique est trois à cinq fois plus rapide (durées indiquées en millisecondes). Cet exemple provient de la page* http://www.ernestdelgado.com/gmaps/canvas/ddemo1.html .

La balise `<canvas>` accepte les attributs courants `width` et `height` qui définissent respectivement sa largeur et sa hauteur en pixels.

Indicateur de progression

Par le même type de rafraîchissement dynamique que celui évoqué précédemment, la balise `<progress>` permet de montrer la progression du chargement d'un contenu multimédia ou de tout type d'application.

Il possède deux attributs : `value` qui donne sa valeur actuelle et `max` pour définir sa valeur maximum (égale à 1 par défaut, si `max` n'est pas utilisé). La valeur de cette balise pourra être soit définie dynamiquement en JavaScript, soit rectifiée manuellement s'il s'agit d'une progression longue dans le temps, comme dans le cas de l'avancement d'un projet.

Exemple d'écriture de la balise <progress>

```
<p>La mise à jour du logiciel est réalisée à
    <progress value="80" max="100">80</progress>
    pour cent.</p>
```

Contrôle précis des formulaires

Le HTML 5 introduit de nombreux attributs supplémentaires pour mieux définir les formulaires et vérifier les types de données saisies.

Balise form

Pour la balise `<form>`, l'attribut `target`, abandonné depuis le XHTML 1, est à nouveau pris en compte en HTML 5. Il permet de définir dans quelle fenêtre s'ouvrira la page définie dans l'attribut `action` du formulaire, lors de sa validation. Ses valeurs possibles sont les mêmes que celles décrites pour la balise `<a>` :

- `_blank` (nouvelle fenêtre) ;
- `_self` (même fenêtre) ;
- `_parent` et `_top` (fenêtre parente de niveau précédent ou de plus haut niveau, lorsque le formulaire se trouve dans une fenêtre de type *iframe*).

Elle accepte également l'attribut `autocomplete`, qui permet d'autoriser la complétion automatique par le navigateur de certains champs de formulaire, en fonction des options de mémorisation choisies dans le logiciel : `autocomplete="on"` (valeur par défaut) pour autoriser ce fonctionnement, `autocomplete="off"` pour le désactiver.

Enfin, il est possible de désactiver la vérification des champs de saisie lors de l'envoi du formulaire, grâce à l'attribut `novalidate`. Ceci concerne la vérification des balises `<input>` lorsqu'elles sont associées à certains types de données, nous en parlerons un peu plus loin.

Contrôle des balises input

Dans un formulaire, la balise `<input>` peut prendre plusieurs formes en fonction de son type : ligne de saisie, case à cocher ou d'option, bouton d'action. Le HTML 5 ajoute de nombreux types plus précis, notamment pour les zones de saisie et introduit des attributs supplémentaires, le tout permettant une vérification plus fine de la saisie.

Nouveaux types d'entrées

L'attribut `type="..."` détermine à la fois l'apparence et la fonction de la balise `<input>`. Les valeurs courantes sont conservées :

- `"text"` correspond une ligne de saisie, `"password"` à un mot de passe (caractères masqués par des étoiles ou des points), `"hidden"` sert à masquer cet élément.
- `"file"` permet à l'utilisateur de fournir le nom d'un fichier, en s'aidant du bouton *Parcourir* que le navigateur affiche automatiquement.
- `"checkbox"` correspond à une case à cocher et `"radio"` à un choix exclusif, entre des boutons radio ayant le même attribut `name`.
- D'autres valeurs servent à l'affichage de boutons, comme `"submit"` (envoi du formulaire), `"reset"` (remise à zéro), `"button"` (affichage d'un bouton dont l'action sera programmée en JavaScript) et `"image"` pour créer un bouton dont l'image est fournie par l'attribut `src`.

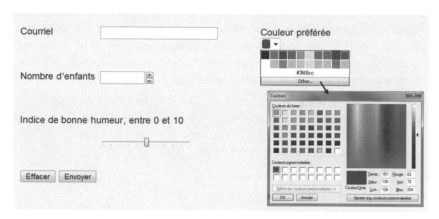

FIGURE 3-12 *Affichage par le navigateur Opera des balises <input> de type number (nombre d'enfants), range pour une plage de valeurs possibles (indice de bonne humeur) et color pour un code de couleur, défini par un choix dans une palette.*

De nouveaux types permettent de préciser le contenu d'une zone de saisie qui aurait été auparavant de type texte, et dont la validité sera ainsi vérifiée avant l'envoi du formulaire (sauf si la balise `<form>` contient l'attribut `novalidate`) :

- `"email"` pour une adresse courriel, `"tel"` si c'est un numéro de téléphone.

- `"number"` pour entrer un nombre, ainsi que `"range"` qui limite ce nombre à une plage de valeurs délimitées par les attributs `min` et `max`.

- `"url"` servant à la saisie d'une adresse web, `"color"` permettant de fournir un code de couleur hexadécimal comme « #a6b8ff », par un clic dans une palette polychrome proposée par le navigateur.

- `"date"` dont la valeur pourra être choisie par un clic dans un calendrier qu'affichera le navigateur ou fournie suivant le format *année – mois –jour* `aaaa-mm-jj` (par exemple 1515-09-14 pour la célèbre victoire de Marignan).

- `"time"` pour donner une heure (heures, minutes, secondes et centièmes de secondes éventuels sous la forme `hh:mm:ss.ss`, comme 8:30 pour 8 h 30 par exemple).

- "datetime" ou "datetime-local" si jour et heure sont fournis, suivant le format aaaa-mm-jjThh:mm:ss.ss, la lettre T sans espace séparant le format de date de celui de l'heure, l'ensemble étant suivi pour datetime du décalage par rapport à l'heure universelle UTC (soit la lettre majuscule Z pour zéro ou un décalage comme « +01:00 » ou « -08:00 », par exemple 1789-07-14T17:00Z).

- "month" correspondant à un numéro de mois (entre 1 et 12) et "week" à un numéro de semaine (compris entre 1 et 52 ou 53, suivant les années).

- "search" pour afficher une zone de texte destinée à entrer un ou plusieurs mots-clés à rechercher.

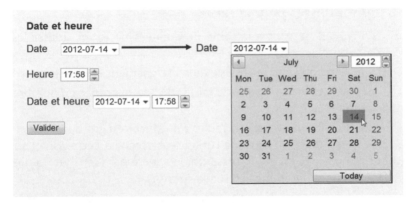

FIGURE 3-13 *Affichage par le navigateur Opera des balises <input> de types dates et heures, un calendrier étant proposé pour choisir la date.*

Attributs des balises input

Les balises input conservent leurs attributs classiques comme name (nom de la donnée transmise par le formulaire), value (*valeur à afficher* dans la zone de texte ou sur le bouton), disable ou readonly (*désactivé* mais apparent – souvent grisé – ou en *lecture seule*), maxlength (*nombre maximum de caractères* pouvant être saisis) et checked (case à cocher ou bouton radio *activé*).

Toutes les balises `<input>` sont concernées par deux nouveaux attributs :

- `form="..."` permet de rattacher cette balise à un formulaire donné en utilisant son identifiant, ceci permettant de la placer en dehors des balises `<form id="...">` et `</form>` qui normalement délimitent le formulaire.

- `autofocus` sert à sélectionner l'élément concerné dès le chargement de la page (le curseur se place dans la zone de saisie ou, s'il s'agit d'un bouton, il peut être actionné directement par la touche *Entrée*).

Les autres attributs concernant `<input>` étant nombreux, nous allons les étudier par catégories, puisque cette balise `<input>` peut prendre des formes très différentes.

Balises input utilisées pour la saisie

Les balises `<input>` servant à la saisie de données pourront utiliser les nouveaux attributs suivants :

- `required` rend obligatoire la saisie du renseignement en question.

- `size` définit la taille de la zone de saisie affichée, exprimée en nombre de caractères.

- `placeholder` fournit un texte d'aide, qui s'affiche en gris dans la zone de saisie et qui disparaît dès que l'utilisateur accède à cette zone (cet attribut remplace le classique texte d'aide affecté par l'attribut `value` et effacé par un programme écrit en JavaScript).

- `autocomplete` permet la complétion automatique de la saisie par le navigateur, en fonction des options de mémorisation choisies dans ce logiciel.

- `pattern` autorise une plage de valeurs possibles pour la saisie, comme `pattern="[0-100]"` (nombre entre 0 et 100), `pattern="[A-Z]{3}"` (trois lettres en majuscules), `pattern="[A-z]{5}"` (cinq lettres en majuscules ou minuscules).

Trois attributs définissent des restrictions pour la saisie de *nombres* (lorsque l'attribut `type` est égal à `"number"`, à `"range"` ou à une valeur de la catégorie dates et heures) :

- `min` et `max` définissent une valeur minimale et maximale pour la valeur à fournir.

- `step` précise si le nombre à saisir doit être multiple d'un nombre donné, par exemple `step="5"` pour n'autoriser que des nombres positifs ou négatifs se terminant par 0 ou 5.

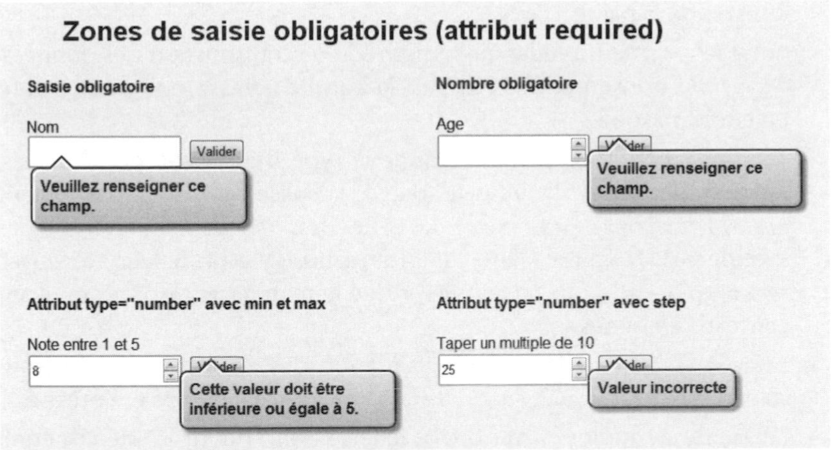

Zones de saisie obligatoires (attribut required)

Saisie obligatoire

Nom

[_____] [Valider]

Veuillez renseigner ce champ.

Nombre obligatoire

Age

[_____] [Valider]

Veuillez renseigner ce champ.

Attribut type="number" avec min et max

Note entre 1 et 5

[8] [Valider]

Cette valeur doit être inférieure ou égale à 5.

Attribut type="number" avec step

Taper un multiple de 10

[25] [Valider]

Valeur incorrecte

Figure 3–14 *Messages du navigateur Chrome indiquant, dans différents cas, l'erreur de saisie qui empêche l'envoi du formulaire. Cela signifie que ces éléments sont obligatoires, donc contiennent l'attribut required).*

Par ailleurs, lorsque le type de balise `<input>` est `"file"` (fichier) ou `"email"`, l'attribut `multiple` autorise la sélection de plusieurs fichiers ou adresses courriel en une seule fois.

Notons que la balise `<input type="file">` conserve l'attribut `accept` qui permet de filtrer la liste des fichiers proposés par le bouton *Parcourir*, par exemple `accept="image/*"` pour n'afficher que les images, `accept="audio/*"` et `accept="video/*"` pour sélectionner respectivement les fichiers de type son et vidéo.

Balises input en forme de bouton

Une balise `<input>` prend la forme d'un bouton quand elle est de type `"submit"`, `"reset"`, `"button"` ou `"image"`. Lorsqu'ils servent à l'envoi du formulaire (type `"submit"`, types `"button"` et `"image"` s'ils sont utilisés pour l'envoi des données), ces boutons acceptent de nouveaux attributs pour modifier la façon dont le formulaire est transmis, initialement définie par la balise `<form>` :

- `formaction` permet de modifier l'action initialement prévue lors de la validation du formulaire, c'est-à-dire la page appelée par l'attribut `action` de la balise `<form>`.

- `formmethod` sert à redéfinir la méthode de transmission des données, `"get"` pour inscrire celles-ci dans la barre d'adresse ou `"post"` pour un envoi masqué.

- `formenctype`, moins utilisé, donne le type d'encodage des données, indiqué de façon facultative dans la balise `<form>` (par défaut `"application/x-www-form-urlencoded"` si cet attribut n'est pas spécifié, `"multipart/form-data"` quand il y a un fichier à envoyer, `"text/plain"` pour ne conserver que le texte et les espaces qui sont convertis en signes +).

- `formnovalidate` désactive la validation des données par le formulaire, si l'attribut `novalidate` de la balise `<form>` n'a pas été précisé.

- `formtarget` indique dans quelle fenêtre doit s'ouvrir la page d'action (appelée par le formulaire lors de sa validation) et correspond à l'attribut `target` de la balise `<form>`, les valeurs possibles étant les mêmes, soit `"_self"` (même fenêtre) `"_blank"` (nouvelle fenêtre), `"_parent"` ou `"_top"` (fenêtre parente immédiate ou celle de plus haut niveau, en cas de fenêtres imbriquées).

> À NOTER **Bouton créé avec la balise `<button>`**
>
> Pour créer un bouton dont l'action sera déterminée par une commande JavaScript, la balise `<button>` est une alternative à la balise `<input type="button">`. Elle admet trois valeurs possibles pour l'attribut `type` : `"button"`, `"reset"` et `"submit"`, avec la même signification que pour la balise `<input>`.
>
> Cette balise `<button>` accepte les mêmes attributs que la balise `<input>` de type `"button"`, y compris les nouveautés apportées par le HTML 5.
>
> La différence d'écriture entre cette balise et `<input>` réside dans le fait qu'elle possède une balise de fermeture : ainsi, le texte affiché sur le bouton n'est pas écrit dans un attribut `value`, mais entre les balises `<button>` et `</button>`. Cette balise `<button>` peut également être utilisée en dehors d'un formulaire.

Restent quelques attributs qui concernent uniquement les `<input>` balises de type `"image"` :

- Sont conservés `src` qui fournit le nom de l'image et `alt` pour proposer un texte alternatif à l'image.
- Deux nouveaux attributs permettent de définir les dimensions des images, `width` pour la largeur et `height` pour la hauteur, chacun pouvant être exprimé en pixels (comme `"150"` ou `"150px"`) ou en pourcentage (par exemple, `"10%"`).

Nouvelles balises de formulaire

Bien que l'essentiel des apports du HTML 5 pour les formulaires soit un ensemble d'attributs supplémentaires, quelques nouvelles balises de formulaire viennent enrichir le panel existant.

Listes d'options modifiables

Les listes déroulantes `<select>` n'acceptent qu'une seule valeur parmi les options proposées, qui constituent alors les seules entrées possibles. Il manquait la liberté de choisir une des options prévues ou de saisir une donnée différente.

C'est ce que propose la balise `<datalist>`, associée à une balise `<input>` qui délimite la saisie et à des balises `<option>` fournissant les choix proposés. Son utilisation se comprend mieux à partir de l'exemple suivant, dont le résultat se trouve sur la figure 3-15 :

```
<label>Animal préféré</label>
<input list="animal" /> ❶
<datalist id="animal"> ❷
    <option value="âne">
    <option value="chat">
    <option value="cheval">
    <option value="chèvre" disabled>
    <option value="chien">
    <option value="lapin">
</datalist>
```

La zone de saisie `<input>` ❶ possède un attribut `list="..."` dont la valeur est l'identifiant de la balise `<datalist>` ❷ à laquelle elle est reliée. Entre les balises `<datalist>` et `</datalist>` se trouvent les options qui fournissent, grâce à leur attribut `value`, les différents choix. L'attribut `disabled` appliqué à une balise `<option>` revient à la faire momentanément disparaître de la liste.

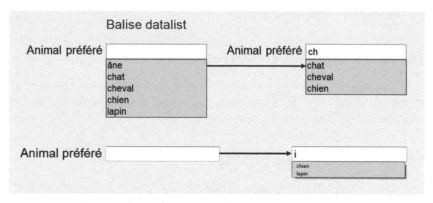

FIGURE 3–15 *Différentes interprétations de la balise datalist, par Opera en haut et par Firefox en bas. Dans les deux cas, une liste de termes est suggérée à partir des lettres saisies, mais le choix affiché n'est pas limitatif.*

> À NOTER **Pas de balise de fermeture `</option>`**
>
> Notons que la balise de fermeture `</option>` n'est pas employée avec `<datalist>`. La syntaxe diffère donc de celle employée avec la balise `<select>` pour la création de listes déroulantes :
>
> ```
> <option value="chat">chat</option>
> ```
>
> En effet, l'utilisation avec `<datalist>` ne prend pas en compte le texte situé entre les balises `<option>` et `</option>` : pour l'affichage des termes suggérés, seule est utilisée la valeur de l'attribut `value` inclus dans la balise `<option>`.

Lorsque l'utilisateur saisit quelques lettres dans la zone de texte, les options commençant par ces lettres sont affichées, comme le montre la figure 3-15. Il peut alors choisir une ligne de cette liste ou taper un texte qui n'y figure pas.

Certains navigateurs, tel Firefox, élargissent le concept et proposent toutes les occurrences qui contiennent la suite de lettres saisies, même si cela ne correspond pas au début du mot.

Affichage du résultat d'un calcul

Dans un formulaire, certaines zones affichent le résultat d'un calcul lié aux autres éléments saisis. La balise spécifique <output> a été créée en HTML 5 pour assurer cette fonction, le calcul étant toujours assuré par une fonction écrite en JavaScript. Voici un exemple simple, correspondant à la figure 3-16, qui multiplie deux nombres :

```
<h4>Balise output</h4>
<label>Nombre 1 </label>
<input type="number" name="nb1" />
<label> multiplié par Nombre 2 </label>
<input type="number" name="nb2" />
<label> est égal à </label>
<output name="calcul"
        onforminput="value=nb1.value * nb2.value;">
</output>
```

Les deux nombres à multiplier sont repérés par leur attribut `name`, ici respectivement `"nb1"` et `"nb2"`. La balise `<output>` utilise l'attribut `onforminput` pour que le calcul en JavaScript de sa valeur se déclenche dès qu'une modification est effectuée dans le formulaire.

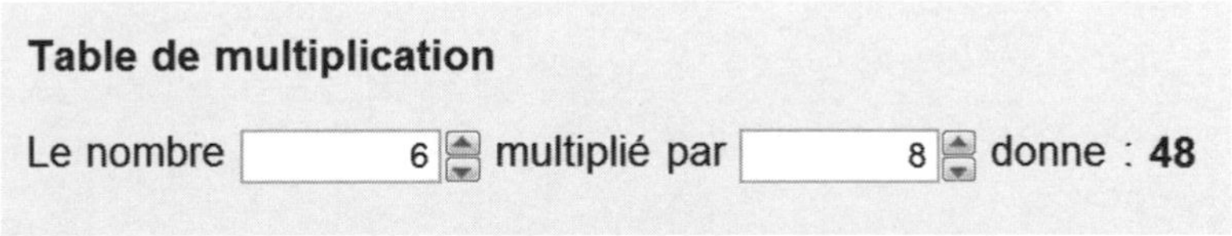

Table de multiplication

Le nombre [6] multiplié par [8] donne : **48**

FIGURE 3-16 *Le résultat d'un calcul, affiché sur Opera à l'aide de la balise <output> associée à un calcul en JavaScript.*

Si un texte figure entre les balises d'ouverture <output> et de fermeture </output>, il apparaît lors du chargement de la page, puis est remplacé par le résultat du calcul dès que l'utilisateur commence à entrer des données dans le formulaire, même s'il n'a pas atteint les zones de saisie concernées par le calcul.

Nouveaux attributs pour les éléments de formulaire

Après avoir énuméré les nombreux aménagements apportés à la balise `<input>`, étudions les attributs associés aux autres balises de formulaire.

Il existe des attributs communs aux principales balises de formulaire : certains existaient déjà en XHTML, comme `name` pour repérer les données envoyées et `disabled` pour désactiver un élément tout en le laissant apparent, tandis que d'autres sont nouveaux en HTML 5 :

- `form="..."` sert à rattacher l'élément concerné à un formulaire donné, en fournissant son identifiant. Ceci permet de placer cet élément à l'extérieur des balises `<form id="...">` ... `</form>` qui délimitent le formulaire en question.
- `autofocus` permet, lors du chargement de la page, de placer le curseur sur l'élément qui possède cet attribut.
- `required` rend obligatoire la saisie de la donnée avant l'envoi du formulaire.

Le tableau qui suit résume l'utilisation des principaux attributs HTML 5 pour les différentes balises de formulaire.

TABLEAU 3–1 Attributs associés aux balises de formulaire

Attributs	form	name	autofocus	required	disabled
`<label>`	X				
`<input>`	X	X	X	X	X
`<textarea>`		X	X	X	X
`<select>`	X	X	X	X	X
`<option>`					X
`<optgroup>`					X
`<fieldset>`	X	X			X
`<output>`	X	X			X
`<button>`	X	X	X		X

D'autres attributs HTML 5 se rapportent plus précisément à un ou deux types de balise de formulaire, nous allons maintenant en faire le tour.

Rattachement à un autre élément

L'attribut `for="..."`, appliqué à une étiquette `<label>` ou à une valeur calculée `<output>`, permet de créer un lien logique avec une balise de formulaire quelconque, en utilisant comme valeur l'identifiant de celle-ci.

Exemple d'utilisation de l'attribut for

```
<label for="nom">Nom de famille : </label>
<input type="text" name="nom" id="nom" />
```

Bien que cela n'apporte pas de modification à la mise en forme, c'est un atout pour l'accessibilité des pages aux personnes souffrant d'un handicap visuel et ne pouvant pas distinguer les liens entre éléments, qui sont généralement mis en évidence dans la mise en page. Cette fonction facilite également la maintenance pour le développeur.

Zones de saisie à plusieurs lignes

Outre les attributs communs anciens et nouveaux déjà évoqués, la balise `<textarea>`, permettant de saisir plusieurs lignes de texte, conserve ses attributs initiaux : `readonly` (lecture seule, pas de modification possible de son contenu), ainsi que `rows` et `cols` (taille de la zone de saisie en nombre de lignes et de colonnes, à définir de préférence dans une feuille de style). Viennent s'y adjoindre quelques autres attributs en HTML 5 :

- `placeholder="..."` sert à inscrire en grisé un texte d'aide, disparaissant quand l'utilisateur accède à cette zone.
- `wrap` peut prendre deux valeurs, `wrap="soft"` (valeur par défaut) si les sauts de ligne ne sont pas pris en compte ou `wrap="hard"` si ces derniers doivent être transmis par le formulaire, la présence de l'attribut `cols` étant obligatoire dans ce dernier cas.

- `dirname` sera rarement utilisé, donnant le nom (attribut `name`) d'une balise `<input>` contenant le sens d'écriture dans la balise `<textarea>` sous forme de texte (valeur par défaut `"ltr"` comme *left to right*, de gauche à droite, ou `"rtl"` pour l'autre sens).
- L'attribut `maxlength`, déjà existant pour la balise `<input>`, est nouveau pour la balise `<textarea>` et fixe le nombre maximum de caractères qui pourront être saisis dans cette zone de texte.

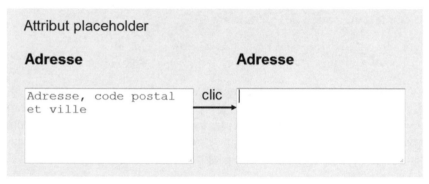

FIGURE 3–17 *Dans la zone de texte, l'attribut placeholder permet d'écrire en gris un texte d'aide, qui disparaît automatiquement dès le début de la saisie.*

À utiliser progressivement

Toutes ces nouvelles propriétés et ces attributs supplémentaires, introduits par le HTML 5, vont clarifier nos pages web et en faciliter la programmation. Cependant, il convient d'être prudent avant de les employer, sachant que ces éléments sont pris en compte progressivement par les navigateurs, et que nombre d'internautes utilisent d'anciennes versions qui les ignorent totalement.

L'introduction des nouveautés HTML 5 dans nos pages devra donc être progressive, avec toujours une alternative pour les anciens navigateurs, de façon à ce que le site reste lisible et utilisable pour l'ensemble des visiteurs qui le consulteront.

> **À NOTER Tests et validation du HTML 5**
>
> Certains sites proposent des exemples utilisant les principales nouvelles fonctions du HTML 5, en particulier :
>
> ▸ http://html5demos.com
> ▸ http://studio.html5rocks.com
>
> Ces démonstrations permettent de tester l'évolution des navigateurs dans la prise en compte de cette nouvelle norme. Par ailleurs, le W3C propose une validation, encore expérimentale, de pages créées en HTML 5. Il s'agit d'une option disponible sur le validateur qui sert également pour les versions HTML 4 et XHTML 1, à l'adresse :
>
> ▸ http://validator.w3.org
>
> Hors du cadre officiel du W3C, un autre validateur HTML 5 propose ses services en ligne, à l'adresse :
>
> ▸ http://html5.validator.nu

En ce qui concerne les sections, elles pourront être utilisées et reliées à des mises en forme dans la feuille de style CSS. En effet, les anciennes versions de navigateurs acceptent des balises inconnues, sauf Internet Explorer, pour lequel il faudra déclarer ces nouvelles balises HTML 5. Un script réalisant cette fonction a été écrit par Remy Sharp et se trouve disponible à l'adresse http://code.google.com/p/html5shiv.

Il faudra aussi déclarer comme blocs les balises qui doivent être placées les unes sous les autres : nous verrons comment plus loin, dans le détail des feuilles de style.

Dans la suite de ce livre, nous resterons dans le cadre du XHTML 1, de façon à conserver la meilleure compatibilité avec tous les navigateurs du moment.

Il nous reste à apprendre comment mettre en forme le contenu de nos pages. Il s'agira de savoir, dans un premier temps, où et comment écrire des règles de style CSS, puis de quelle façon celles-ci pourront être appliquées aux différents éléments de la page. Le chapitre qui suit va nous permettre de comprendre ces notions.

Écriture des feuilles de style

Comment écrire une règle de style CSS 2 ou CSS 3 ? Où et dans quel ordre écrire ces règles ? De quelle façon attribuer une propriété à un élément donné de la page web ?

Nous voilà prêts à aborder les feuilles de style proprement dites. Organisons notre démarche, en commençant par nous poser les questions de base : comment, où et dans quel ordre écrire ces définitions qui, une fois réunies, formeront une feuille de style ?

Pour chaque règle de mise en forme, il faudra d'abord définir les éléments concernés dans la page web, puis les propriétés à leur attribuer. Les principes que nous allons découvrir ici s'appliquent à toutes les normes actuelles, aux CSS 2 comme aux CSS 3.

Définition d'une règle de style

Voici comment sélectionner un élément de la page et lui attribuer une propriété de mise en forme.

Principe

Une règle de style comprend :
- un **sélecteur** : il s'agit des balises concernées par cette règle ;
- un **bloc de déclarations** : il indique les propriétés à attribuer à ces balises.

Chaque déclaration est du type : `propriété: valeur;`

Exemple de règle de style

La règle de la figure 4-1 indique que les titres de niveau 3 (encadrés par `<h3>...</h3>`) s'afficheront en *italique* et en *Arial* (ou dans une police générique *sans-serif* si la police Arial est absente).

FIGURE 4-1 *Exemple de règle de style*

Cette règle comprend :

- le sélecteur (h3) ;
- deux déclarations, donc deux propriétés à attribuer aux titres de niveau 3 de la page.

> À NOTER **Écriture d'une règle de style**
> - Chaque déclaration se termine par un point-virgule.
> - Une règle peut s'écrire sur plusieurs lignes :
> ```
> h3 {
>     font-style: italic;
>     font-family: Arial, sans-serif;
> }
> ```

Commentaires

Il est utile de commenter abondamment les feuilles de style, pour s'y retrouver plus tard lorsqu'il s'agira d'apporter des modifications. Il suffit de placer les commentaires entre les signes /* et */ :

```
/* Voici un commentaire */
/* Et en voilà un autre,
   mais sur plusieurs lignes */
```

Emplacement des styles

Les règles de style peuvent se trouver :

- dans le code HTML, comme attributs de balises : ce sont des styles en ligne (utilisation déconseillée - voir plus loin) ;
- dans l'en-tête de la page web : feuille de style interne ;
- ou dans un fichier distinct : feuille de style externe, à appeler dans l'en-tête de la page web.

Feuille de style interne

Lorsque les règles de styles sont regroupées dans l'en-tête de la page web, elles constituent une feuille de style interne.

Les styles sont écrits entre les balises <head> et </head>, à l'intérieur d'une balise <style> :

```
<head>
    ...
    <style type="text/css">
    <!--
    ...règles de styles ici...
    -->
    </style>
    ...
</head>
```

> À NOTER **Déclaration d'une feuille de style interne**
> - Les styles ainsi déclarés sont de type texte, d'où l'attribut `type="text/css"` dans la balise `<style>`.
> - Les règles de styles sont placées à l'intérieur de balises de commentaires HTML `<!--` et `-->` de façon à être ignorées par les très anciens navigateurs qui ne connaissent pas les CSS.

Feuille de style externe

Lorsque des règles de styles sont applicables à plusieurs pages web, il est intéressant de les écrire dans un fichier à part. Cette feuille de style externe est appelée par chacune des pages concernées. Elle garantit l'unité graphique du site et facilite les modifications.

Une feuille de style externe est un fichier d'extension `.css` :
- C'est un fichier texte qui contient l'ensemble des règles définies.
- Il ne contient pas les balises `<style> ... </style>`.
- Il n'y a pas non plus les symboles de commentaires `<!-- ... -->`.

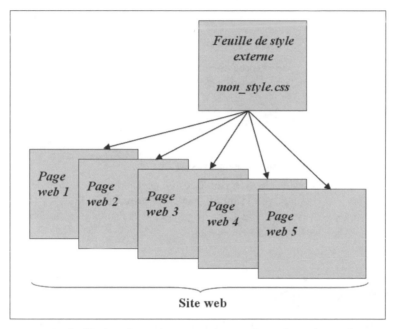

FIGURE 4-2 *Une feuille de style externe garantit une mise en forme homogène pour l'ensemble du site web.*

Pour que cette feuille de style soit prise en compte dans une page web, il suffit de l'appeler dans l'en-tête, en utilisant une des deux méthodes suivantes (dans l'exemple qui suit, la feuille de style s'appelle `mon_style.css` et se trouve dans le même dossier que la page web) :

```
<head>
  ...
  <link rel="stylesheet" type="text/css"
        href="mon_style.css" />
  ...
</head>
```

ou

```
<head>
  ...
  <style type="text/css">
    @import url("mes_styles.css");
  </style>
  ...
</head>
```

> À NOTER **Méthode @import**
>
> La règle @import peut être utilisée dans une feuille de style externe, ce qui permet d'importer une première feuille de style à l'intérieur d'une deuxième. Dans ce cas, elle doit figurer au tout début de la feuille.

Styles en ligne

Dans le corps de la page HTML (entre <body> et </body>), il est possible de préciser des styles qui prévaudront sur ceux précédemment déclarés dans la feuille de style.

Exemple d'un titre de niveau 2 qui doit être centré et écrit en rouge :

```
<h2 style="text-align: center; color: red;">
  ...Titre...
</h2>
```

Cette méthode est à éviter autant que possible, car elle revient à mélanger à nouveau le contenu et la mise en forme, comme à l'époque du HTML 4 :

- Cela enlève la clarté et l'homogénéité apportées par les feuilles de style.
- La maintenance des pages redevient plus délicate.

Il est préférable d'identifier la balise concernée à l'aide d'un nom, qui permettra de lui attribuer une règle de style spécifique.

Sélecteurs de style

Dans une règle de style, le choix du sélecteur est extrêmement important :
il indique les balises concernées par la mise en forme qui suit.

Si des balises de même type doivent avoir différentes mises en forme, elles
seront identifiées par des noms, lesquels seront repris dans les sélecteurs.

Comme au théâtre

FIGURE 4-3 *L'Opéra Garnier*

Avant d'aller plus loin, transportons-nous au théâtre pour un petit instant.
Tiens ! On y monte une pièce... Le metteur en scène distribue les rôles, les
costumes et il place les acteurs qui joueront la pièce.

De la même façon, le concepteur web va placer les balises HTML de la
page. Le costume qu'il leur attribuera sera fait de couleurs, de polices de
caractères, de bordures...

FIGURE 4–4 *Le metteur en scène monte une pièce, comme le concepteur web met en place son site : il aura un certain nombre d'éléments à mettre en forme.*

Sélecteur simple

Au théâtre, le metteur en scène dit : « Vous les hommes, vous serez habillés en bleu. Et vous, les femmes, en rouge. »

Les acteurs représentant nos balises de la page web, les hommes et les femmes sont des types de balises, par exemple, `<div>` et `<p>`, et la règle qui vient d'être énoncée :

```
homme { couleur: bleu; }
femme { couleur: rouge; }
```

devient dans notre feuille de style :

```
div { color: blue; }
p { color: red; }
```

La première règle s'applique à toutes les balises `<div>` de la page web, la deuxième à toutes les balises `<p>`.

FIGURE 4–5 *« Les hommes seront habillés en bleu, les femmes en rouge. » Hommes et femmes représentent ici des « balises » distinctes, auxquelles sont attribuées des valeurs différentes pour la propriété « couleur ».*

Classe

Une catégorie de balises

Au théâtre, le metteur en scène demande aux femmes qui ont un chapeau de venir au centre de la scène. Là, il vient de définir une sous-catégorie parmi celle des femmes. La consigne ne s'adresse plus à toutes les femmes, mais seulement aux femmes qui ont un chapeau.

Dans nos pages web, supposons que parmi les paragraphes (délimités par les balises `<p>...</p>`), nous souhaitions centrer uniquement ceux qui constituent un chapeau dans le texte (un chapeau est une phrase d'introduction qui surplombe plusieurs colonnes).

Il suffit de donner un *nom de classe* à ces paragraphes, comme attribut de la balise dans le code HTML :

```
<p class="chapeau">...</p>
```

et d'écrire la règle suivante dans la feuille de style :

```
p.chapeau { text-align: center; }
```

Les balises qui ne sont pas de la classe « chapeau » ne seront pas concernées par cette règle, ni les balises autres que `<p>`, même si elles appartiennent à la classe « chapeau ». En particulier, la règle précédente ne s'applique pas à l'élément `<div class="chapeau"><p> ... </p></div>`.

FIGURE 4–6 « *Les femmes qui ont un chapeau, venez au centre de la scène !* »
Parmi les femmes est désignée la « classe » de celles qui ont un chapeau.

Une même classe pour plusieurs types de balises

Notre metteur en scène prie alors toutes les personnes qui ont un chapeau de se pencher pour saluer le public. Une catégorie est définie, là encore, mais elle n'est pas associée à un type d'acteur : les hommes comme les femmes sont concernés.

De la même façon, il est possible d'appliquer des propriétés à plusieurs éléments de la page web, quelle que soit la balise qui les entoure. Il suffit de leur attribuer une classe commune, par exemple `<p class="menu">`, `<h1 class="menu">`, `<a class="menu">` et d'écrire une règle du type :

```
.menu { font-style: italic; }
```

Le type de balise n'est pas précisé, seule la classe est indiquée, toujours précédée d'un point dans la feuille de style. Cette règle fera donc apparaître en italique le contenu de n'importe quelle balise de classe « menu ».

> À NOTER **Plusieurs classes pour une même balise**
>
> Une balise peut être associée à plusieurs classes. Par exemple, l'élément `<p class="intro menu">...</p>` sera mis en forme par les règles du type `p.intro { ... }` et `p.menu { ... }`.
> Notez cependant qu'il n'est pas possible d'écrire comme sélecteur `p.intro.menu`, donc de préciser l'appartenance simultanée d'une balise à deux classes.

Identifiant

Retour au théâtre : après les directives générales, le metteur en scène donne des instructions plus précises, à chaque acteur en particulier. « Toi, Thomas, passe à droite ! Toi, Marion, assieds-toi dans le fauteuil ! » Chacune de ces consignes ne concerne qu'une personne. Il n'y a qu'un seul Thomas et une seule Marion dans la troupe des Joyeux Cabotins, et au début de la saison, lors des présentations, chacun a donné son prénom.

C'est ainsi qu'en HTML, une alternative aux classes est utilisée pour repérer un élément *unique* dans une page web. Il s'agit de donner à la balise un *identifiant* :

```
<div id="Thomas">....</div>
<p id="Marion">...</p>
```

ce qui permet de préciser cet identifiant dans la feuille de style, à l'aide du caractère dièse **#** :

```
div#Thomas { text-align: right; }
p#Marion { vertical-align: -50%; }
```

Comme vous le voyez, le sélecteur précise l'identifiant comme une classe, simplement avec un dièse (#) à la place du point. Évidemment, les identifiants seront rarement des prénoms, mais plutôt des repères liés à la fonction de l'élément dans la page. Par exemple, s'il faut écrire en gris ce paragraphe précis :

```
<p id="auteur">...</p>
```

nous pourrons lui attribuer une propriété de style comme :

```
p#auteur { color: gray; }
```

> À NOTER **Utilisation des identifiants**
> - Un même identifiant ne peut pas être utilisé pour deux éléments distincts de la même page. Lorsqu'il s'agira de repérer deux éléments en utilisant un même nom, nous utiliserons une classe.
> - Dans une règle, il est possible d'utiliser une classe et un identifiant en même temps : `p.menu#auteur {...}`.

FIGURE 4-7 « *Marion, assieds-toi dans le fauteuil !* » *Le nom de cette actrice, c'est son* « *identifiant* ».

Identifiant sans nom de balise

De la même manière que pour les classes, le nom de la balise peut être omis dans le sélecteur :

```
#auteur { color: gray; }
```

Cette règle s'applique à *la* balise d'identifiant « auteur » `<... id="auteur">` (il ne peut y en avoir qu'une seule dans la page).

> PRÉCISION **Avec ou sans nom de balise ?**
>
> Les sélecteurs `p#auteur` et `#auteur` sont équivalents, puisqu'il ne doit y avoir qu'une seule balise d'identifiant « auteur » dans la page.
>
> En revanche, en ce qui concerne les classes, les sélecteurs `p.chapeau` et `.chapeau` n'ont pas le même sens : la balise `<div class="chapeau">` est concernée par le deuxième sélecteur, mais pas par le premier.

Différence entre classe et identifiant

TABLEAU 4–1 **Comparaison entre classe et identifiant**

	Classe	Identifiant
Balise	`<p class="toto">`	`<p id="toto">`
Règle de style	`p.toto { ... }` `.toto { ... }`	`p#toto { ... }` `#toto { ... }`
Éléments concernés	une ou plusieurs balises, identiques ou différentes	une seule balise dans toute la page

Pseudo-classes

Notre metteur en scène précise et coordonne les actions des acteurs : « Toi, lorsque le maître de maison arrive, tu te retournes. Toi, après le passage du docteur, tu es guéri ! »

En CSS, il existe des *pseudo-classes* qui, accolées à une balise, apportent des précisions aux sélecteurs. Cette méthode permet d'écrire des propriétés à utiliser uniquement dans certains cas de figure. La pseudo-classe la plus utilisée s'écrit `:hover` ; elle indique que la règle de style n'est à appliquer qu'au passage de la souris.

Par exemple, pour mettre en rouge le texte d'une balise `<a>` au moment de son survol par le curseur de la souris, il suffit d'écrire dans la feuille de style :

```
a:hover { color: red; }
```

La règle suivante, elle, met le texte en rouge au passage de la souris, mais uniquement sur les balises `<a class="menu" ...>`, les autres balises `<a>` n'étant pas concernées :

```
a.menu:hover { color: red; }
```

FIGURE 4–8 « Après le passage du docteur, tu es guéri ! » L'action (rapide !) du docteur a eu un effet sur l'acteur, comme un clic de souris sur un lien le transforme en lien « visité ».

Pseudo-classes pour les liens hypertextes

- `:link` = lien hypertexte qui n'a pas été visité ;
- `:visited` = lien visité (et encore présent dans l'historique du navigateur) ;
- `:hover` = élément survolé par la souris ;
- `:active` = élément activé (la souris pointant ce lien, son bouton est enfoncé).

Si des règles de styles concernant un même élément utilisent successivement plusieurs de ces quatre pseudo-classes, il faut respecter un ordre précis pour qu'elles soient bien prises en compte : `:link`, puis `:visited`, puis `:hover`, puis `:active`. Il existe un moyen mnémotechnique pour mémoriser leur ordre à partir de leurs initiales : LoVe HAte, soit aimer et détester en anglais, curieux mélange qui nous servira à retenir cet ordre.

Autres pseudo-classes

Trois autres pseudo-classes sont utilisables en CSS :

- `:first-child` = premier enfant d'une balise quelconque (premier des éléments imbriqués dans cette balise), comme `p:first-child` pour désigner tous les paragraphes `<p>` qui sont chacun le premier enfant de leur conteneur.
- `:focus` = qui possède le focus (par exemple c'est le cas pour une zone de saisie de formulaire, lorsqu'elle est sélectionnée et que le curseur clignote dedans).
- `:lang(fr)` = balise qui possède un attribut `lang="fr"`, ou qui est incluse dans un élément ayant cet attribut ; cette pseudo-classe peut être utilisée avec n'importe quel code de langue.

Pseudo-éléments

Ressemblant aux pseudo-classes, les pseudo-éléments apportent d'autres types de précision :

- `:first-letter` = première lettre du bloc ;
- `:first-line` = première ligne du bloc ;
- `:before` = avant la balise spécifiée ;
- `:after` = après la balise spécifiée.

L'exemple suivant agrandit la taille de la première lettre pour chaque paragraphe `<p>` :

```
p:first-letter { font-size: 150%; }
```

> UTILISATION **Pseudo-éléments :before et :after**
> Ces deux pseudo-éléments permettent d'insérer un texte ou une image avant ou après une balise donnée.
> Exemple : `p.note:before { content: "Note : "; }`

Règle associée à plusieurs sélecteurs

Si le metteur en scène dit : « Tous les hommes avec un chapeau et toutes les femmes, venez au centre de la scène ! », il donne une seule consigne qui s'adresse à plusieurs catégories d'acteurs. Sont concernés ici tous ceux des hommes qui ont un chapeau et toutes les femmes sans exception.

En CSS, cela donnerait quelque chose comme :

```
div.chapeau, p { text-align: center; }
```

Cette règle s'applique à toutes les balises `<p>` et aux balises `<div class="chapeau">`.

Voici un autre exemple de règle qui s'applique au contenu des balises `<h1>`, `<h2>` et `<h3 class="sommaire">` :

```
h1, h2, h3.sommaire { text-align: center; }
```

FIGURE 4–9 *En donnant une consigne unique pour les hommes avec chapeau et pour les femmes, le metteur en scène attribue, en une seule fois, une « propriété » à une balise avec la classe « chapeau », ainsi qu'à une autre balise, sans précision de classe.*

Regroupement de propriétés à l'aide de « raccourcis »

La règle suivante définit, pour les titres de niveau 1, leur type de bordure (épaisseur, style et couleur de l'encadrement) :

```
h1 {
   border-width: 2px;
   border-style: solid;
   border-color: blue;
}
```

Ces trois propriétés peuvent être remplacées par une seule propriété `border` qui prend en compte les trois valeurs associées :

```
h1 { border: 2px solid blue; }
```

Lorsque nous étudierons en détail les propriétés de style, ces raccourcis seront mentionnés chaque fois qu'ils existent.

Hiérarchie des sélecteurs

Pour appliquer un style à un élément lorsqu'il est inclus dans un autre donné, il suffit d'écrire un sélecteur avec les deux noms de balises (ou de classe, d'identifiant...) séparés par un espace, comme le montrent les exemples ci-après.

Si nous voulons justifier seulement le texte des paragraphes `<p>` qui sont inclus dans un bloc `<div>`, nous écrirons la règle suivante :

```
div p { text-align: justify; }
```

Pour mettre en gris uniquement les liens contenus dans l'élément d'identifiant « sommaire », la règle à utiliser est :

```
#sommaire a { color: gray; }
```

> **À NOTER Plusieurs niveaux d'imbrication**
>
> Ces règles s'appliquent aussi aux balises qui sont séparées par d'autres niveaux d'imbrication. Il suffit que la deuxième balise soit un « descendant », direct ou éloigné, de la première.
>
> La règle du dernier exemple s'appliquera notamment dans le cas suivant :
>
> `<div #sommaire>...<p>...<a>...</a>...</p>...</div>`

Hiérarchie précise des sélecteurs

Les caractères > et + expriment une hiérarchie plus précise entre les balises : imbrication directe pour >, juxtaposition des balises avec +.

Imbrication directe

```
div > h1 { font-style: italic; }
```

Cette règle s'applique aux balises `<h1>` qui sont dans le premier niveau d'imbrication à l'intérieur d'une balise `<div>` (enfant direct), mais elle n'influera pas sur celles imbriquées plus « profondément » à partir du `<div>` (descendants au-delà de la première génération).

Juxtaposition

```
h1 + h2 { margin-top: 10px; }
```

Cette règle s'applique à chaque balise `<h2>` qui suit une balise de fermeture `</h1>` (c'est le frère suivant de `<h1>`). Entre ces deux balises peut se trouver du texte, mais pas une autre balise.

Sélecteur d'attribut [...]

Cette méthode intéressante sélectionne les balises utilisant un attribut donné. Il est possible de tester la valeur affectée à cet attribut, ou simplement sa présence dans la balise.

Voici un exemple de règle qui applique une couleur de fond jaune aux boutons de formulaire, autres que ceux spécifiques d'envoi et d'efface-ment. Elle concerne les balises `<input>` qui ont un attribut `type="button"`, donc les balises `<input type="button"...>` :

```
input[type="button"] { background-color: yellow; }
```

Voici un autre exemple, qui met en vert le texte des liens pour lesquels un raccourci d'accessibilité est défini par l'attribut `accesskey` (`<a accesskey="..."...>`), quelle que soit ici la valeur de cet attribut :

```
a[accesskey] { color: green; }
```

Sélecteur universel *

Retournons une dernière fois au théâtre, si vous le voulez bien. Le metteur en scène, très pointilleux, explique : « À la fin de la pièce, tous les acteurs viennent au centre pour saluer. » (Et les acteurs haussent les épaules, comme pour dire : « Mais il nous prend pour des débutants, ce rigolo ? »). Le terme « tous les acteurs » englobe tous les éléments de notre joyeuse troupe, sans exception.

FIGURE 4-10 *« À la fin de la pièce, tous les acteurs viennent au centre pour saluer. » Toutes les balises sont concernées par la propriété.*

Dans une règle de style, c'est l'étoile (*) qui est utilisée comme sélecteur universel ; elle signifie : « n'importe quelle balise ». La consigne précédente devient alors :

```
* { text-align: center; }
```

Voici en particulier une propriété qui est souvent utilisée pour toutes les balises de la page, afin d'annuler leurs marges extérieures :

```
* { margin: 0; }
```

> À NOTER **Règle pour toutes les balises d'un bloc**
> Si une règle concerne toutes les balises qui sont incluses dans un bloc donné, il faut écrire par exemple :
> `div * { color: blue; }`
> Dans ce cas précis, toutes les balises qui sont incluses dans un bloc `<div>` quelconque verront leur texte écrit en bleu.

Ordre de priorité des styles

Si une règle de style vient contredire une règle précédente, c'est *en général* **le dernier style défini qui s'applique.**

Règle de style prioritaire

Pour qu'un style ne soit pas modifié par un autre, il faut écrire `!important` avant le point-virgule qui termine la propriété. Exemple :

```
body { background-color: white !important; }
```

Degré de priorité d'une règle de style

La règle exacte de priorité, pour les styles en cascade, est la suivante :

Si deux règles de style sont contradictoires, la deuxième remplace la première, sauf si cette première règle a un degré de priorité (c'est-à-dire de spécificité) supérieur à la deuxième.

Figure 4-11 *Comme les véhicules de secours sur la route, les propriétés marquées par !important auront la priorité.*

> Avis **Lecteur découvrant les CSS**
>
> Débutant en CSS, vous pouvez dans un premier temps ignorer ce paragraphe un peu pointu et y revenir plus tard.

Le degré de priorité d'une règle de style est fonction d'un nombre de quatre chiffres $x_4\,x_3\,x_2\,x_1$, calculé à partir du sélecteur de cette règle :

- chiffre des *milliers* (x_4) :

  1 si style **prioritaire** (style en ligne, ou `!important`), 0 sinon ;
- chiffre des *centaines* (x_3) :

  nombre d'identifiants (#xxx) dans le sélecteur ;
- chiffre des *dizaines* (x_2) :

  nombre de classes (.xxx) qui interviennent dans le sélecteur ;
- chiffre des *unités* (x_1) :

  nombre d'éléments séparés par des espaces dans le sélecteur.

Le tableau suivant permet de comprendre ce calcul de spécificités, donc de priorités, classées ici par ordre croissant. Ce document provient de la page http://www.openweb.eu.org/articles/cascade_css/, à consulter pour plus d'informations.

TABLEAU 4-2 Exemples de calculs de priorité

Style	Style local ou !important	Nombre d'identifiants	Nombre de classes	Nombre d'éléments	Priorité
`* {...}`	0	0	0	0	0000
`p {...}`	0	0	0	1	0001
`div p {...}`	0	0	0	2	0002
`.class {...}`	0	0	1	0	0010
`p.class {...}`	0	0	1	1	0011
`div p.class {...}`	0	0	1	2	0012
`#id {...}`	0	1	0	0	0100
`p#id {...}`	0	1	0	1	0101
`div p#id {...}`	0	1	0	2	0102
`.class #id {..}`	0	1	1	0	0110
`.class p#id {...}`	0	1	1	1	0111
`div.class p#id {...}`	0	1	1	2	0112
`<p style="...">`	1	0	0	0	1000
`..{..!important;}`	1	0	0	0	1000

Application

Voici un exemple où une propriété est redéfinie à l'aide d'une deuxième règle qui a une priorité plus faible que la première :

```
div  p { color: blue; }
p { color: green; }
```

Dans ce cas, les paragraphes `<p>` seront écrits en vert, sauf ceux inclus dans un bloc `<div>`, qui resteront en bleu.

Cet exemple n'est toutefois pas un modèle d'écriture à suivre : la logique et la facilité de compréhension du code voudraient que l'ordre de ces deux règles soit inversé, pour aller du plus général vers le plus spécifique.

> À NOTER **Priorités et combinateurs d'éléments**
>
> Les combinateurs d'éléments tels que `>` (enfants directs) ou `+` (éléments adjacents) n'ont pas d'influence sur les priorités.

Valeurs, tailles et couleurs

Avant d'aborder le détail des propriétés, il est important de définir les codes et unités à adopter pour les valeurs qui leur seront attribuées.

Héritage de propriété

Toutes les propriétés peuvent prendre la valeur `inherit` : cela crée un héritage pour des propriétés qui normalement ne sont pas héritées.

Unités de taille

Les unités de taille sont utilisées pour les propriétés telles que la taille des caractères, les bordures, les dimensions, les marges extérieures et intérieures...

Elles peuvent être fixes, définies par une longueur, ou relatives à l'affichage utilisé.

> À NOTER **Valeurs décimales**
> Si rien n'oblige les valeurs de taille à être entières, il faut cependant penser à utiliser le point et non la virgule comme séparateur décimal.

Unités de taille fixe

Les valeurs utilisables pour des tailles fixes sont :

- **pt** (1 point = 0,35 mm) ;
- **pc** (1 pica = 12 pt = 4,22 mm) ;
- **cm**, **mm**, **in** (1 inch ou 1 pouce = 2,54 cm).

Il est préférable d'éviter ces tailles fixes, qui ne tiennent pas compte de la taille de l'écran et empêchent aussi la personnalisation de l'affichage dans le navigateur.

Unités de taille relatives (conseillées)

Les unités de taille relatives sont fonction de la taille du texte environnant ou du nombre de points sur l'écran.

Voici les mesures disponibles :

- `em`, largeur d'une majuscule comme M ;
- `ex`, hauteur d'une minuscule comme x, souvent arrondie à 0.5em et en théorie fonction de la police utilisée, donc à éviter ;
- `%` pour les pourcentages, 100 % correspondant à 1em pour la taille des caractères `font-size` ;
- `px` pour pixel, soit un point de l'écran (en théorie il y a 72 ou 96 pixels par pouce).

Lorsqu'il s'agit de la dimension des caractères (`font-size`) et pour donner une idée à ceux qui sont habitués à la taille en points utilisée dans les traitements de texte, 12 points (`12pt` en CSS) correspondent à 16 pixels (`16px`), soit `1em` ou `100%` pour un paragraphe standard.

> **ATTENTION Balises imbriquées**
>
> Dans les balises imbriquées, la taille d'un élément définie avec ces unités (sauf les pixels) est relative à celle du bloc parent. Par exemple, si la feuille de style contient :
>
> `p, span { font-size: 2em; }`
>
> alors dans la ligne HTML suivante :
>
> `<p> texte 1 <span> texte 2 </span></p>`
>
> texte 2 sera écrit deux fois plus gros que texte 1.

Ces dimensions ne se limitent cependant pas à la taille des caractères, elles seront également utilisées pour définir des largeurs et hauteurs de blocs et d'images, ainsi que pour les marges ou le positionnement d'éléments dans la page.

Tailles définies par mots-clés

Les tailles peuvent également être indiquées à l'aide de mots-clés, qui ressemblent aux dimensions d'un vêtement. Ces définitions sont moins précises, car interprétées de façons diverses par les différents navigateurs.

De la plus petite à la plus grande, les tailles disponibles sont :

```
xx-small, x-small, small, medium (taille standard),
large, x-large, xx-large.
```

Codage des couleurs

Les couleurs sont définies à l'aide de noms ou de codes numériques.

Noms de couleurs

À certaines couleurs « standard » ont été attribués des mots réservés : `blue`, `white`, `red`... La liste de ces mots-clés est donnée en annexe.

Code RVB

Le codage rouge-vert-bleu (RVB en français, RGB en anglais) consiste à préciser la quantité de chacune de ces couleurs, exprimée :
- en **décimal** : `rgb(255,0,0)` = rouge
- en **pourcentage** : `rgb(0,100%,0)` = vert
- en **hexadécimal** : `#0000ff` = bleu (deux chiffres hexadécimaux pour chaque couleur RVB)

> REMARQUE **Notation hexadécimale raccourcie**
>
> Il est possible d'utiliser une notation hexadécimale raccourcie, dans laquelle chaque chiffre hexadécimal doit être doublé pour obtenir le code réel de la couleur. Par exemple, `#00f` est équivalent à `#0000ff` et représente le bleu.

> À NOTER **Noir et blanc**
>
> Il existe donc plusieurs façons d'écrire le code du noir et celui du blanc :
> - pour le noir,
>   `rgb(0,0,0)` = `#000` = `#000000` = `black`;
> - pour le blanc,
>   `rgb(255,255,255)` = `rgb(100%,100%,100%)`
>   = `#fff` = `#ffffff` = `white`.

Couleurs « sûres »

Il existe une liste de 216 couleurs RVB appelées « couleurs sûres », dont l'affichage sur l'écran était initialement garanti sur toutes les configurations matérielles et logicielles.

En hexadécimal, chacune des composantes RVB de ces couleurs sûres vaut 00, 33, 66, 99, cc ou ff.

La plupart des systèmes pouvant aujourd'hui afficher plus de 16 millions de couleurs en RVB, il n'est plus nécessaire de se restreindre à ces couleurs sûres.

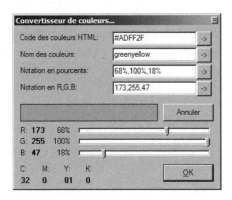

FIGURE 4–12 *Le logiciel PsPad propose un convertisseur de couleurs, entre code hexadécimal, nom de couleur et notation RGB en pourcentage ou en décimal.*

Exemple de page avec feuille de style interne

Voici une page HTML simplifiée, avec sa feuille de style interne.

La lecture du code et de ses commentaires nous montre une mise en pratique des notions vues jusqu'ici.

Certes, les propriétés et leur utilisation n'ont pas encore été détaillées, mais celles qui figurent ici sont simples à comprendre.

```
<html>
<head>

<meta http-equiv="content-type"
     content="text/html; charset=utf-8" />
<title>Garage des Tacots - Page d'accueil</title>
```

```html
<style type="text/css">
<!--
/* Pour toute la page :
   texte centré, fond gris clair */
body { text-align: center; background-color: silver;}
/* Tous les titres h1 sont en marron, en taille 250%
   et sur fond blanc */
h1 { color: brown; font-size: 250%;
     background-color: white; }
/* Tous les titres h2 sont en bleu,
   avec une marge de 30 pixels autour */
h2 { color: blue; margin: 30px; }
/* Toutes les balises de classe "titre"
   sont en vert */
.titre { color: green; }
/* Les titres h1 de classe "titre" sont en Arial,
   en taille 280% et encadrés d'un trait plein */
h1.titre { font-family: Arial, sans-serif;
           font-size: 280%; border: solid; }
/* Les titres h2 de classe "titre" sont en italique
   et en taille 150% */
h2.titre { font-style: italic; font-size: 150%; }
-->
</style>

</head>

<body>

<h1 class="titre">Garage des Tacots</h1>
<h2 class="titre">Voitures anciennes</h2>
<br />

<h1>Nos services</h1>
<h2>Peinture et retouches</h2>
<h2>Pièces sur mesure</h2>
<h2>Pneumatiques toutes dimensions</h2>

</body>

</html>
```

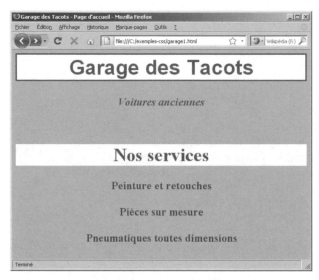

FIGURE 4–13 *Affichage de la page « Garage des tacots » dans un navigateur web*

Vous pouvez recopier ce code dans le bloc-notes ou un éditeur HTML, enregistrer ce fichier texte avec l'extension `.html` et l'afficher dans votre navigateur web en double- cliquant sur son nom dans l'explorateur de fichiers.

À partir de cet exemple, n'hésitez pas à modifier les propriétés, les niveaux de titre et les classes, pour mieux comprendre leur fonctionnement.

Une présentation très différente de cette page peut être obtenue en modifiant seulement *les valeurs* de certaines propriétés. La figure 4-14 en donne une illustration, à partir de la feuille de style suivante :

```
<style type="text/css">
<!--
/* Pour toute la page :
   texte aligné à gauche, fond bleu clair "lavande" */
body {text-align: left; background-color: lavender;}
/* Titres h1 : en blanc, taille 200%, fond gris */
h1 { color: white; font-size: 200%;
     background-color: silver; }
/* Titres h2 : en noir, marges de 10 pixels */
h2 { color: black; margin: 10px; }
```

```
/* Balises de classe "titre" : en bleu */
.titre { color: blue; }
/* Titres h1 de classe "titre" : en Courier New,
   taille 250% et encadré avec des tirets */
h1.titre { font-family: "Courier New", monospace;
          font-size: 250%; border: dashed; }
/* Titres h2 de classe "titre" : en italique,
   taille 190% */
h2.titre { font-style: italic; font-size: 190%; }
-->
</style>
```

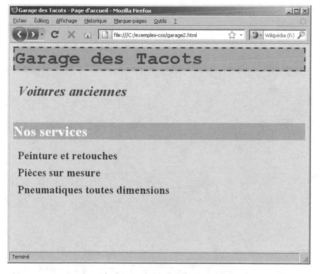

FIGURE 4-14 *Une autre version de la page précédente, où seules ont été modifiées les valeurs de certaines propriétés dans la feuille de style.*

Nous avons maintenant compris la structure d'une feuille de style CSS et son utilisation en liaison avec le code HTML. Les exemples précédents nous ont d'ailleurs permis de connaître quelques-unes des propriétés et de leurs valeurs possibles.

Le chapitre qui suit nous emmène vers la découverte méthodique des propriétés CSS qui serviront à mettre en forme le texte de nos pages.

Propriétés de mise en forme

Examinons en détail les différentes propriétés de mise en forme proposées par les normes CSS 2 et CSS 3 : nom, syntaxe, valeurs possibles, héritage. Des exemples illustrent chacune de ces propriétés.

Après avoir découvert le principe des feuilles de style et de leur écriture, nous voici dans le vif du sujet : les propriétés de style permettant la mise en forme de nos pages. Celles présentées dans ce chapitre sont communes aux deux normes CSS 2 et CSS 3. Sans avoir à les apprendre par cœur, il est quand même utile d'en connaître l'existence, pour penser à les utiliser.

Mise en forme des caractères

Donnez du style à vos textes ! Vous allez pouvoir leur conférer tantôt une allure qui détonne, tantôt un aspect discret, bref tout ce qu'il faut pour enjoliver votre prose (ou vos poèmes !) à la manière d'un traitement de texte.

Sont regroupées ici toutes les propriétés qui peuvent s'appliquer à un seul ou plusieurs caractère(s). Toutefois, elles sont généralement utilisées pour mettre en forme des mots ou des paragraphes entiers.

Choix des polices

Le choix d'une police de caractères s'effectue à l'aide de la propriété `font-family`.

TABLEAU 5-1 **Propriété font-family**

Propriété	`font-family`

Exemples	`p {font-family: Arial, Verdana, sans-serif;}`
	`p {font-family: "Times New Roman", serif;}`
	`p {font-family: "Courier New" , monospace;}`

Valeurs possibles	**Noms de polices de caractères**, séparés par des virgules, ou type de police générique : `serif`, `sans-serif`, `monospace`. Les noms en plusieurs mots sont à placer entre guillemets.
Héritage	Propriété *héritée* : elle se transmet dans les balises imbriquées.

Important **Choix des polices**

En CSS 2, une police de caractères ne s'affichera que si elle est installée sur l'ordinateur utilisé pour consulter la page web. Il vaut donc mieux :

- Éviter les polices « personnelles », qui ne sont pas installées en standard par Windows, Linux et Mac OS, mais qui ont été ajoutées sur votre ordinateur (par exemple, l'installation de certains logiciels ajoute des polices automatiquement).
- Proposer plusieurs polices de caractères : si le navigateur ne trouve pas la première police sur l'ordinateur utilisé, il prendra la deuxième ; s'il ne la trouve pas non plus, il prendra la troisième, et ainsi de suite...
- Terminer la liste par une police « générique » : `serif`, `sans-serif`, `monospace` (police à chasse fixe, du type Courier) ; il existe aussi les types `cursive` et `fantasy`, très peu utilisés.

Nous verrons plus tard une méthode spécifique aux CSS 3, qui permet de transmettre une police de caractères associée à une page web.

À noter **Polices courantes**

Les polices « standard », qu'on a toutes les chances de trouver sur un PC ou un Mac, sont les suivantes : `Arial`, `Comic`, `Courier`, `Garamond`, `Georgia`, `Times`, `Trebuchet`, `Verdana`.

D'autres polices sont assez souvent présentes, tant sur les PC que sur les Mac, pour être utilisables à condition de ne pas oublier de mentionner une police de remplacement dans la propriété `font-family` : *Arial Black*, *Arial Narrow*, *Century Gothic*, *Helvetica*, *Impact*, *Palatino* et *Tahoma*.

L'arrivée des CSS 3 nous permettra d'utiliser des polices plus originales : elles pourront être téléchargées en même temps que la page à afficher, de la même façon que les fichiers images.

Taille de police

La propriété `font-size` permet de préciser la taille des caractères.

> **ATTENTION Tailles relatives**
>
> Mises à part celles exprimées en pixels, les tailles relatives sont exprimées par rapport à la taille de police de la balise qui contient l'élément. Ainsi, dans l'exemple suivant :
>
> `<p>Bonjour <span>tout le monde</span></p>`
>
> associé à la règle de style :
>
> `p, span { font-size: 80%; }`
>
> la taille du texte de la balise `<span>` est 64 % de celle de la taille initiale. En effet, puisque la règle s'applique pour chacune des balises, les caractères de la balise imbriquée `<span>` ont une taille égale à 80 % de 80 % de la taille de base.

TABLEAU 5-2 Propriété font-size

Propriété	`font-size`
Exemples	`h1 { font-size: 150%; }` `p { font-size: 15px; }`
Valeurs possibles	*taille relative* (conseillée) en **em**, **ex**, **%** ou **px** ou *taille fixe* en **pt**, **pc**, **cm**, **mm**, **in** ou *mot-clé* **xx-small**, **x-small**, **small**, **medium** (= standard), **large**, **x-large**, **xx-large**
Pourcentages	% de la taille de la police dans l'élément parent.
Héritage	Propriété *héritée*.

Couleur du texte

Les valeurs attribuées à la propriété `color`, pour la couleur du texte, peuvent s'exprimer soit à l'aide d'un mot-clé, soit avec un code numérique hexadécimal, soit par la fonction `rgb` associée à des nombres entiers ou des pourcentages.

TABLEAU 5-3 **Propriété color**

Propriété	color

Exemples	`body { color: #0000ff; }`
	`h1.menu { color: #6e05c3; }`
	`.utile { color: rgb(255,0,0); }`
	`a { color: rgb(30%,80%,30%) }`
	`em { color: green; }`

Valeurs possibles	**nom de couleur** prédéfini ou **code RVB**
Héritage	Propriété *héritée*.

ATTENTION **Nom de la propriété color**

La propriété qui change la couleur du texte est bien `color`. Une erreur courante consiste à écrire *font-color*, alors que ce nom de propriété n'existe pas, même s'il eût été logique pour indiquer la couleur de police.

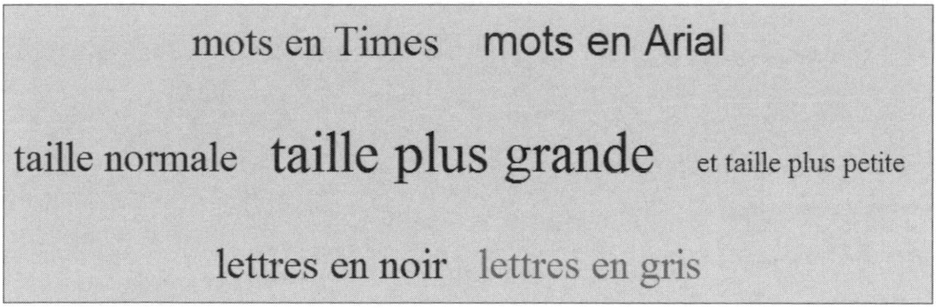

mots en Times   mots en Arial

taille normale **taille plus grande** et taille plus petite

lettres en noir lettres en gris

FIGURE 5-1 *Utilisation des propriétés font-family (type de police), font-size (taille des caractères) et color (couleur d'écriture)*

Texte en gras

Avec la propriété `font-weight`, il s'agit de préciser l'épaisseur d'écriture, c'est-à-dire le degré de graissage de la police.

Tableau 5–4 Propriété font-weight

Propriété	font-weight
Exemple	`.principal { font-weight: bold; }`
Valeurs possibles	`normal` (valeur par défaut), `bold` : gras, `lighter` : moins gras que le style en cours, `bolder` : plus gras que le style en cours, ou un nombre (`100`, `200`... `900`) qui définit le niveau de gras
Héritage	Propriété *héritée*. Utiliser la valeur *normal* pour annuler l'héritage.

> À NOTER **Valeurs numériques de gras**
> Dans l'échelle des valeurs numériques qui définissent le niveau de gras, `400` correspond à `normal` et `700` à `bold`.
> Toutefois, l'utilisation de nombres est déconseillée avec `font-weight`, car ceux-ci ne sont pas bien pris en compte par les différents navigateurs. Dans la pratique, il vaut mieux s'en tenir aux valeurs de base `normal` et `bold`.

Italique

Pour mettre des mots en italique, c'est la propriété `font-style` qui nous sera utile.

Tableau 5–5 Propriété font-style

Propriété	font-style
Exemple	`.remarque { font-style: italic; }`
Valeurs possibles	`normal` : écriture droite (valeur par défaut), `italic` : italique, `oblique` : police de type « oblique » (rare).
Héritage	Propriété *héritée*. Utiliser la valeur *normal* pour annuler l'héritage.

Soulignement et autres « décorations »

La propriété `text-decoration` permet d'obtenir différents effets : trait au-dessus ou en dessous des mots, texte barré ou clignotant.

TABLEAU 5-6 **Propriété text-decoration**

Propriété	`text-decoration`

Exemples	`a:hover { text-decoration: none; }`
	(suppression du soulignement des liens au passage de la souris)
	`h1 { text-decoration: underline overline; }`
	(titres de niveau 1 soulignés et surlignés)

Valeurs possibles	`none` : supprime tout soulignement et toute autre valeur attribuée à `text-decoration` (valeur par défaut), `underline` : souligné, `overline` : surligné (trait au-dessus), `line-through` : barré, `blink` : clignotement du texte.
Héritage	Cette propriété n'est *pas héritée*, contrairement aux autres propriétés liées aux caractères.

À NOTER **Utilisation de text-decoration**

- La prise en compte par les navigateurs de `blink` (clignotement du texte) est facultative.
- Il est possible de spécifier plusieurs valeurs pour `text-decoration`. Le deuxième exemple du tableau permet d'obtenir des titres de niveau 1 qui sont à la fois soulignés et surmontés d'un trait horizontal :

```
h1 { text-decoration: underline overline; }
```

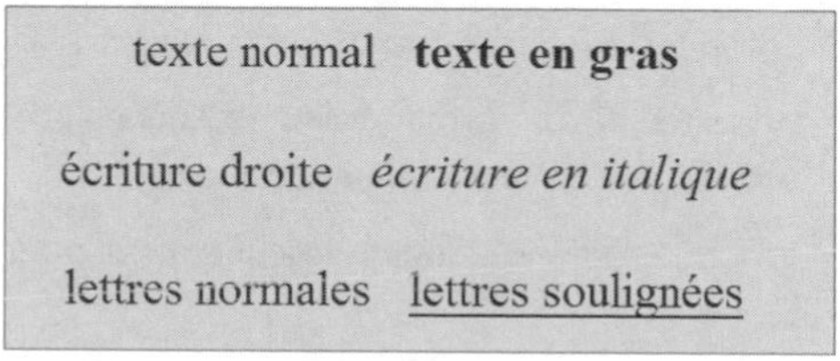

FIGURE 5-2 *Mise en œuvre des propriétés font-weight (gras), font-style (italique) et text-decoration (soulignement)*

Majuscules et minuscules

Il est parfois utile de demander au navigateur d'afficher une partie du texte en minuscules ou en majuscules, quelle que soit la façon dont celui-ci aura été écrit initialement. C'est la propriété `text-transform` qui se charge de cette opération.

Tableau 5-7 **Propriété text-transform**

Propriété	`text-transform`
Exemple	`.pays { text-transform: uppercase; }`
Valeurs possibles	`capitalize` : première lettre de chaque mot en majuscule, `lowercase` : tout en minuscules, `uppercase` : tout en majuscules, `none` : écriture standard (valeur par défaut).
Héritage	Propriété *héritée*. Utiliser la valeur *none* pour annuler l'héritage.

Petites majuscules

Pour mettre un texte en majuscules sans qu'il ne soit trop voyant, la propriété `font-variant` nous propose de l'écrire en petites majuscules : ces majuscules ont à peu près la taille des minuscules. Les lettres déjà écrites en majuscules conservent leur taille.

Tableau 5-8 **Propriété font-variant**

Propriété	`font-variant`
Exemple	`.ville { font-variant: small-caps; }`
Valeurs possibles	`normal` : texte normal (valeur par défaut), `small-caps` : tout en petites majuscules.
Héritage	Propriété *héritée*. Utiliser la valeur *normal* pour annuler l'héritage.

Surlignage de lettres

Grâce à la propriété `background-color`, il est possible d'attribuer un fond de couleur à certaines lettres ou à certains mots, à la manière du surligneur sur papier. Cette propriété servira aussi à choisir la couleur de fond d'un paragraphe ou d'un bloc, comme nous le verrons plus loin.

TABLEAU 5–9 Propriété background-color pour le texte

Propriété	`background-color`
Exemples	`strong { background-color: red; }` `p.remarque { background-color: #0000ff; }`
Valeurs possibles	**nom de couleur** prédéfini ou **code RVB** ; `transparent` (valeur par défaut)
Héritage	Cette propriété n'est *pas héritée*, mais la valeur par défaut `transparent` laisse voir la couleur de l'élément conteneur ou qui se trouve en dessous.

Décalage vers le haut ou le bas

Le décalage vertical de lettres ou de mots avec la propriété `vertical-align` sert dans deux cas de figure :

- pour l'affichage d'éléments en *indice* ou en *exposant* (attention : il s'agit d'un simple décalage en hauteur, il faudra y ajouter une réduction de la taille des lettres) ;
- pour le *centrage vertical d'une image* sur une ligne.

Cette propriété `vertical-align` est également applicable aux *cellules d'un tableau*, avec les valeurs suivantes : `baseline`, `top` (en haut), `middle` (au milieu) et `bottom` (en bas).

TABLEAU 5–10 Propriété vertical-align

Propriété	`vertical-align`
Exemples	`.exposant { vertical-align: super; }` `.indice { vertical-align: -50%; }`
Valeurs possibles	`baseline` : sur la base de la ligne (valeur par défaut), `sub` : indice, `super` : exposant, `middle` : au milieu de la ligne (centrage vertical sur la ligne), `text-top` ou `text-bottom` : alignement avec le haut ou le bas de la boîte parente, **valeur** ou **pourcentage** : valeur *positive* pour un décalage vers le haut, *négative* pour un décalage vers le *bas*.
Héritage	Cette propriété n'est *pas héritée*.

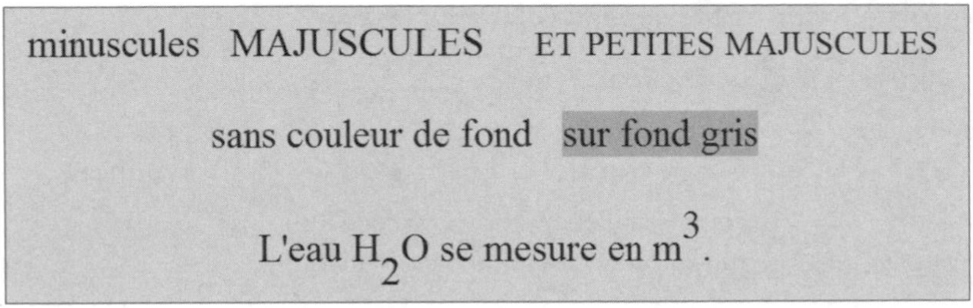

minuscules MAJUSCULES ET PETITES MAJUSCULES

sans couleur de fond sur fond gris

L'eau H_2O se mesure en m^3.

FIGURE 5-3 *Application des propriétés text-transform (majuscules), font-variant (petites majuscules), background-color (couleur de fond = surlignage) et vertical-align (indice/exposant)*

Raccourci pour la mise en forme de caractères

Le raccourci `font` permet d'indiquer, en une seule propriété, les mises en forme qui concernent l'italique, les petites majuscules, le graissage, la taille et la police de caractères.

TABLEAU 5-11 **Propriété raccourcie font**

Propriété	`font`

Exemples	`h3 { font: bold 1.2em Verdana, sans-serif; }`
	`#note1 { font: italic 80% Garamond, serif; }`
	`.ville {font: bold small-caps 2em Times, serif;}`

Valeurs possibles	Valeurs des propriétés `font-style`, `font-variant`, `font-weight`, `font-size`, `line-height` (hauteur de ligne, voir plus loin) et `font-family`.
Héritage	Propriétés *héritées*.

IMPORTANT **Utilisation du raccourci font**
- La propriété `font-family` est **obligatoire**, les autres sont facultatives.
- Les propriétés qui ne sont pas fournies sont réinitialisées à `normal`.
- Ce raccourci n'inclut pas les propriétés `color`, `text-decoration`, `text-transform`, `background-color` et `vertical-align`.

Paragraphes et blocs de texte

Nos mots étant mis en forme, penchons-nous à présent sur les propriétés qui s'appliquent à des paragraphes ou à des blocs de texte tout entiers.

Alignement horizontal du texte

La propriété `text-align` modifie l'alignement horizontal comme le ferait un traitement de texte : paragraphe aligné à gauche, centré, aligné à droite ou justifié.

> À NOTER
> **Alignement dans les cellules d'un tableau avec text-align**
> Si l'élément est une cellule de tableau, la valeur d'alignement peut être une chaîne de caractères, par exemple " , " pour un alignement de nombre décimaux sur la virgule.

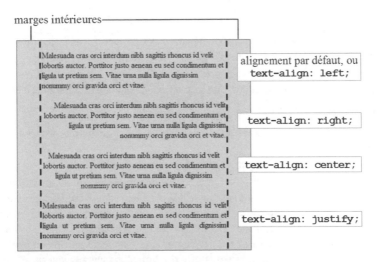

FIGURE 5-4 *Effet de la propriété text-align (alignement horizontal du texte), lorsqu'elle prend successivement les valeurs left, right, center et justify.*

TABLEAU 5–12 Propriété text-align

Propriété	text-align
Exemples	`p { text-align: justify; }` `.auteur { text-align: right; }`
Valeurs possibles	`left` : aligné à gauche (par défaut), `right` : aligné à droite, `center` : centré, `justify` : justifié.
Héritage	Propriété *héritée*. Pour retrouver la valeur initiale, utiliser `left`.

Retrait de première ligne

Il s'agit de créer, avec la propriété `text-indent`, un retrait à gauche qui ne s'applique qu'à la première ligne de chacun des paragraphes concernés. Les autres lignes débutent sur la marge de gauche.

TABLEAU 5–13 Propriété text-indent

Propriété	text-indent
Exemple	`p { text-indent: 5em; }`
Valeurs possibles	**valeur positive ou négative**, pour un retrait respectivement vers la droite ou vers la gauche de la première ligne ; valeur par défaut : 0. Mêmes unités que les tailles de polices de caractères, % inclus.
Pourcentages	% de la largeur du bloc conteneur.
Héritage	Propriété *héritée*. Utiliser la valeur 0 pour annuler cet héritage.

> ASTUCE **Retrait négatif de première ligne**
>
> Pour obtenir un « retrait négatif de première ligne », c'est-à-dire tout le paragraphe en retrait sauf la première ligne, il faudra augmenter la marge interne de la même valeur, pour compenser ce retrait négatif. Comme nous le verrons dans le chapitre suivant, c'est la propriété `padding-left` qui règle la marge interne de gauche. Par exemple, si la marge interne de notre document est initialement de 20 pixels, un retrait négatif de 10 pixels pour la première ligne peut s'écrire :
>
> `p { text-indent: -10px; padding-left: 30px; }`
>
> La première ligne reste alors à sa place habituelle et le reste du para-graphe est en retrait de 10 pixels.

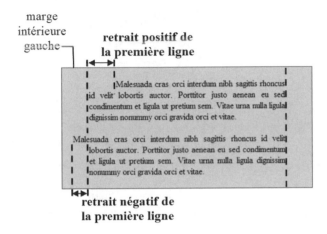

Figure 5-5 *Retraits positif et négatif de la première ligne d'un paragraphe, avec la propriété text-indent*

Interligne minimum

La hauteur d'une ligne de texte peut être modifiée à l'aide de la propriété `line-height`. Il en résulte un centrage vertical automatique du texte sur la hauteur ainsi spécifiée.

Tableau 5-14 Propriété line-height

Propriété	line-height
Exemple	`a.menu { line-height: 2em; }`
Valeurs possibles	`normal` (valeur standard) ou **valeur positive** pour régler l'espacement entre les lignes. Mêmes unités que les tailles de polices, ou % de cette taille.
Pourcentage	% de la taille de police utilisée.
Héritage	Propriété *héritée*. Utiliser la valeur *normal* pour annuler l'héritage.

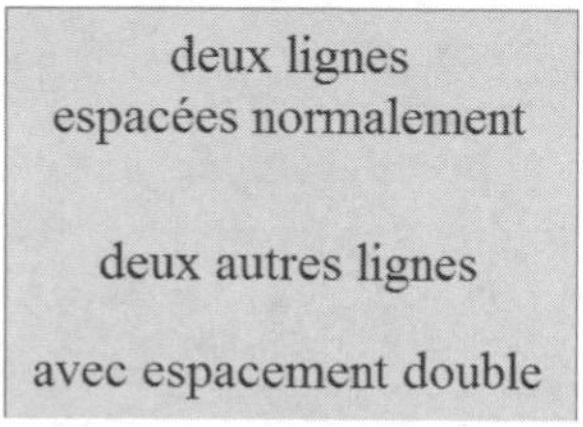

deux lignes
espacées normalement

deux autres lignes

avec espacement double

FIGURE 5-6 *Modification de l'interlignage avec la propriété line-height*

Espacement entre les lettres

La propriété `letter-spacing` fixe l'espacement entre les lettres d'un mot, aussi appelé *crénage* ou encore *interlettrage*.

TABLEAU 5-15 **Propriété letter-spacing**

Propriété	`letter-spacing`
Exemples	`.pluslarge { letter-spacing: 0.5em; }` `.moinslarge { letter-spacing: -1px; }`
Valeurs possibles	`normal` (par défaut), valeur **positive** ou **négative**, respectivement pour augmenter ou diminuer l'interlettrage. Mêmes unités que les tailles de polices, sauf les pourcentages.
Héritage	Propriété *héritée*. Utiliser la valeur *normal* pour annuler l'héritage.

Espacement entre les mots

Comme son nom l'indique, la propriété `word-spacing` ajuste l'espacement entre les mots.

TABLEAU 5-16 **Propriété word-spacing**

Propriété	`word-spacing`
Exemples	`.grandsespaces { word-spacing: 0.5em; }` `.petitsespaces { word-spacing: -2px; }`
Valeurs possibles	`normal` (par défaut), valeur **positive** ou **négative**, respectivement pour augmenter ou diminuer l'espace entre les mots. Mêmes unités que les tailles de polices, sauf %.
Héritage	Propriété *héritée*. Utiliser la valeur *normal* pour annuler l'héritage.

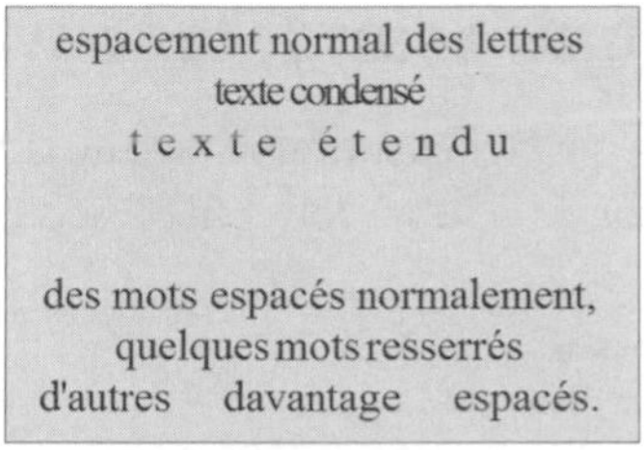

espacement normal des lettres
texte condensé
t e x t e   é t e n d u

des mots espacés normalement,
quelques mots resserrés
d'autres   davantage   espacés.

FIGURE 5-7 *Application des propriétés letter-spacing pour condenser ou étirer le texte, word-spacing pour écarter ou resserrer les mots entre eux*

Conservation des espaces et sauts de ligne saisis

Appliquée à un paragraphe ou un bloc de texte, la propriété `white-space` indique s'il faut ou non conserver tous les espaces et retours à la ligne tapés dans le code HTML. En même temps, elle permet d'accepter ou non le retour à la ligne automatique, qui se produit normalement lorsque le texte arrive sur le bord droit du bloc.

TABLEAU 5-17 **Propriété white-space**

Propriété	`white-space`
Exemple	`p.extraits { white-space: pre; }`
Valeurs possibles	`normal` (par défaut) : affichage d'un seul espace à la place de tous les espaces et retours à la ligne qui séparent deux mots ; le retour à la ligne s'effectue avec la balise ` ` et est automatique en fin de ligne du bloc de texte.
	`nowrap` : espaces successifs fusionnés en un seul et retours à la ligne ignorés, comme pour la valeur `normal` ; par contre, il n'y a pas de retour automatique en fin de ligne, seul ` ` peut produire un retour à la ligne.
	`pre` : conservation de tous les espaces et de tous les retours à la ligne saisis dans le code source, mais il n'y a pas de retour automatique en fin de ligne du bloc de texte.
	`pre-line` : espaces successifs fusionnés en un seul, conservation des retours à la ligne du code source ; le retour automatique en fin de ligne est activé.
	`pre-wrap` : tous les espaces du code source sont conservés, mais les retours à la ligne qui ne sont pas indiqués par ` ` sont ignorés ; le retour automatique en fin de ligne est activé.
Héritage	Propriété *héritée*. Utiliser la valeur *normal* pour annuler l'héritage.

Modification du curseur de la souris

La propriété `cursor` n'a pas d'effet sur l'affichage de la page en elle-même, mais sur l'apparence du curseur de la souris lorsqu'il passe sur le texte concerné.

TABLEAU 5-18 **Propriété cursor**

Propriété	`cursor`
Exemple	`.aide { cursor: help }`
Valeurs possibles	`auto` (valeur par défaut) : la forme est fonction du contexte, `default` : généralement une flèche blanche, `crosshair` : croix noire, `pointer` : main, `move` : quadruple-flèche de déplacement, et doubles-flèches de redimensionnement orientées (nord n - sud s - est e - ouest w) : `n-resize`, `s-resize`, `e-resize`, `w-resize`, `ne-resize`, `sw-resize`, `nw-resize`, `se-resize`. Voir les différents types de curseurs sur la figure 5-8.
Héritage	Propriété *héritée*. Utiliser la valeur *normal* pour annuler l'héritage.

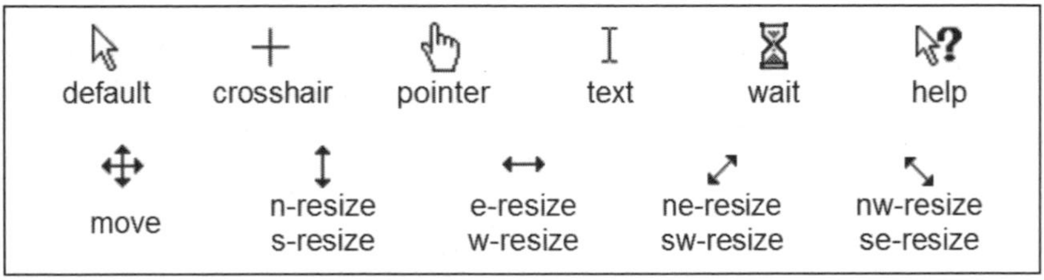

FIGURE 5-8 *Différents types de curseur*

Affichage automatique d'un contenu

La propriété `content` s'utilise avec les pseudo-éléments `:before` et `:after`. Elle permet d'afficher automatiquement un contenu, avant ou après l'élément concerné : cela peut être un texte, un numéro, des guillemets, une image, etc.

TABLEAU 5-19 Propriété content

Propriété	content

Exemples	`p.note:before { content: "Nota bene : "; }`
	`p.remarque:before {content: url(crayon.gif);}`
	`li:before { content:`
	`        "[" counter(chapitre,lower-roman) "]";}`
	`.citation:before { content: open-quote; }`
	`.citation:after { content: close-quote; }`
	`img:after { content: attr(title); }`

Valeurs possibles	**chaîne de caractères** : à écrire entre guillemets (valeur par défaut : la chaîne vide `" "`). `url(fichier)` : fichiers à utiliser (image à afficher, son à jouer, etc.). `counter(nom)` ou `counter(nom,style)` : nom de compteur (voir plus loin `counter-reset`) et style facultatif, à choisir parmi les valeurs possibles de `list-style-type` (style par défaut : décimal, `none` pour ne rien afficher), `counters(nom, chaîne)` ou `counters(nom, chaîne, style)` : avec chaîne séparatrice (par exemple `" . "` pour obtenir §3 puis §3.1, 3.2, ...).
	`open-quote`, `close-quote` : guillemets de début et de fin définis par la propriété `quote`, `no-open-quote`, `no-close-quote` : pas de guillemets, mais un niveau d'imbrication de guillemets est décompté, pour les prochains guillemets qui seront affichés par `content`, `attr(propriété)` : valeur de l'attribut indiqué de l'élément concerné par la propriété `content`, chaîne vide si l'attribut est absent.
Héritage	*Non.*

Guillemets à utiliser

La propriété `quotes` sert à définir les types de guillemets qui serviront aux différents niveaux d'imbrication.

Ces guillemets seront utilisables avec la balise `<q>` ou la propriété `content` lorsqu'elle affiche des guillemets ouvrants ou fermants, à l'aide des valeurs `content: open-quote;` ou `content: close-quote;`

TABLEAU 5-20 **Propriété quotes**

Propriété	`quotes`
Exemples	`q { quotes: '"'  '"'  "'"  "'"; }` `q.guill2 { quotes: "«"  "»"  "<"  ">"; }`
Valeurs possibles	Sous forme de chaînes de caractères : • guillemets d'ouverture puis de fermeture, pour le premier niveau de guillemets ; • puis éventuellement guillemets d'ouverture, puis de fermeture pour le deuxième niveau (guillemets imbriqués), etc. • et ainsi de suite pour le nombre de niveaux d'imbrication souhaités.
Héritage	Propriété *héritée*.

Réinitialisation d'un compteur

Il s'agit, avec la propriété `counter-reset`, de définir un compteur par son nom, tout en l'initialisant à zéro ou à une valeur donnée.

Ce compteur sera utilisable par la propriété `content`.

> ATTENTION **Réinitialisation de plusieurs compteurs**
>
> Si deux compteurs doivent être réinitialisés pour le même élément, il faut réunir ces deux réinitialisations, en n'écrivant qu'une seule fois la propriété `counter-reset`. Exemple :
> `h1 { counter-reset: page 2 section 1; }`

Tableau 5-21 **Propriété counter-reset**

Propriété	`counter-reset`
Exemples	`h1 { counter-reset: chapitre; }` `h1.nouveau { counter-reset: numpage -1; }`
Valeurs possibles	**Nom du compteur** puis éventuellement **valeur initiale** (si elle est différente de 0) : *nombre entier* positif ou négatif, ou `none` = pas de compteur (c'est la valeur par défaut).
Héritage	*Non.*

Incrémentation d'un compteur

Chaque fois qu'un compteur est utilisé à l'aide de la propriété `content`, il s'incrémente d'une valeur donnée, qui peut être définie par la propriété `counter-increment`.

Tableau 5-22 **Propriété counter-increment**

Propriété	`counter-increment`
Exemples	`h2 { counter-increment: chapitre; }` `.instruction { counter-increment: numligne 10; }`
Valeurs possibles	**Nom du compteur** puis éventuellement la **valeur d'incrémentation** (si elle est différente de 1) : nombre entier positif ou négatif, ou `none` = pas d'incrémentation du compteur (valeur par défaut).
Héritage	*Non.*

À NOTER **Ordre des opérations**
L'incrémentation du compteur s'effectue **avant** son utilisation.

Sens de l'écriture

Certaines langues qui s'écrivent de droite à gauche nécessitent l'emploi de la propriété `direction` pour préciser le sens de lecture.

TABLEAU 5–23 **Propriété direction**

Propriété	direction
Exemples	body { direction: ltr; } .yiddish { direction: rtl; }
Valeurs possibles	ltr : de gauche à droite (*left to right*) - valeur par défaut ; rtl : de droite à gauche (*right to left*).
Héritage	Propriété *héritée*.

> À NOTER **Caractères Unicode**
>
> Le sens de lecture des différents encodages *Unicode*, dont fait partie le codage utf-8 préconisé dès le chapitre 2, est reconnu automatiquement. Leur utilisation nous dispense donc de spécifier cette propriété direction.

Écriture bidirectionnelle

Cette propriété unicode-bidi (texte Unicode bidirectionnel) est rarement utilisée ; elle permet d'utiliser plusieurs sens de lecture dans un même bloc.

Elle peut servir aux amateurs d'exotisme, pour inclure des citations en arabe, farsi, hébreu ou urdu à l'intérieur d'un paragraphe en français...

TABLEAU 5–24 **Propriété unicode-bidi**

Propriété	unicode-bidi

Exemples	span.citation { direction: rtl;
	           unicode-bidi: embed;}
	span.sens2 { direction: rtl;
	           unicode-bidi: bidi-override;}

Valeurs possibles	normal (par défaut) : à l'intérieur de chaque groupe de mots homogène, les caractères Unicode s'écrivent dans leur sens d'écriture naturel, fonction de la langue et reconnu automatiquement. embed : les caractères s'écrivent dans leur sens naturel, les groupes de mots homogènes (composés de caractères qui s'écrivent dans le même sens) sont placés dans l'ordre défini par la propriété direction (voir la figure 5-9). bidi-override : tous les caractères sont écrits les uns après les autres, dans le sens indiqué par la propriété direction.
Héritage	*Non.*

Exemple **Lignes comprenant des textes en français et en hébreu**

Cet exemple est inspiré du test de conformité CSS 2 de Daniel Glazman, disponible sur le site des Éditions Eyrolles (modèle de formatage, groupe de tests 6) à l'adresse suivante :

▸ http://www.editions-eyrolles.com/css2/tests/vfm/vfm14.htm

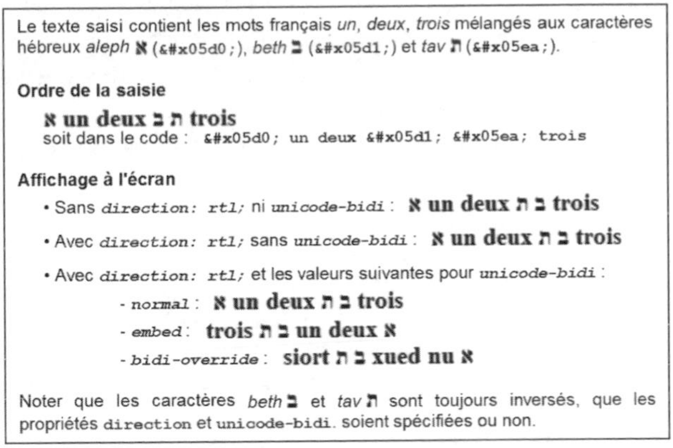

Le texte saisi contient les mots français *un, deux, trois* mélangés aux caractères hébreux *aleph* א (`&#x05d0;`), *beth* ב (`&#x05d1;`) et *tav* ת (`&#x05ea;`).

Ordre de la saisie

א un deux ב ת trois

soit dans le code : `&#x05d0; un deux &#x05d1; &#x05ea; trois`

Affichage à l'écran

- Sans *direction: rtl;* ni *unicode-bidi* : א un deux ת ב trois
- Avec *direction: rtl;* sans *unicode-bidi* : א un deux ת ב trois
- Avec *direction: rtl;* et les valeurs suivantes pour *unicode-bidi* :
  - *normal* : א un deux ת ב trois
  - *embed* : trois ת ב un deux א
  - *bidi-override* : siort ת ב xued nu א

Noter que les caractères *beth* ב et *tav* ת sont toujours inversés, que les propriétés *direction* et *unicode-bidi.* soient spécifiées ou non.

Figure 5-9 *Utilisation de la propriété unicode-bidi*

Bordures

Les propriétés de bordure s'appliquent aux blocs de texte et aux éléments remplacés, comme les images.

Style de bordure

La propriété `border-style` précise le type des traits de contour à afficher autour des blocs de texte concernés.

Attention **Propriété obligatoire pour afficher une bordure**

La valeur par défaut de `border-style` étant `none`, il est indispensable de préciser un style de bordure pour que celle-ci soit visible. Tant qu'un style de bordure n'a pas été défini, donner une épaisseur et une couleur de bordure ne change rien à l'affichage.

TABLEAU 5–25 **Propriété border-style**

Propriété	`border-style`
Exemples	`h2 { border-style: solid; }` `p.note { border-style: double; }`
Valeurs possibles	`none` (valeur par défaut) ou `hidden` : aucune bordure, `solid` : trait plein, `dotted` : pointillés, `dashed` : tirets, `double` : trait plein double, `groove` : en creux, `ridge` : en relief, `inset` : creux ombré, `outset` : relief ombré. L'aspect de ces bordures est donné par la figure 5-10.
Héritage	*Non.*

> PRÉCISION **Différence entre none et hidden**
>
> C'est dans les tableaux qu'il existe une différence entre les valeurs `none` et `hidden` pour la propriété `border-style` :
> - `none` = aucune bordure, sauf si une cellule voisine en possède une ;
> - `hidden` = aucune bordure, dans tous les cas.

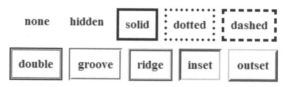

FIGURE 5–10 *Différents types de bordure*

Styles de bordure pour chaque côté

Il existe quatre propriétés distinctes pour définir un style de bordure sur chacun des quatre côtés de l'élément concerné.

TABLEAU 5–26 **Style de bordure pour chaque côté**

Propriétés	`border-top-style` : style de la bordure du haut, `border-right-style` : style de la bordure de droite, `border-bottom-style` : style de la bordure du bas, `border-left-style` : style de la bordure de gauche.

Épaisseur de bordure

L'épaisseur du trait de contour est indiquée par la propriété `border-width`.

TABLEAU 5–27 **Propriété border-width**

Propriété	border-width
Exemple	`p.note { border-width: 2px; }`
Valeurs possibles	`thin` = bordure fine, `medium` = bordure moyenne, `thick` = bordure épaisse ou **valeur numérique** en **em**, **px**, ... (mais pas en %)
Héritage	*Non.*

Épaisseur de bordure pour chaque côté

Cette épaisseur de bordure peut être précisée pour chacun des quatre côtés de l'élément concerné, à l'aide de quatre propriétés distinctes.

TABLEAU 5–28 **Épaisseur de bordure pour chaque côté**

Propriétés	`border-top-width` : épaisseur de la bordure du haut, `border-right-width` : épaisseur de la bordure de droite, `border-bottom-width` : épaisseur de la bordure du bas, `border-left-width` : épaisseur de la bordure de gauche.

> RACCOURCI
> **Utilisation de border-width pour singulariser chaque côté**
> La propriété générale `border-width` peut être utilisée pour préciser l'épaisseur de bordure sur chaque côté :
> * avec **deux valeurs** : ❶ haut et bas, ❷ droite et gauche
>   `p { border-width: 1em 2em; }`
> * avec **trois valeurs** : ❶ haut, ❷ droite et gauche, ❸ bas
>   `p { border-width: thin medium thick; }`
> * avec **quatre valeurs** : ❶ haut , ❷ droite, ❸ bas, ❹ gauche
>   `p { border-width: 1px 3px 3px 1px; }`

Couleur de bordure

Par défaut, le contour d'un bloc est de la même couleur que le texte (valeur de la propriété `color`, si elle a été définie pour cet élément, sinon noir par défaut). Pour modifier cette couleur de bordure, il faut utiliser la propriété `border-color`.

TABLEAU 5–29 Propriété border-color

Propriété	`border-color`
Exemples	`div.remarque { border-color: gray; }` `p.utile { border-color: #ff0088; }`
Valeurs possibles	**nom de couleur** prédéfini ou **code RVB** ; `transparent` = bordure invisible
Héritage	*Non.*

Couleur de bordure pour chaque côté

Quatre propriétés distinctes permettent de définir la couleur de bordure sur chacun des quatre côtés de l'élément concerné.

TABLEAU 5–30 Couleur de bordure pour chaque côté

Propriétés	`border-top-color` : couleur de la bordure du haut, `border-right-color` : couleur de la bordure de droite, `border-bottom-color` : couleur de la bordure du bas, `border-left-color` : couleur de la bordure de gauche.

RACCOURCI

Utilisation de border-color pour singulariser chaque côté

La propriété générale `border-color` peut être utilisée pour préciser la couleur de bordure sur chaque côté :
- avec **deux valeurs** : ❶ haut et bas, ❷ droite et gauche
  `p { border-color: blue red; }`
- avec **trois valeurs** : ❶ haut, ❷ droite et gauche, ❸ bas
  `p { border-color: blue gray green; }`
- avec **quatre valeurs** : ❶ haut , ❷ droite, ❸ bas, ❹ gauche
  `p { border-color: blue gray gray blue; }`

Raccourci pour toutes les propriétés de bordure

L'ensemble des propriétés qui définissent les bordures (épaisseur, style et couleur) peut être déclaré à l'aide du raccourci `border`.

TABLEAU 5-31 **Propriété raccourcie border**

Propriété	border
Exemple	`h2.chapitre { border: 5px gray groove; }`
Valeurs possibles	Toutes les valeurs des propriétés `border-width` (facultative), `border-style` (obligatoire) et `border-color` (facultative).
Héritage	*Non.*

IMPORTANT

Propriété border : le style de bordure est obligatoire

Lorsqu'une des propriétés, épaisseur, style ou couleur de bordure, n'est pas précisée dans ce raccourci, elle est initialisée à sa valeur par défaut.
Il en résulte que *le style de bordure est obligatoire*, sa valeur par défaut étant `none` (pas de bordure, quelles que soient l'épaisseur et la couleur choisies).

Raccourci des propriétés de bordure pour chaque côté

Il existe quatre raccourcis distincts pour définir les propriétés de bordure sur chacun des quatre côtés de l'élément concerné.

TABLEAU 5–32 Raccourcis des propriétés de bordure pour chaque côté

Propriétés	`border-top` : propriétés de la bordure du haut, `border-right` : propriétés de la bordure de droite, `border-bottom` : propriétés de la bordure du bas, `border-left` : propriétés de la bordure de gauche.
Exemple	`.titre { border-top: 3px solid red;` `        border-right: 1px dotted red;}`
Valeurs possibles	Toutes les valeurs des propriétés `border-width` (facultative), `border-style` (obligatoire) et `border-color` (facultative).
Héritage	*Non.*

Contour superposé à un élément

La propriété `outline` affiche une bordure qui se superpose à l'élément, sans augmenter ses dimensions.

Les propriétés utilisables sont les suivantes :

- `outline-style` : mêmes valeurs que `border-style`, sauf `hidden` ;
- `outline-width` : mêmes valeurs que `border-width` ;
- `outline-color` : mêmes valeurs que `border-color`, plus la valeur `invert` (couleur inverse de la couleur de fond) ;
- `outline` : raccourci pour `outline-width`, `outline-style` et `outline-color`.

Ces propriétés `outline`, `outline-width`, `outline-style`, `outline-color` ne sont *pas héritées*.

Images et couleurs d'arrière-plan

Les propriétés suivantes s'appliquent aux blocs de texte et aux éléments remplacés, comme les images ou les boutons de formulaire.

Elles servent à agrémenter l'arrière-plan de l'élément concerné, soit d'une image, soit d'une couleur unie. Attention cependant à éviter une cacophonie de couleurs !

Couleur d'arrière-plan

Il est possible de définir une couleur d'arrière-plan sur l'ensemble d'un bloc, à l'aide de la propriété `background-color`.

Tableau 5–33 **Propriété background-color**

Propriété	`background-color`
Exemple	`p.relief { background-color: yellow; }`
Valeurs possibles	**nom de couleur** prédéfini ou **code RVB** ; `transparent` (valeur par défaut).
Héritage	Cette propriété *n'est pas* héritée, mais la valeur par défaut `transparent` laisse voir la couleur de l'élément conteneur ou se trouvant en dessous.

Image d'arrière-plan

La propriété `background-image` permet d'afficher une image en arrière-plan d'un bloc. Sa valeur est l'adresse de l'image, qui peut être relative (nom du fichier image situé par rapport au dossier qui contient la page web) ou absolue (URL se terminant par un nom de fichier image).

Tableau 5–34 **Propriété background-image**

Propriété	`background-image`

Exemples	`body {background-image:`
	`        url(images/maison.png);}`
	`.pub {background-image:`
	`        url(http://www.sncf.com/logo.gif);}`

Valeurs possibles	`url` (nom d'image avec chemin relatif ou absolu) ou `none` : aucune image (valeur par défaut).
Héritage	*Non.*

> À NOTER
> **Guillemets facultatifs autour des noms de fichiers images**
> Grâce aux parenthèses de `url(...)`, les guillemets ou apostrophes, qui logiquement entourent le nom du fichier image ou l'URL, sont *facultatifs*.

Répétition ou non de l'image d'arrière-plan

Lorsque l'image est en arrière-plan d'un bloc et possède une dimension inférieure à celui-ci, elle est automatiquement répétée, horizontalement et verticalement. L'annulation de l'une de ces répétitions ou des deux s'effectue à l'aide de la propriété `background-repeat`.

FIGURE 5–11 *Image d'arrière-plan plus petite que le bloc, avec répétition (valeur par défaut), puis avec la propriété background-repeat: no-repeat*

TABLEAU 5–35 Propriété background-repeat

Propriété	`background-repeat`
Exemples	`body { background-repeat: repeat-y; }` `.pub { background-repeat: no-repeat; }`
Valeurs possibles	`repeat` : répétition horizontale et verticale (valeur par défaut). `repeat-x` : répétition horizontale seulement. `repeat-y` : répétition verticale seulement. `no-repeat` : pas de répétition.
Héritage	*Non.*

Alignement de l'image d'arrière-plan

Avec la propriété `background-position`, il est possible de préciser la position horizontale et la position verticale de l'image d'arrière-plan, à l'intérieur du bloc dont elle constitue le fond.

Cette position est exprimée par rapport aux bords de l'élément.

TABLEAU 5-36 **Propriété background-position**

Propriété	`background-position`
Exemples	`body { background-position: center top; }` `.pub { background-position: left center; }`

Valeurs possibles	**Une ou deux valeurs**, données par des **noms** ou des **nombres** (dimension relative ou absolue, souvent exprimée en %).
	Première valeur pour l'alignement **horizontal** :
	`left` (valeur par défaut), `center`, `right`
	ou **nombre** (0% = `left`, 100% = `right`).
	Deuxième valeur pour l'alignement **vertical** :
	`top` (valeur par défaut), `center`, `bottom`
	ou **nombre** (0% = `top`, 100% = `bottom`).

Pourcentage	% de la taille de la boîte elle-même.
Héritage	*Non.*

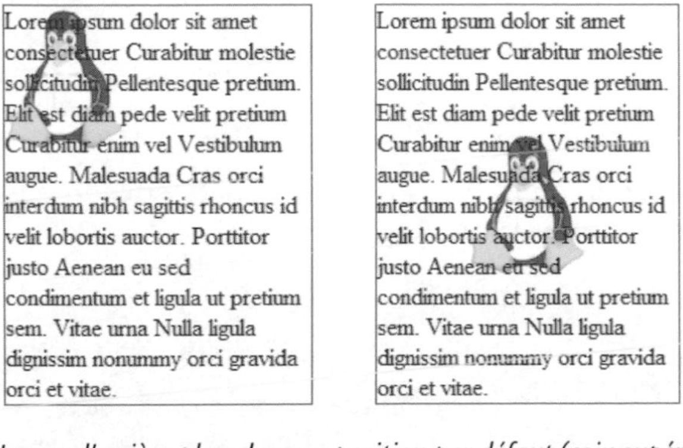

FIGURE 5-12 *Image d'arrière-plan dans sa position par défaut (coin supérieur gauche), puis placée au centre du bloc.*

> À NOTER **Utilisation de nombres pour background-position**
> Un conseil et une astuce pour l'emploi de la propriété
> `background-position` avec des nombres :
> • Ne mélangez pas valeurs fixes (par exemple 10px) et relatives
>   (comme 20%).
> • Il est possible d'indiquer des nombres négatifs, pour « rogner »
>   l'image.

Fixation de l'image d'arrière-plan

Lorsque l'internaute fait défiler une page contenant une image d'arrière-plan, celle-ci se déplace sur l'écran en même temps que le texte, car elle est attachée au coin supérieur gauche du bloc auquel elle est associée. Si cette image doit rester fixe lorsque le texte défile sur l'écran, il faut le signaler avec la propriété `background-attachment`.

TABLEAU 5–37 **Propriété background-attachment**

Propriété	background-attachment
Exemples	`body { background-attachment: scroll; }` `.pub { background-atachment: fixed; }`
Valeurs possibles	`scroll` : l'image défile avec le contenu (valeur par défaut) ; `fixed` : l'image reste fixe lors du défilement, seul défile le contenu qui est au premier plan.
Héritage	*Non.*

Raccourcis pour les arrière-plans

Comme pour les bordures, il existe une propriété raccourcie pour l'image d'arrière-plan et ses caractéristiques.

TABLEAU 5–38 **Raccourci background**

Propriété	background
Exemple	`h1 { background: blue url(logo.png)` `                50% repeat-x fixed; }`

Tableau 5–38 **Raccourci background (suite)**

Valeurs possibles	Valeurs de `background-color`, `background-image`, `background-repeat`, `background-attachment` et `background-position` dans un ordre quelconque.
Héritage	*Non.*

Listes à puces ou numérotées

Nous allons étudier à présent les propriétés associées aux listes. Elles permettent de choisir les types de puces ou de numéros, ou encore de remplacer les puces par des images.

Type de puce ou de numérotation

La propriété `list-style-type` indique quel type générique de puce ou quel mode de numérotation doit utiliser la liste concernée.

Tableau 5–39 **Propriété list-style-type**

Propriété	`list-style-type`
Exemples	`ul { list-style-type: square; }` `ol { list-style-type: upper-roman; }`
Valeurs possibles	*Liste à puces* : `disc` (cercle plein - valeur par défaut), `circle` (cercle vide), `square` (carré plein).
	Liste numérotée : `decimal` (1, 2...- valeur par défaut), `decimal-leading-zero` (01, 02...), `lower-roman` (i,ii...), `upper-roman` (I,II...), `georgian`, `armenian`, `lower-latin` = `lower-alpha` (a, b, c...), `upper-latin` = `upper-alpha` (A, B, C...), `lower-greek` (α, β,γ ...). *Pas de puce ni de numéro* : `none`.
Héritage	Propriété *héritée*. Pour retrouver la valeur initiale, utiliser `disc` pour les listes à puces et `decimal` pour les listes numérotées.

Utilisation d'une image comme puce

Grâce à la propriété `list-style-image`, n'importe quelle image peut être utilisée comme puce. Il faudra évidemment s'assurer que la taille, la forme et la couleur de cette image conviennent pour un tel usage.

TABLEAU 5–40 Propriété list-style-image

Propriété	`list-style-image`

Exemples	`ul { list-style-image:`
	`        url(image/puce.gif); }`
	`li { list-style-image:`
	`        url(http://www.top.org/logo.gif);}`

Valeurs possibles	`url` (nom d'image avec chemin relatif ou absolu) ou `none` : aucune image (valeur par défaut).
Héritage	Propriété *héritée*. Pour retrouver la valeur initiale, utiliser `none`.

À NOTER **Guillemets facultatifs**

Comme pour la propriété `background-image`, les guillemets ou apostrophes autour du nom de fichier image ou d'une URL sont *facultatifs*, en raison de la présence des parenthèses dans l'expression `url(...)`.

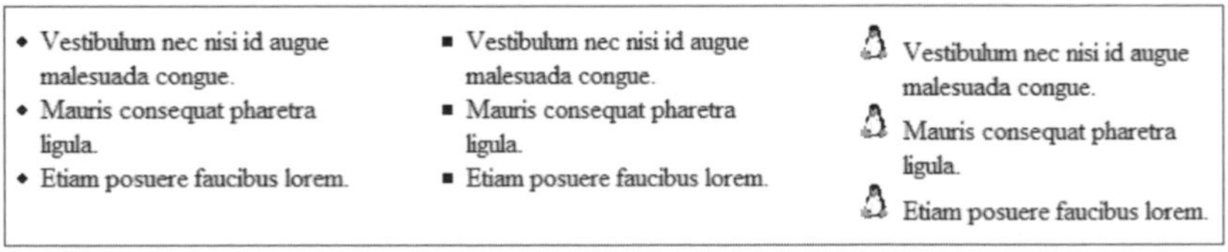

- Vestibulum nec nisi id augue malesuada congue.
- Mauris consequat pharetra ligula.
- Etiam posuere faucibus lorem.

■ Vestibulum nec nisi id augue malesuada congue.
■ Mauris consequat pharetra ligula.
■ Etiam posuere faucibus lorem.

Vestibulum nec nisi id augue malesuada congue.
Mauris consequat pharetra ligula.
Etiam posuere faucibus lorem.

FIGURE 5–13 *Listes avec différentes puces : disque plein (par défaut), carré plein (list-style-type: square) et image (avec la propriété list-style-image)*

Position de la puce

La puce, l'image qui la remplace ou le numéro pourront être placés, suivant la valeur de la propriété `list-style-position` et comme le montre la figure 5–14 :

- soit à gauche du paragraphe (c'est la configuration standard) ;
- soit à l'intérieur du paragraphe, avec un décalage de la première ligne pour chaque item de la liste.

TABLEAU 5–41 **Propriété list-style-position**

Propriété	`list-style-position`
Exemples	`ul { list-style-position: outside; }` `ol { list-style-position: inside; }`
Valeurs possibles	`outside` : la puce est dans la marge (valeur par défaut) ; `inside` : la puce fait partie de la première ligne du paragraphe.
Héritage	Propriété *héritée*. Retour à la valeur initiale avec `outside`.

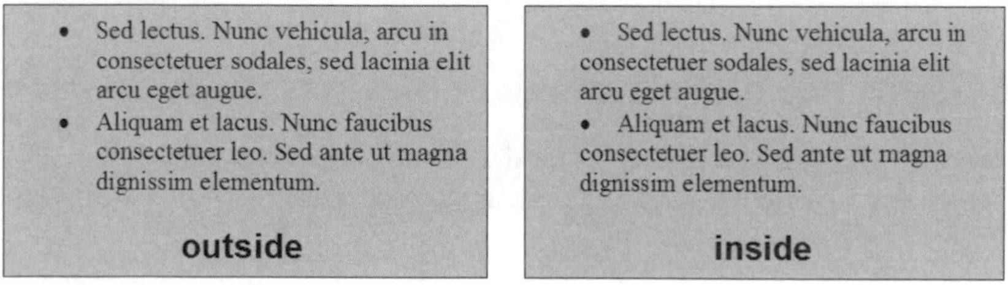

- Sed lectus. Nunc vehicula, arcu in consectetuer sodales, sed lacinia elit arcu eget augue.
- Aliquam et lacus. Nunc faucibus consectetuer leo. Sed ante ut magna dignissim elementum.

outside

- Sed lectus. Nunc vehicula, arcu in consectetuer sodales, sed lacinia elit arcu eget augue.
- Aliquam et lacus. Nunc faucibus consectetuer leo. Sed ante ut magna dignissim elementum.

inside

FIGURE 5–14 *Puces à l'intérieur ou à l'extérieur des paragraphes*

Raccourci pour toutes les propriétés de liste

L'ensemble des propriétés qui permettent de paramétrer les listes (type de puce ou de numérotation, fichier image remplaçant les puces, position des puces ou numéros) peut être défini à l'aide du raccourci `list-style`.

TABLEAU 5-42 Propriété raccourcie list-style

Propriété	list-style
Exemple	li { list-style: circle inside; }
Valeurs possibles	Toutes les valeurs (facultatives) de list-style-type, list-style-image et list-style-position.
Héritage	Cette propriété est *héritée*, comme chacune des propriétés dont elle est un raccourci.

Les tableaux

Les propriétés de style qui suivent permettent de préciser la mise en forme des tableaux. Rappelons à cette occasion qu'en HTML moderne, les tableaux ne sont pas utilisés pour la mise en page. Il est préférable d'employer d'autres techniques, par exemple lorsqu'il s'agit de placer des contenus côte à côte : nous aurons l'occasion d'en parler plus en détail dans le chapitre qui suit, à propos du positionnement des blocs de texte dans la page.

Largeur fixe ou variable des colonnes ou du tableau

Par défaut, les largeurs de colonne d'un tableau sont automatiques : elles s'adaptent à leur contenu. Pour obtenir des colonnes de largeur fixe, il faut utiliser la propriété table-layout.

TABLEAU 5-43 Propriété table-layout

Propriété	table-layout
Exemple	table { table-layout: fixed; }
Valeurs possibles	auto : largeur automatique (valeur par défaut) ou fixed : largeur fixe.
Héritage	Propriété *héritée*. Pour retrouver la valeur initiale, utiliser auto.

> À NOTER **Dimension du tableau avec la valeur fixed**
>
> Avec la propriété `table-layout: fixed`, le tableau prend toute la largeur disponible (sur la page ou dans son bloc conteneur), sauf si une dimension est précisée pour ce tableau avec la propriété `width`.

Recouvrement des bordures

La propriété `border-collapse` sert à indiquer s'il y aura fusion ou non des bordures qui se touchent dans le tableau (voir la figure 5–15). Cela concerne :

- Les bordures contiguës de deux cellules voisines.
- La bordure du tableau et celle d'une cellule qui se trouve en bord de tableau.

TABLEAU 5-44 **Propriété border-collapse**

Propriété	`border-collapse`
Exemple	`table, td { border: solid 1px red;` `        border-collapse: collapse; }`
Valeurs possibles	`collapse` : fusion des bordures, `separate` : séparation des bordures (voir la figure 5-15).
Héritage	Propriété *héritée*.

> ATTENTION **Valeur par défaut**
>
> La valeur par défaut de la propriété `border-collapse` est `collapse` en CSS 2.0 et `separate` à partir de la norme CSS 2.1. Il est donc préférable de toujours en spécifier explicitement la valeur, quelle qu'elle soit.

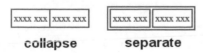

collapse   separate

FIGURE 5–15 *Fusion ou séparation des bordures avec border-collapse*

Espacement entre les bordures de cellules

La taille de l'espace qui se trouve entre les bordures de deux cellules adjacentes est réglable à l'aide de la propriété border-spacing. Bien sûr, ceci ne vaut que pour les cellules dont les bordures sont distinctes, donc pour lesquelles la propriété border-collapse a pour valeur separate.

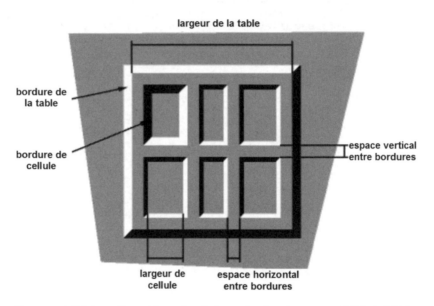

FIGURE 5-16 *Schéma d'un tableau d'après la traduction des normes CSS 2 du W3C :* http://www.yoyodesign.org/doc/w3c/css2/tables.html

TABLEAU 5-45 **Propriété border-spacing**

Propriété	border-spacing
Exemples	table { border-collapse: separate; border-spacing: 5px; }
	table { border-collapse: separate; border-spacing: 2px 5px; }

Tableau 5–45 Propriété border-spacing (suite)

Valeurs possibles	Un ou deux **nombres positifs**, dans les mêmes unités que les tailles de police (px, em, ex) sauf %. **Une valeur** : espacement pour toutes les bordures. **Deux valeurs** : espacement *horizontal* et espacement *vertical*.
Héritage	Propriété *héritée*.

Contour des cellules vides

Afficher ou masquer le contour des cellules vides, voilà ce que va paramétrer la propriété `empty-cells`, uniquement dans le cas où les bordures sont distinctes (`border-collapse: separate;`).

Tableau 5–46 Propriété empty-cells

Propriété	`empty-cells`
Exemple	`table { border-collapse: separate;` `            empty-cells: show; }`
Valeurs possibles	`show` : afficher le contour des cellules vides (valeur par défaut), `hide` : masquer cette bordure.
Héritage	Propriété *héritée*. Pour retrouver la valeur initiale, utiliser `show`.

Position du titre du tableau

Placée à l'intérieur des balises `<table>...</table>`, la balise `<caption>` donne un titre au tableau, qui se trouve initialement au-dessus de celui-ci. Il est cependant possible de le placer en dessous, en donnant la valeur adéquate à la propriété `caption-side`.

Tableau 5–47 Propriété caption-side

Propriété	`caption-side`
Exemple	`caption { caption-side: bottom; }`
Valeurs possibles	`top` : titre au-dessus du tableau (valeur par défaut), `bottom` : titre sous le tableau.
Héritage	*Non*.

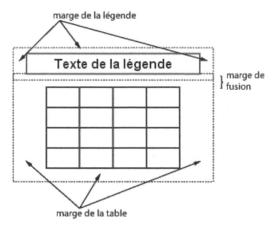

FIGURE 5–17 *Un tableau et sa légende, d'après les normes du W3C traduites :*
http://www.yoyodesign.org/doc/w3c/css2/tables.html

Alignement sur la virgule

Déjà rencontrée dans son utilisation pour les blocs de texte, la propriété
`text-align` précise l'alignement horizontal du texte. Elle s'emploie dans
une cellule de tableau de la même façon que dans un paragraphe.

Cependant, cette propriété appliquée à un tableau nous propose une possibilité supplémentaire, celle d'aligner le texte sur un caractère donné : par
exemple, le choix de la valeur `","` pour ce caractère permet l'alignement
de nombres sur leur virgule décimale.

TABLEAU 5–48 Propriété text-align utilisée dans les tableaux

Propriété	`text-align`
Exemples	`td.nombre { text-align: ","; }` `td.montant { text-align: "&euro;"; }`
Valeurs possibles	**Chaîne de caractères** : par exemple "," pour l'alignement sur la virgule, `left` : aligné à gauche (valeur par défaut), `right` : aligné à droite, `center` : centré, `justify` : justifié.
Héritage	Propriété *héritée*. Pour retrouver la valeur initiale, utiliser `left`.

Alignement vertical des cellules

La propriété `vertical-align` permet d'indiquer quel doit être l'alignement d'une cellule par rapport à la rangée de cellules dont elle fait partie, lorsque la taille de cette rangée est supérieure à celle de la cellule.

TABLEAU 5–49 **Propriété vertical-align**

Propriété	`vertical-align`
Exemples	`.commentaire { vertical-align: top; }` `.titre { vertical-align: middle; }`
Valeurs possibles	`baseline` : alignement normal sur la première ligne (valeur par défaut), `top` : alignement sur le haut de la rangée de cellules, `middle` : alignement au milieu de la rangée, `bottom` : alignement sur le bas de la rangée.
Héritage	Propriété *héritée*. Pour retrouver la valeur initiale, utiliser `baseline`.

La ligne de base d'une rangée de cellules (sur laquelle se « poseront » les lettres de la première ligne) est la même pour toutes les cellules d'une même ligne. Dans le tableau de la figure 5-18, la première ligne de la boîte de la cellule 2 est la plus haute des premières lignes de cellules : c'est donc elle qui déterminera la « ligne de base » de la rangée.

Nous voilà maintenant en possession des propriétés de base, qui permettent, tant en CSS 2 qu'en CSS 3, la mise en forme de nos pages web. Cependant, nous ne les avons pas encore toutes détaillées : il nous reste à étudier les propriétés liées à la position des blocs, ainsi qu'à leurs dimensions et à leurs marges. Ce sujet étant suffisamment vaste, il fera l'objet du chapitre suivant...

Positionnement des blocs

En CSS 2 comme en CSS 3, la mise
en page consiste à placer les blocs
de texte et les images comme
des boîtes imbriquées, juxtaposées
ou superposées dans la page.

La mise en page « à l'ancienne » utilisait des tableaux inclus dans d'autres tableaux, avec parfois plusieurs niveaux d'imbrication : imaginez la complexité du code ! Heureusement, cette époque est révolue depuis longtemps et les feuilles de style nous proposent une méthode claire pour la mise en page : elle consiste à positionner les éléments dans la page ou dans leur bloc conteneur.

Toutefois, il faudra au préalable définir les dimensions et les marges, intérieures et extérieures, de chaque élément. Toutes les propriétés abordées dans ce chapitre font à la fois partie des normes CSS 2 et CSS 3.

Marges et dimensions d'un bloc

Il est important de comprendre comment sont calculées les dimensions des « boîtes », c'est-à-dire des blocs contenant texte et images.

Les CSS vont nous permettre de fixer les dimensions d'une boîte, ainsi que ses marges intérieures (à l'intérieur des bordures) et ses marges extérieures (à l'extérieur des bordures).

Marges externes autour d'un bloc

Les marges externes d'un bloc sont situées au-delà de ses bordures. Elles servent à espacer les blocs entre eux. Elles sont définies sur chacun des côtés à l'aide des propriétés `margin-top` en haut, `margin-right` à droite, `margin-bottom` en bas et `margin-left` à gauche, ou globalement par la propriété raccourcie `margin`.

TABLEAU 6–1 **Propriétés définissant les marges extérieures**

Propriétés	`margin-left, margin-right,` `margin-top, margin-bottom`
Exemples	`p { margin-left: 4em; margin-right: 3em; }` `p { margin-top: 5px; margin-bottom: 6px; }`
Valeurs possibles	`auto`, **taille relative** (conseillée) en **em, ex, %, px** ou **taille fixe** en **pt, pc, cm, mm, in.**

TABLEAU 6-1 Propriétés définissant les marges extérieures (suite)

Pourcentages	% de la **largeur** du bloc conteneur, même pour `margin-top` et `margin-bottom`.
Héritage	*Non.*

> À NOTER **Utilisation des marges externes**
>
> - Pour les blocs juxtaposés ou imbriqués, les marges mitoyennes sont confondues : par exemple, la marge inférieure d'un bloc et la marge supérieure du bloc suivant sont fusionnées. Cependant, ce n'est pas le cas pour les blocs flottants ou positionnés.
> - La valeur `auto` s'emploie avec `margin-left` et `margin-right` : elle signifie que ces deux marges doivent être égales, ce qui revient à centrer l'élément concerné dans son bloc conteneur.
> - En utilisant des valeurs négatives pour les marges externes, il est possible de superposer des blocs.
> - Les éléments en ligne n'ont pas de marge supérieure, ni inférieure ; pour leurs marges de gauche et de droite, la valeur `auto` correspond à 0.
> - Certaines feuilles de style commencent par la règle `* { margin: 0; }`, qui met à zéro les marges externes de tous les éléments de la page web. Ceci nous affranchit des différences d'interprétation possibles de la part des navigateurs, pour leur valeur par défaut.

Raccourci pour les marges externes

La propriété `margin` simplifie la définition des marges externes, en remplaçant les quatre propriétés précédentes.

TABLEAU 6-2 Propriété raccourcie margin

Propriété	`margin`

Exemples	`p { margin: 0; }`
	`p { margin: 3em 5em; }`
	`p { margin: 5% 10% 8%; }`
	`p { margin: 15px 10px 20px 15px; }`

TABLEAU 6–2 Propriété raccourcie margin (suite)

Valeurs possibles	**Une valeur** : définit toutes les marges extérieures. **Deux valeurs** : ① marges du haut et du bas égales, ② marges de gauche et de droite égales **Trois valeurs** : ① marge du haut, ② marges de gauche et de droite égales, ③ marge du bas **Quatre valeurs** : ① marge du haut, ② marge de droite, ③ marge du bas, ④ marge de gauche.
Pourcentages	% de la **largeur** du bloc conteneur, même pour les marges du haut et du bas.
Héritage	*Non.*

ASTUCE **Ordre des propriétés**

Pour les marges extérieures ou intérieures, comme pour les bordures, il est facile de se rappeler l'ordre dans lequel elles sont définies, car il suffit de commencer par le haut et de tourner dans le sens des aiguilles d'une montre : haut - droite - bas - gauche.

Marges internes d'un bloc

Les marges intérieures d'un bloc se trouvent à l'intérieur de ses bordures. Leur présence évite que le texte ne soit collé au cadre du bloc qui le contient. Elles sont définies soit sur chaque côté à l'aide des propriétés `padding-top` en haut, `padding-right` à droite, `padding-bottom` en bas et `padding-left` à gauche, soit globalement avec la propriété raccourcie `padding`.

TABLEAU 6–3 Propriétés définissant les marges intérieures

Propriétés	`padding-left, padding-right,` `padding-top, padding-bottom`
Exemples	`p { padding-left: 20px; padding-right: 15px; }` `p { padding-top: 5%; padding-bottom: 10%; }`
Valeurs possibles	**Valeur de taille relative** (conseillée) en **em, ex, %, px** ou de **taille fixe** en **pt, pc, cm, mm, in**.

TABLEAU 6-3 Propriétés définissant les marges intérieures (suite)

Pourcentages	% de la **largeur** du bloc conteneur, même pour `padding-top` et `padding-bottom`.
Héritage	*Non.*

> À NOTER **Utilisation des marges internes**
> - La valeur par défaut des marges internes est 0.
> - Les marges internes ne peuvent pas être négatives.
> - La valeur `auto` n'existe pas pour les marges intérieures.
> - Les éléments en ligne n'ont ni marge supérieure, ni marge inférieure.

Raccourci pour les marges internes

La propriété `padding` simplifie la définition des marges internes, en remplaçant les quatre propriétés précédentes.

TABLEAU 6-4 Propriété raccourcie padding

Propriété	padding

Exemples	`p { padding: 5ex; }`
	`p { padding: 10px 0; }`
	`p { padding: 2em 1em 3em; }`
	`p { padding: 5% 8% 6% 10%; }`

Valeurs possibles	**Une valeur** : définit toutes les marges intérieures. **Deux valeurs** : ① marges du haut et du bas égales, ② marges de gauche et de droite égales **Trois valeurs** : ① marge du haut, ② marges de gauche et de droite égales, ③ marge du bas **Quatre valeurs** : ① marge du haut, ② marge de droite, ③ marge du bas, ④ marge de gauche.
Pourcentages	% de la **largeur** du bloc conteneur, même pour les marges du haut et du bas.
Héritage	*Non.*

Largeur fixe pour un bloc ou une image

Il est possible de choisir une largeur fixe pour le contenu d'un bloc de texte ou pour une image, en utilisant la propriété `width`.

TABLEAU 6–5 Propriété width

Propriété	width
Exemples	`div { width: 300px; }` `.menu { width: 20%; }`
Valeurs possibles	`auto` (par défaut), **taille relative** (conseillée) en **em**, **ex**, **%**, **px** ou **taille fixe** en **pt**, **pc**, **cm**, **mm**, **in**.
Pourcentages	% de la **largeur** du bloc conteneur.
Héritage	*Non.*

> ATTENTION **Utilisation de width**
>
> - Les valeurs de `width` ne peuvent pas être négatives.
> - Cette propriété `width` correspond uniquement à la largeur disponible pour le contenu. Elle ne comprend pas les marges internes et externes, ni l'épaisseur de la bordure éventuelle. Si nous voulons changer les marges tout en conservant une même taille globale pour le bloc, il nous faudra modifier la propriété `width` pour compenser le changement des marges.

Hauteur fixe pour un bloc ou une image

La propriété `height` permet de définir une hauteur fixe pour le contenu d'un bloc de texte ou pour une image.

TABLEAU 6–6 Propriété height

Propriété	height
Exemples	`div { height: 50%; }` `img#logo { height: 10em; }`
Valeurs possibles	`auto` (par défaut), **taille relative** (conseillée) en **em**, **ex**, **%**, **px** ou **taille fixe** en **pt**, **pc**, **cm**, **mm**, **in**.

Tableau 6-6 **Propriété height** (suite)

Pourcentages	% de la **hauteur** du bloc conteneur si celle-ci est fixée, sinon c'est la valeur `auto` qui est appliquée.
Héritage	*Non.*

> **Attention Utilisation de height**
> - Les valeurs de `height` ne peuvent pas être négatives.
> - Dans le même esprit que la propriété `width`, la valeur attribuée à `height` correspond à la hauteur disponible pour le contenu, n'incluant pas les marges (externes comme internes) ni l'épaisseur de bordure si elle existe. Un changement de marges à hauteur globale constante implique donc une modification de la propriété `height`.

Largeur et hauteur totales d'un bloc

Le modèle de boîte de la figure 6-1 montre comment calculer la largeur et la hauteur totales d'un bloc.

Pour obtenir la **largeur totale** d'un bloc, il faut additionner :
- les marges extérieures de gauche et de droite :
  `margin-left` + `margin-right` ;
- deux fois l'épaisseur de la bordure : `2 × border-width` ;
- les marges intérieures de gauche et de droite :
  `padding-left` + `padding-right` ;
- la largeur du contenu : `width`.

Pour obtenir la **hauteur totale** d'un bloc, il faut additionner :
- les marges extérieures du haut et du bas :
  `margin-top` + `margin-bottom` ;
- deux fois l'épaisseur de la bordure : `2 × border-width` ;
- les marges intérieures du haut et du bas :
  `padding-top` + `padding-bottom` ;
- la hauteur du contenu : `height`.

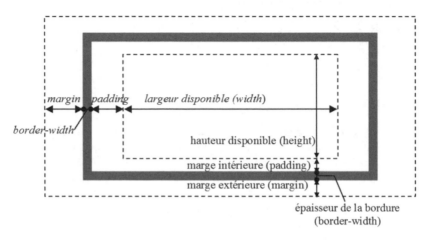

FIGURE 6–1 *Dimensions des boîtes*

Lorsque les marges horizontales sont égales, le calcul de la largeur totale est plus simple :

```
Largeur totale = 2 × (margin + border-width
                       + padding) + width.
```

Il en est de même pour le calcul de la hauteur totale, lorsque les marges verticales sont égales :

```
Hauteur totale = 2 × (margin + border-width
                       + padding) + height.
```

> À NOTER **Prise en compte des bordures**
>
> Les calculs qui précèdent supposent que le bloc concerné est encadré par une bordure uniforme, avec la même épaisseur d'encadrement à gauche et à droite pour le calcul de la largeur, ou bien en haut et en bas pour celui de la hauteur. Dans le cas contraire :
> - si le bloc ne comprend pas de bordure, il suffit de soustraire `border-width`, cela simplifie la formule ;
> - si les bordures ne sont pas uniformes, il faut ajouter séparément l'épaisseur de chacune des bordures concernées.

Largeur et hauteur minimales

Les propriétés `min-width` et `min-height` définissent respectivement la largeur et la hauteur minimum d'un bloc.

Tableau 6-7 Propriétés min-width et min-height

Propriétés	`min-width, min-height`
Exemples	`h1 { min-width: 50%; }` `div.remarque { min-height: 50em; }`
Valeurs possibles	`none` = 0 (valeur par défaut) ou dimension (nombre positif) : **taille relative** (conseillée) en **em, ex, %, px,** **taille fixe** en **pt, pc, cm, mm, in**.
Pourcentages	% de la **largeur** du bloc conteneur pour `min-width`, % de la **hauteur** du bloc conteneur pour `min-height`.
Héritage	*Non.*

Largeur et hauteur maximales

Les propriétés `max-width` et `max-height` limitent respectivement la largeur et la hauteur d'un bloc.

Tableau 6-8 Propriétés max-width et max-height

Propriétés	`max-width, max-height`
Exemples	`p { max-width: 80%; }` `#extraits { max-height: 200px; }`
Valeurs possibles	`none` : pas de limite (valeur par défaut) ou dimension (positive) : **taille relative** (conseillée) en **em, ex, %, px,** **taille fixe** en **pt, pc, cm, mm, in**.
Pourcentages	% de la **largeur** du bloc conteneur pour `max-width`, % de la **hauteur** du bloc conteneur pour `max-height`.
Héritage	*Non.*

Position des éléments

Chaque bloc peut être placé de différentes façons à l'intérieur de la page web : par rapport à d'autres blocs, ou bien à un endroit précis du bloc qui le contient, ou encore à un emplacement fixe sur la page.

Flux normal des éléments

À l'intérieur de chaque bloc, les éléments se placent au fur et à mesure, suivant le flux normal :

- les uns à la suite des autres pour les éléments en ligne :
  `<strong>`, `<em>`, `<span>`, `<img>`, ...
- les uns en dessous des autres pour les éléments de type bloc :
  `<p>`, `<div>`, `<h1>`, `<h2>`, ...

Dans le flux normal, les dimensions d'un bloc sont les suivantes :

- **Largeur par défaut** = largeur disponible dans le bloc conteneur ;
- **Hauteur par défaut** = celle du contenu, 0 si le bloc ne contient rien.

Les blocs qui se succèdent dans le flux normal sont séparés entre eux par leurs marges extérieures, ces marges étant fusionnées entre deux blocs consécutifs.

Principe du positionnement des blocs

Seuls peuvent être positionnés les blocs de texte et les éléments « remplacés », comme les images. Pour positionner des éléments en ligne, il faut les transformer en blocs à l'aide de la propriété `display: block;`

Par positionnement, les blocs peuvent être :

- juxtaposés,
- fixés par rapport à la position de leur bloc conteneur,
- ou encore fixés par rapport à la page.

Le positionnement nous permet de superposer les blocs, comme des *calques*. D'ailleurs, ce nom de « calque » est parfois donné à la balise `<div>`, qui est souvent utilisée comme bloc conteneur.

Si les blocs qui sont au premier plan ont un fond transparent (valeur par défaut de la couleur de fond), les blocs situés en dessous restent visibles.

Il est possible de choisir la position des blocs et de modifier leur ordre vertical de superposition, à l'aide de la propriété `z-index` que nous étudierons plus loin.

Types de position possibles

Un bloc peut être positionné de façon **normale, relative, absolue, fixe** ou **flottante**. Nous allons préciser ici à quoi correspondent ces différents types de positionnement.

Position normale

Lorsque sa position n'est pas précisée, un bloc se place dans le *flux normal* de la page web.

Position relative, absolue ou fixe

Il est possible de placer un élément en indiquant un *décalage* (en haut, en bas, à gauche, à droite) :

- par rapport à sa position dans le flux normal : c'est la « position relative » (propriété `position: relative;`) ;
- par rapport au bloc conteneur : c'est la « position absolue » (propriété `position: absolute;`) ;
- par rapport à l'écran : c'est la « position fixe » (propriété `position: fixed;`).

Dans chacun de ces trois cas, il faut indiquer un ou deux décalage(s) :

- un premier décalage à partir du haut (par exemple : `top: 2px;`) ou du bas (par exemple : `bottom: 10%;`) ;
- un deuxième à partir de la gauche (par exemple : `left: 5em;`) ou de la droite (par exemple : `right: 50px;`).

Position flottante

Un élément peut enfin être déclaré « flottant » à gauche ou à droite, avec la propriété `float` qui s'écrit alors respectivement `float: left;` ou `float: right;`

Le bloc est placé le plus à gauche ou le plus à droite possible, tout en gardant sa position verticale dans la boîte de son conteneur.

Le contenu qui suit encadre alors cette boîte flottante, comme le montre la figure 6-2. S'il y a plusieurs éléments flottants, ils s'alignent côte à côte, avec retour à la ligne automatique lorsque le bord du bloc conteneur est atteint.

FIGURE 6-2 *Le bloc de texte sur fond gris et l'image sont flottants à gauche. Le texte qui suit habille ces deux blocs.*

IMPORTANT

Hauteur d'un bloc qui contient des éléments flottants

La dimension d'un bloc conteneur ne prend pas en compte celle des éléments flottants qu'il contient : les blocs flottants débordent de leur conteneur.

Le bloc qui suivra risque donc de se superposer aux éléments flottants ou de se trouver à côté d'eux, comme le montre la figure 6-3. Pour éviter cela, il suffit d'attribuer au deuxième bloc la propriété `clear: both;` qui interdit la présence d'éléments flottants sur le côté (nous étudierons cette propriété plus loin).

FIGURE 6-3 *Les blocs flottants peuvent déborder de leur conteneur.*

Utilisation des différents types de positionnement

Voici en résumé la façon d'utiliser les différents positionnements disponibles en CSS.

 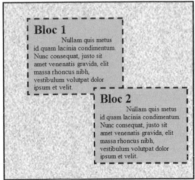

Figure 6-4 *À gauche, les blocs 1 et 2 sont dans le flux normal de la page ; à droite, ces deux blocs sont placés en positionnement absolu à l'intérieur de la page.*

Élément dans le flux (position normale)

- Soit aucune propriété de positionnement, soit `position: static;`
- Ce type de positionnement est à utiliser aussi souvent que possible.
- Les blocs sont affichés les uns sous les autres, les éléments en ligne sont placés côte à côte.

Position relative

- Propriété `position: relative;`
- Pour décaler ou superposer un élément par rapport à ses « frères ».

Position absolue

- Propriété `position: absolute;`
- Pour découper la page en zones, sans utiliser de tableaux.
- Pour disposer à un endroit précis un menu, un encadré, une image...

Position fixe

- Propriété `position: fixed;`
- Pour conserver en permanence un élément à l'écran (il ne bouge pas lors du défilement).
- Pour éviter l'utilisation de cadres (balise `<frame>` ou `<iframe>`).

> **ATTENTION Les blocs positionnés en absolu, en fixe ou en flottant sortent du flux**
>
> Mis à part les éléments positionnés en relatif, pour lesquels il n'y a qu'un décalage par rapport à leur position initiale, tous les éléments positionnés d'une autre manière – donc en absolu, en fixe ou en flottant – « sortent du flux ».
>
> Cela entraîne ce que nous avons noté précédemment dans le cas des blocs flottants : si un bloc ne contient que des éléments positionnés, sa hauteur est nulle, donc la suite de la page remonte comme si le bloc précédent n'existait pas.
>
> La solution consiste à préciser une hauteur pour le bloc conteneur, ce qui nécessite de connaître la hauteur du ou des blocs qu'il contient et qui seront positionnés.
>
> Lors de la conception de nos pages, gardons ce point à l'esprit pour éviter de voir, après le positionnement de nos blocs, des éléments se superposer ou d'autres disparaître !

Élément flottant

- Propriété `float: left;` ou `float: right;`
- Pour placer des éléments côte à côte, en fonction de la place disponible dans la fenêtre d'affichage ou le bloc conteneur.
- Pour habiller une image par du texte, pour une galerie d'images ou une suite de menus...

Type de positionnement d'un bloc

Au cours des exemples précédents, nous avons rencontré plusieurs fois la propriété `position` qui, comme son nom l'indique, définit un type de position pour l'élément concerné.

IMPORTANT **Remarques pour la position absolue**

Un bloc positionné se place par rapport au bloc qui le contient (son conteneur), mais **seulement si celui-ci est lui-même positionné**, que ce soit en position relative ou absolue.

Si ce n'est pas le cas (conteneur dans le flux ou flottant), le bloc à positionner remonte de parent en parent jusqu'au premier bloc positionné (jusqu'à `<body>` s'il n'y en a pas) et se place par rapport à lui. Pour placer en position absolue un bloc dans un autre, il est donc important de vérifier si le conteneur est lui-même positionné. Si ce n'est pas le cas, il faut donner à ce bloc conteneur une position relative avec un décalage nul, ce qui ne modifiera pas sa position.

TABLEAU 6-9 **Propriété position**

Propriété	`position`
Exemples	`p.note {position: relative; left: -5px;}` `#menu {position: absolute; top: 0; right: 10%;}`
Valeurs possibles	`static` : positionnement dans le flux normal (valeur par défaut). `relative` : décalage par rapport à la position dans le flux. `absolute` : positionnement par rapport au bloc conteneur. `fixed` : positionnement par rapport à l'écran.
Héritage	*Non.*

Décalages indiquant la position d'un bloc

Le positionnement utilise les décalages `top` (haut), `bottom` (bas), `left` (gauche) et `right` (droite).

TABLEAU 6-10 **Propriétés top, bottom, left et right**

Propriété	`top, bottom, left, right`

Exemples	`p.note { position: relative;`
	`            top: 5px; left: 10px;}`
	`div.menu { position: absolute;`
	`            top: 30%; right: 20%;}`
	`#remarque {position: relative; top: 2em;}`

TABLEAU 6-10 Propriétés top, bottom, left et right (suite)

Valeurs possibles	`none` : pas de décalage (valeur par défaut), **valeur relative** (conseillée) en **em, ex, %, px**, **valeur fixe** en **pt, pc, cm, mm, in**.
Héritage	*Non.*

À NOTER **Décalages top, bottom, left et right**

- Les valeurs négatives sont possibles pour top, bottom, left et right.
- Si top et bottom sont spécifiés simultanément, seul top est pris en compte.
- Si left et right sont spécifiés simultanément, seul left est pris en compte.

Niveau d'empilement des blocs

Lorsque plusieurs blocs sont superposés, ils s'empilent suivant l'ordre de leur arrivée dans le code HTML. Cet arrangement peut toutefois être modifié, grâce à la propriété z-index.

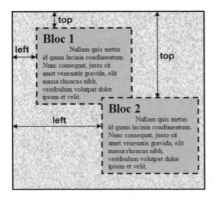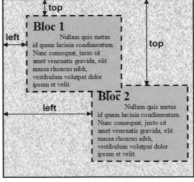

FIGURE 6-5 *Les blocs 1 et 2 sont positionnés ici par rapport aux limites haute et gauche de leur bloc conteneur ; à droite, le bloc 1 a un niveau d'empilement z-index plus élevé que le bloc 2.*

TABLEAU 6–11 Propriété z-index

Propriété	z-index
Exemples	ul.menu { position: relative; z-index: 10; } #logo {position: absolute; top: 0; z-index: -5;}
Valeurs possibles	auto : même niveau d'empilement que la boîte parent (valeur par défaut) ou **nombre entier** positif, nul ou négatif.
Héritage	*Non.*

IMPORTANT **Utilisation de la propriété z-index**

- La propriété z-index n'est prise en compte que lorsqu'elle s'applique à un bloc qui est positionné, bien que certaines versions de navigateurs l'acceptent sans autre formalité. Si ce n'est pas le cas, le bloc concerné peut être positionné tout en conservant son emplacement : il suffit de lui donner une position relative, sans décalage.
- Plus la valeur de z-index est élevée, plus le bloc se trouve en haut dans la superposition des blocs.
- La transparence du fond (valeur par défaut de background-color) permet de voir le contenu des boîtes situées plus bas dans la superposition.

Transformation en bloc flottant

La propriété position ne permet pas d'effectuer le positionnement flottant d'un bloc, c'est la propriété spécifique float qui est utilisée pour cela.

TABLEAU 6–12 Propriété float

Propriété	float
Exemples	img.vignettes { float: left; } div.infos { float: right; }
Valeurs possibles	none : pas de flottement (valeur par défaut), left : élément flottant calé à gauche, right : élément flottant calé à droite.
Héritage	*Non.*

Pas d'éléments flottants sur le côté

Lorsqu'un élément est flottant, le contenu qui le suit dans le code HTML va se trouver à côté de celui-ci, si la place disponible le permet : c'est ainsi qu'une image flottante peut être « habillée » par du texte.

Pour obliger le navigateur à afficher un contenu à la ligne, sous le plus bas des éléments flottants, il faut le lui préciser en attribuant à cet élément la propriété `clear`.

TABLEAU 6-13 Propriété clear

Propriété	clear
Exemples	`h1 { clear: both; }` `.remarque { clear: left; }`
Valeurs possibles	`none` : éléments flottants autorisés à gauche et à droite (valeur par défaut), `left` : pas d'élément flottant sur la gauche, `right` : pas d'élément flottant sur la droite. `both` : aucun élément flottant, ni à gauche, ni à droite.
Héritage	*Non.*

Affichage ou non d'un élément

La propriété `visibility` permet de masquer occasionnellement un élément tout en réservant dans la page la place qu'il occuperait normalement, donc sans perturber la mise en page.

TABLEAU 6-14 Propriété visibility

Propriété	visibility
Exemple	`.note { visibility: hidden; }`
Valeurs possibles	`visible` : l'élément est visible (valeur par défaut), `hidden` : l'élément est masqué, mais il occupe toujours le même espace dans la page, `collapse` = `hidden`, sauf dans les tableaux, où l'espace est libéré lorsqu'il s'agit d'une ligne entière ou d'une colonne entière.
Héritage	*Non.*

Affichage des débordements

Lorsqu'un contenu déborde du bloc dans lequel il est inclus, il peut être visible, masqué ou accessible par une barre de défilement, suivant la valeur attribuée à la propriété `overflow`.

TABLEAU 6–15 Propriété overflow

Propriété	overflow
Exemples	`p { overflow: scroll; }` `#cadre1 { overflow: hidden; }`
Valeurs possibles	`visible` : le débordement est visible (valeur par défaut), `hidden` : le débordement est masqué, `scroll` : affichage dans tous les cas d'une barre de défilement, qui permettra l'accès à un débordement éventuel, `auto` : une barre de défilement apparaît, mais seulement en cas de débordement.
Héritage	*Non.*

Zone visible d'une boîte

Appliquée à un bloc, la propriété `clip` permet d'y définir un rectangle qui en sera la zone visible. Ce rectangle sera déterminé grâce à des valeurs de décalage à partir des bords du bloc. Il pourra être plus grand que le bloc si ces valeurs sont négatives (débordement) et constituera un « rognage » si ces décalages sont des nombres positifs.

> À NOTER **Rectangle visible défini avec la propriété clip**
>
> Lorsque la propriété `clip: rect(top, right, bottom, left)` ; définit un rectangle visible, le contenu qui se trouve en dehors de la zone définie est considéré comme un débordement. Il est donc traité suivant la valeur de la propriété `overflow` : par défaut, le débordement est visible.
>
> Dans l'expression `rect(top, right, bottom, left)`, les décalages `top`, `right`, `bottom` et `left` peuvent être exprimés en taille relative (conseillée) : em, ex, px, ou bien en taille fixe : pt, pc, cm, mm, in.

TABLEAU 6-16 Propriété clip

Propriété	`clip`
Exemples	`p { clip: rect(10px 20px 5px 15px); }` `p#cadre2 { clip: rect(0 2em 2em 5em); }`
Valeurs possibles	`auto` : la zone visible est la boîte entière (valeur par défaut) ou `rect(top, right, bottom, left)` : la zone visible est un *rectangle* défini par les quatre valeurs entre parenthèses. Ces valeurs indiquent des décalages par rapport aux côtés respectifs de la boîte (valeurs possibles pour chacun d'eux : `auto` qui équivaut à 0, valeur positive, valeur négative).
Héritage	*Non.*

Changement de type d'élément

Chaque élément de la page fait partie d'une catégorie, comme les éléments en ligne, les blocs, etc. Cependant, il est parfois nécessaire de changer le type d'un élément.

Par exemple, pour appliquer à un élément en ligne (par exemple, un lien) une propriété liée aux blocs, il faut d'abord le transformer en bloc. C'est ce que permet la propriété `display`.

TABLEAU 6-17 Propriété display

Propriété	`display`

Exemples	`p.secret { display: none; }`
	`.cellule { display: table-cell; }`
	`span.bloc { display: block; }`

Valeurs possibles	`inline` : élément en ligne (valeur par défaut) `block` : bloc `list-item` : élément de liste `inline-block` : élément en ligne remplacé `run-in` : bloc ou élément en ligne, suivant le contexte `table` : tableau, `inline-table` : tableau en ligne `table-cell` : cellule de tableau, `table-row` : ligne de tableau, `table-column` : colonne de tableau

Tableau 6–17 **Propriété display**

	`table-caption` : titre de tableau `table-row-group` : groupe de lignes de tableau `table-column-group` : groupe de colonnes de tableau `table-header-group` : groupe d'en-têtes de tableau `table-footer-group` : groupe de pieds de tableau `none` : l'élément est invisible et ses dimensions sont nulles.
Héritage	*Non.*

À NOTER **Différence entre visibility: hidden; et display: none;**

Ces deux règles permettent de masquer un objet dans la page.

- Avec `visibility: hidden;` l'objet est masqué, mais occupe toujours la même place qu'auparavant dans la page.
- Avec `display: none;` l'objet devient invisible également, mais sa place n'est plus réservée sur la page (aucune boîte n'est générée).

Délimitation des blocs

Même en voyant la page web s'afficher à l'écran, il n'est pas toujours facile de comprendre la position et les dimensions des blocs qui la composent.

Il existe une méthode toute simple, mais qui rend d'immenses services, pour voir ces blocs à l'écran : il suffit de les délimiter par une bordure, en leur appliquant temporairement la propriété suivante :

```
border: 1px solid red;
```

Une fois ces blocs encadrés, comme le montre la figure 6-6, il est beaucoup plus facile de voir comment ils sont organisés entre eux, comment sont prises en compte les dimensions et les marges, quelles sont les différences d'interprétation entre deux navigateurs, etc.

Cette méthode peut être affinée par l'utilisation de couleurs d'encadrement variées pour les différents blocs, de façon à mieux les repérer.

A l'ombre du noisetier...

Cot ! Cot ! Cot!

Coin ! Coin ! Coin !

Ouah ! Ouah !	*une puce pique le chien*

Dans une prairie verte...

Meuh ! Meuh !

Groin ! Groin !

FIGURE 6–6 *Vous souvenez-vous du passage sur l'héritage, au dé0but de cet ouvrage ? Une fois les blocs encadrés, leur imbrication et leurs marges sont nettement visibles.*

ASTUCE **Informations sur les éléments d'une page web**

L'extension *Web Developer* (figure 6-7), disponible pour Firefox et Chrome, est une aide précieuse pour le concepteur web. Une de ses nombreuses fonctions permet d'entourer un élément de la page, par un simple clic sur celui-ci, en affichant des informations sur le code HTML et CSS associé à cet élément (raccourci *Ctrl+Maj+F* pour activer ou désactiver cette fonction). Cette extension (multilingue) et sa documentation (en anglais) sont disponibles à l'adresse :

▸ http://chrispederick.com/work/web-developer

Une description en français des principales fonctions de cette extension se trouve sur la page associée du site Framasoft, dédié aux logiciels libres :

▸ http://www.framasoft.net/article3825.html

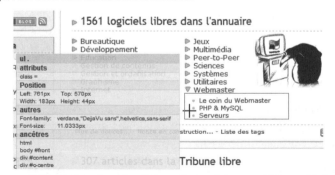

FIGURE 6–7 *Délimitation d'un bloc (ici une liste <ul>) avec affichage d'informations associées, à l'aide de l'extension Web Developer associée à Firefox (extrait du site www.framasoft.net)*

Exemples de positionnement

Pour comprendre les différents types de positionnement et leur utilisation, rien de tel qu'un exemple.

Il s'agit d'une page web complète, qui parle de nature et utilise tous les types de positionnement : un peu de fraîcheur et beaucoup d'explications !

Voici le code de cette page, dont la feuille de style sera expliquée en détail par la suite et qui produit le résultat montré par la figure 6-8.

```
<!DOCTYPE html PUBLIC "-//W3C//DTD XHTML 1.0 Strict//EN"
          "http://www.w3.org/TR/xhtml1/DTD/xhtml1-strict.dtd">
<html xmlns="http://www.w3.org/1999/xhtml" xml:lang="fr">
<head>
  <meta http-equiv="content-type"
        content="text/html; charset=utf-8" />
  <title>La nature : Fleurs et plantes</title>
  <style type="text/css">
  <!--
* { margin: 0; padding: 0; }

img#frise { display: block; ❶
            width: 100%; height: 30px; }

div#titre { background-color: skyblue; height: 60px;
            position: relative; } ❷
#titre img { position: absolute;
             top: 5px; left: 25%; ❸
             height: 50px; width: 40px; }
#titre h1, #titre h2 { margin: 0 auto; ❹
                       width: 200px; color: green; }
#titre h1 { background-color: khaki; } ❺
#titre h2 { position: relative;
            top: -10px; left: 50px; } ❻
h2#titre_fixe { position: fixed;
                top: 200px; left: 0; ❼
                width: 80px; padding: 20px;
                background-color: lightgreen;
                text-align: center;}
```

```
div#galerie { position: absolute;
             top: 90px; left: 120px;} ❽
#galerie img { margin: 20px; width: 200px; height: 230px;
             border: solid 1px; float: left; } ❾
  -->
  </style>
</head>

<body>
  <img id="frise" src="nuages.jpg" alt="" title="" /> ❿
  <div id="titre"> ⓫
    <img src="arbre.gif" alt="logo arbre" title="" /> ⓬
    <h1>LA NATURE</h1> ⓭
    <h2>EN IMAGES</h2> ⓮
  </div>
  <h2 id="titre_fixe">Fleurs<br />et<br />plantes</h2> ⓯
  <div id="galerie"> ⓰
    <img src="img01.jpg" alt="Chêne"
         title="Chêne" />
    <img src="img02.jpg" alt="Pin"
         title="Pin" />
    <img src="img03.jpg" alt="Cognassier"
         title="Cognassier" />
    <img src="img04.jpg" alt="Palmier"
         title="Palmier" />
    <img src="img05.jpg" alt="Pommier"
         title="Pommier" />
    <img src="img06.jpg" alt="Saule"
         title="Saule" />
  </div>
</body>

</html>
```

FIGURE 6-8 *Affichage de notre code exemple. Les illustrations proviennent du site* www.wikipedia.org.

Image du haut (nuages)

Cette image ❿ a été insérée avant le bloc `<div id="titre">` (bandeau uni contenant le titre principal) pour différencier, du point de vue du positionnement, le haut de l'élément `<body>` (haut de la page) et le haut de ce bloc `<div>`. Cela nous permettra de faire apparaître un détail à ne pas oublier, pour le positionnement de l'arbre.

> À NOTER **Suppression de l'espace vertical sous une image**
>
> Un espace vertical apparaissait initialement sous l'image; pour le faire disparaître, il a fallu déclarer cette image comme bloc: `display: block` ❶.

Image de l'arbre en position absolue

La figure 6-9 montre les modifications apportées à la position du logo en forme d'arbre, qui correspond à l'image ⓬.

1 Initialement, l'arbre est positionné dans le flux. Il se place en haut de son bloc conteneur (dont le contenu est centré par une propriété de style). Le bloc suivant (titre de niveau 1 « La nature » ⓭) est placé en dessous.

2 Cette image d'arbre est positionnée en absolu, par la règle ❸ :

```
#titre img { position: absolute; top: 5px; left: 25%; }
```

Tant que le bloc parent `<div id="titre">` n'est pas lui-même positionné, la position de l'arbre est calculée à partir du bloc `<body>`, c'est-à-dire du début de la page.

3 Il nous faut donc ajouter la règle `div#titre { position: relative; }` ❷ pour positionner ce bloc parent. La position de l'arbre est alors calculée à partir des limites du bloc `<div id="titre">` ⓫ qui le contient.

1 Arbre dans le flux normal

⇩

2 Arbre positionné dans `<body>`

⇩

3 Arbre positionné dans son conteneur

Figure 6–9 *Les différentes étapes du positionnement de l'arbre*

Sous-titre « En images » en position relative

Sur la figure 6-10 apparaissent le titre « La nature » ⑬ et le sous-titre « En images » ⑭ de la page.

Dans la première image, ils sont affichés dans le flux normal. Le sous-titre se place en dessous du titre principal, centré comme lui.

Grâce à un positionnement relatif du sous-titre « En images », il est possible de décaler celui-ci vers le haut et vers la droite, en utilisant la règle de style : `#titre h2 { position: relative; top: -10px; left: 50px; }` ⑥ qui produit :

- un décalage négatif à partir du haut, pour que le sous-titre chevauche le bloc contenant le titre « La nature » ;
- un décalage positif à partir de la gauche, pour décaler le sous-titre vers la droite.

Le résultat obtenu est visible sur la deuxième image de la figure 6-10.

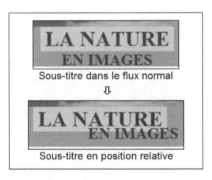

FIGURE 6–10 *Décalage relatif du sous-titre par rapport à sa position normale*

Centrage horizontal du titre

Le centrage horizontal des blocs `<h1>` ⑬ et `<h2>` ⑭ qui contiennent le titre « La nature » et le sous-titre « En images » s'effectue à l'aide de la règle :

```
#titre h1, #titre h2 { margin: 0 auto; } ④
```

Titre latéral fixé sur l'écran

Le titre « Fleurs et plantes » ⓯, qui se trouve à gauche de la page, doit rester visible et à la même position sur l'écran, même lorsque la page défile. La figure 6-11 illustre ce mécanisme.

Nous utiliserons pour ceci la règle suivante :

```
h2#titre_fixe { position: fixed; top: 200px; left: 0; } ❼
```

FIGURE 6-11 *Le titre « Fleurs et plantes » reste fixe lors du défilement de la page.*

Position absolue pour la galerie d'images

Le bloc ⓰ qui contient toutes les images doit se juxtaposer au titre latéral « Fleurs et plantes » ⓯. Nous allons le placer en utilisant la technique du positionnement absolu ❽ :

```
div#galerie { position: absolute; top: 90px; left: 120px; }
```

Les décalages sont exprimés par rapport à l'élément parent de `<div id="galerie">` ⓰, donc par rapport à `<body>`. Les 90 pixels correspondent à la hauteur cumulée des deux blocs du haut (frise ❿ et bandeau de titre ⓫) et les 120 pixels à la largeur du bloc latéral « Fleurs et plantes » ⓯.

Le résultat se trouve sur la figure 6-12, où le bloc qui contient la galerie d'images est entouré de pointillés.

FIGURE 6-12 *Le bloc qui contient la galerie d'images est placé dans la page, en positionnement absolu.*

Images côte à côte en position flottante

Les images qui constituent le corps de la page sont alignées côte à côte, avec retour à la ligne automatique en fonction de la largeur de la fenêtre. C'est le positionnement flottant à gauche qui réalise cette fonction :

```
#galerie img { float: left; } ❾
```

Ce flottement s'effectue à l'intérieur du bloc conteneur, soit ici le bloc `<div id="galerie">` ⓰. La figure 6-13 montre bien que le nombre d'images par ligne s'adapte à la largeur de la fenêtre.

> PRÉCISION **Quelques efforts de présentation**
>
> Au départ, les images flottantes vont s'agglutiner les unes aux autres de façon peu esthétique. Pour une présentation harmonieuse, il faudra :
> - donner une taille homogène à toutes les images, en utilisant les propriétés `width` et `height` ;
> - régler les marges avec `margin` ou `padding`, pour espacer les images entre elles.
>
> Notez que des images en mode portrait et en mode paysage peuvent cohabiter dans un positionnement flottant si elles ont des marges différentes, de façon à former des blocs de dimensions homogènes : la somme taille + marge doit rester constante, en largeur comme en hauteur.

FIGURE 6-13 *Grâce au positionnement flottant, le nombre d'images sur chaque ligne s'adapte à la largeur de la fenêtre.*

À NOTER **Habillage d'une image**

Le positionnement flottant permet aussi d'habiller une image avec du texte, comme le montre la figure 6-14 : l'image du pingouin Tux est flottante à droite, elle est donc habillée par le texte qui la suit dans le code de la page.

> Lorem ipsum dolor sit amet consectetuer neque dui habitant Nulla justo. Cursus massa fermentum porttitor euismod pretium justo in iaculis est condimentum. Quam fringilla mollis wisi congue mauris laoreet Sed nulla id Praesent. Proin laoreet vel auctor ante nibh congue tellus ut id Pellentesque. Sit est pede a Vestibulum nec ac commodo consequat a at. Platea tempor lacinia at ut orci. Condimentum egestas velit morbi Nam quis at vel a volutpat sagittis. Id at consequat Nunc porttitor tincidunt Morbi risus rutrum elit semper. Nec et natoque tellus Curabitur Quisque id est ac augue Quisque. Ut sed pretium nec mattis ipsum facilisi et laoreet orci nunc. Odio massa venenatis habitant euismod felis hendrerit id laoreet.

FIGURE 6-14 *Image flottante à droite, habillée par le texte qui la suit.*

Centrage d'éléments à l'intérieur des blocs

Il est souvent nécessaire de centrer textes, images ou blocs, soit horizontalement, soit verticalement. Voici, de façon simple, comment procéder avec les feuilles de style.

Dans chaque cas, il faudra distinguer :

- le centrage des *éléments en ligne* (texte, images...), qui s'affichent les uns à la suite des autres ;
- le centrage des *blocs* (`<div>`, `<p>`, `<h1>`, ...), éléments qui se placent les uns sous les autres et qui n'utilisent pas les mêmes propriétés.

Centrage horizontal

Mieux vaut éviter la très vieille balise `<center>` (abandonnée depuis la version 4 du HTML !) ou les attributs `align= "center"` à l'intérieur des balises : bien qu'elles fonctionnent, ces méthodes sont à la fois obsolètes et déconseillées, car elles mélangent mise en forme et contenu de la page.

Centrage horizontal d'éléments en ligne

Pour centrer horizontalement un *texte* ou un *élément en ligne*, il suffit d'attribuer à son *bloc conteneur* la propriété suivante :

```
text-align: center;
```

Centrage horizontal de blocs

Le centrage horizontal d'un *bloc* à l'intérieur de son conteneur consiste à lui attribuer des marges identiques à gauche et à droite, en utilisant les propriétés suivantes :

```
margin-left: auto; margin-right: auto;
```

> À NOTER **Largeur du bloc à centrer**
> Pour que le centrage horizontal change quelque chose à l'affichage, il faut bien sûr que le bloc à centrer soit plus étroit que son bloc conteneur (par la définition d'une largeur `width`, s'il comporte plusieurs lignes de texte).

Centrage vertical

Là, il n'y a aucun risque d'utiliser une balise périmée, car il n'en existe pas en HTML pour centrer verticalement ! Il faudra utiliser plusieurs propriétés pour placer l'élément au milieu de son conteneur.

Centrage vertical d'éléments en ligne

Pour centrer verticalement un élément en ligne, il faut déclarer une *hauteur de ligne* égale à la hauteur de l'élément. Exemple :

```
p.milieu { height: 150px; line-height: 150px; }
```

À NOTER **Centrage d'éléments comprenant plusieurs lignes**
La technique précédente ne fonctionne que si les éléments à centrer tiennent sur une seule ligne.
Pour un élément à centrer verticalement qui comporte deux ou plusieurs lignes, la méthode suivante est applicable :
Code HTML
```
<span>texte sur une ligne</span>
<span class="sur2lignes">texte plus long,<br />
                    sur deux lignes</span>
```
Code CSS
```
span { height: 2em; line-height: 2em; }
span.sur2lignes { line-height: 1em; }
```
Cette technique est généralisable à un nombre quelconque de lignes, avec `line-height` = `height` / `nombre de lignes`.

Centrage vertical de blocs

Le bloc à centrer verticalement doit évidemment avoir une hauteur inférieure à celle de son conteneur.

Le centrage vertical d'un bloc utilise le principe suivant, qui est illustré par la figure 6-15 :

- Le haut du bloc à centrer est d'abord placé au milieu de son conteneur, en position absolue à 50 % du haut du bloc conteneur.
- Une marge de valeur négative est alors appliquée en haut du bloc ; elle représente la moitié de la hauteur de l'élément à centrer.

ATTENTION **Le bloc conteneur doit être positionné**
Étant donné que le bloc à centrer verticalement est placé en position absolue à l'intérieur de son conteneur, il faut songer que ce bloc conteneur doit être lui-même positionné. Si ce n'est pas le cas, il faudra lui attribuer la propriété `position: relative;`.

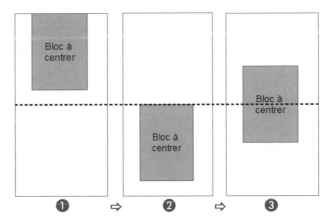

FIGURE 6–15 ❶ *Position initiale du bloc à centrer ;* ❷ *le haut du bloc à centrer est placé au milieu du bloc conteneur ;* ❸ *une marge négative est appliquée en haut du bloc à centrer : la moitié de sa hauteur.*

Exemple de centrage vertical

Pour le conteneur

```
position: relative;
```

Pour le bloc à centrer

```
position: absolute;
top: 50%;
height: 140px;
margin-top: -70px;
/* - height/2 ; attention au signe moins */
```

> **VARIANTE Centrage horizontal d'un bloc**
> Cette méthode peut aussi être appliquée au centrage horizontal d'un bloc. Exemple :
> ```
> p { position: absolute;
>     left: 50%; width: 300px; margin-left: -150px;}
> ```
> Le bloc en question est placé au milieu de son conteneur à partir de la gauche. Ensuite, une marge négative lui est affectée à gauche, de la moitié de sa largeur.

Avec ces propriétés liées aux blocs et au positionnement d'éléments, nous avons à présent fini le tour des propriétés de style de base, communes aux CSS 2 et aux CSS 3, destinées à mettre en forme les pages web affichées à l'écran.

Peut-être auriez-vous aimé trouver ici certaines autres fonctions pour embellir vos pages... Ne vous inquiétez pas, le chapitre suivant vous propose d'aller plus loin en découvrant de nouvelles possibilités offertes par la norme CSS 3.

FIGURE 6–16 *Les pages web sont constituées de blocs. Ceux-ci sont nettement visibles dans cet exemple, extrait du site http://www.csszengarden.com/tr/francais (version « Par avion », par Emiliano Pennisi - http://www.peamarte.it/01/metro.html).*

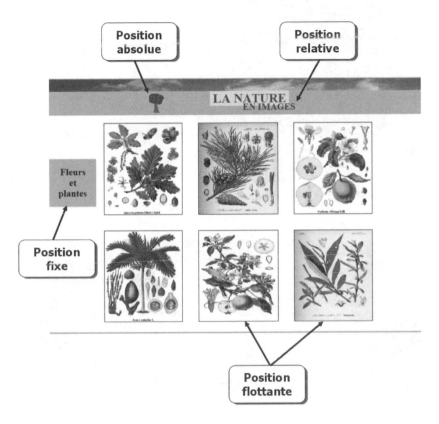

FIGURE 6-17 *Un résumé des différents types de positionnement, à partir de l'exemple « la nature en images »*

chapitre

7

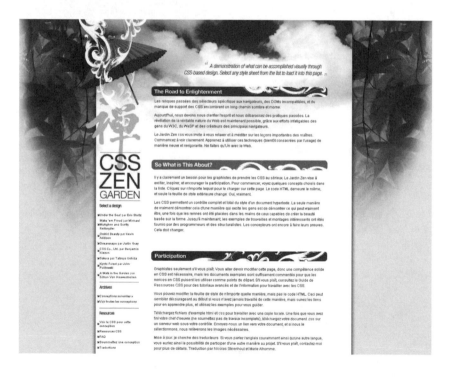

Principales nouveautés des CSS 3

Depuis l'arrivée des CSS 3 dans l'univers du Web, il est beaucoup plus facile de donner de l'allure à nos pages. Nous pouvons notamment créer des effets de mise en forme et d'animation très intéressants, sans avoir à utiliser d'images, ni de programmes en JavaScript.

SOMMAIRE

- ▶ Du relief pour nos pages
- ▶ Nouveaux types de sélecteurs
- ▶ Codes couleurs et niveaux de transparence
- ▶ De nouveaux effets pour le texte
- ▶ Des bordures plus variées
- ▶ Couleurs et images de fond
- ▶ Multicolonnage
- ▶ Transformations géométriques
- ▶ Le Web s'anime en CSS 3
- ▶ Les CSS 3 : bientôt et déjà !

Les bases des feuilles de style que nous avons étudiées nous ont permis de mettre en forme nos pages en utilisant un codage clair et facile à mettre à jour. Il nous reste à progresser vers des styles graphiques plus évolués : cette possibilité nous est offerte très simplement, grâce aux nouveautés des CSS 3.

> ATTENTION **Normes en cours de préparation**
>
> Si alléchantes soient-elles, les normes CSS 3 sont encore en cours de finalisation, voire sur certains points à l'état de brouillon au moment de la parution de cet ouvrage. Il faut donc être patient et les utiliser petit à petit, en tenant compte de leur possible évolution et, bien sûr, de leur prise en compte progressive par les différents navigateurs. N'oublions pas non plus de conserver une compatibilité ascendante, pour que les internautes qui n'ont pas un butineur dernier cri puissent néanmoins consulter nos pages web.
>
> Parfois, les navigateurs implantent certaines propriétés avec un préfixe qui leur est propre, en attendant leur publication ou la stabilisation de leur syntaxe. Ces préfixes sont `-moz-` pour Mozilla Firefox, `-webkit-` pour les navigateurs utilisant ce moteur de rendu (Safari, Konqueror, Android, Chrome), `-o-` pour Opera et `-ms-` pour Internet Explorer, ainsi que le préfixe `-xv-` pour les propriétés audio avec Opera.
>
> Par exemple, s'il s'agit d'écrire la propriété créant des coins arrondis (que nous découvrirons plus loin), nous pourrons la répéter suivant plusieurs variantes, de façon à englober plusieurs versions de navigateur :
>
> ```
> -moz-border-radius: 20px;
> -webkit-border-radius: 20px;
> border-radius: 20px;
> ```
>
> Les propriétés utilisant un préfixe correspondent à des versions provisoires et peuvent présenter quelques différences avec la version définitive, celle qui n'a pas de préfixe. C'est pourquoi il est préférable d'écrire d'abord les propriétés accompagnées d'un préfixe, puis en dernier celle qui sera devenue « officielle » et qui n'a pas de préfixe.

Du relief pour nos pages

Une présentation plate n'est plus tellement au goût du jour. Il nous faut du relief, des ombres, des dégradés... pour que notre site ait de l'allure !

Tous ces effets, nous les réalisons avec un logiciel de traitement d'image. La durée de conception de nos beaux écrans en est considérablement allongée : il faut créer la forme, lui donner la bonne dimension, transférer le fichier et l'intégrer au contenu. À la balise image correspondante, il faut généralement appliquer une technique de positionnement dans la feuille de style. Lorsqu'il s'agit d'en modifier le contenu, il ne nous reste plus qu'à retourner dans notre logiciel de retouche pour modifier l'image, voire la recommencer...

Figure 7–1 *Pour obtenir un simple cadre arrondi, il faut des blocs imbriqués et plusieurs images (extrait du site* www.claffitte.fr*).*

Les effets d'animation, quant à eux, utilisent souvent la programmation en JavaScript, liée à des bibliothèques qu'il faut inclure dans les pages, ou bien la technologie propriétaire Flash, ce qui nécessite alors un logiciel de création spécifique.

Les nouvelles propriétés CSS 3 apportent une solution aux problèmes les plus courants de ce type. Ceci va nous éviter l'utilisation de bien des images et autres scripts : il suffira d'écrire une balise avec son contenu sous forme de texte, de lui associer une ou deux propriétés et le tour sera joué !

Voici donc les principales innovations que les CSS 3 nous offrent. Elles seront utilisables au fur et à mesure de leur prise en compte par les navigateurs, mais les plus modernes d'entre eux les reconnaissent déjà. Il faudra toutefois s'assurer que l'affichage des pages reste acceptable sur les anciennes versions de navigateurs.

Nouveaux types de sélecteurs

Avant d'explorer les propriétés de mise en forme, notons quelques nouveautés dans l'emploi des sélecteurs. Les CSS 2 permettaient déjà de sélectionner des éléments en fonction du contenu d'un de leurs attributs ou de leur imbrication dans un autre élément. Ces choix sont complétés et affinés, grâce à l'apparition de nouvelles conventions d'écriture.

Sélecteur de voisinage

Le tilde (~) indique le voisinage entre deux balises : cela signifie qu'elles ont le même bloc parent. Par exemple, pour ajouter une marge aux images qui côtoient une liste `<ul>`, il suffira d'écrire :

```
ul~img { margin: 15px; }
```

Sélection sur les attributs

Il est à présent possible de sélectionner des éléments en fonction d'une partie du contenu d'un de leurs attributs.

Attribut existant ou ayant une valeur donnée

Existence d'un attribut

Le simple nom d'un attribut, placé entre crochets, permet de tester son existence pour la balise HTML indiquée. Voici par exemple une règle de style qui écrit en vert tous les liens hypertextes du type `<a href="...">` mais pas les ancres `<a id="...">`, qui servent à repérer un paragraphe dans une page :

```
a[href] { color: green; }
```

Une des valeurs d'un attribut égale à la valeur proposée

L'attribut d'une balise peut être égal à un ensemble de mots séparés par des espaces, par exemple `class="note bulle"` ou `title="fleur jaune"`. Il est alors possible de tester la présence d'un mot parmi ceux qui composent l'attribut désigné. Ce test est différent de celui d'une valeur entière d'attribut, comme `img[src="logo.png"]` pour désigner toutes les images affichant le fichier `logo.png`. La syntaxe suit la même structure, le signe égal étant simplement précédé d'un tilde (~=) comme dans la règle qui suit :

```
p[title~="sport"] { font-style: italic; }
```

Seront ici écrits en italique les paragraphes possédant un attribut `title` dont la valeur contient le mot fourni, comme `<p title="sport">` et `<p title="sport nautique">`.

Valeur d'attribut exacte ou suivie d'un tiret

La syntaxe précédente, reprise cette fois avec une barre verticale précédant le signe égal (| =) sert à sélectionner les balises dont l'attribut est :

- soit exactement égal à la valeur donnée ;
- soit égal à cette valeur suivie d'un tiret (-) puis d'un contenu quelconque.

La mise en forme suivante :

```
p[class|="fr"] { color: blue; }
```

écrira en bleu les paragraphes :

```
<p class="fr"> ... </p>
<p class="fr-France"> ... </p>
<p class="fr-Canada"> ... </p>
```

mais n'affectera pas ces deux paragraphes :

```
<p class="français"> ... </p>
<p class="fr France> ... </p>
```

Attribut sélectionné sur une partie de son contenu

Attribut commençant par...

Le caractère chapeau (^) signifie « commence par ». Ainsi, la règle de style suivante :

```
a[href^="piscine"] { font-weight: bold; }
```

mettra en gras les balises `<a>` dont l'attribut `href` commence par le texte *piscine*, comme les deux suivantes :

```
<a href="piscine-ronde.html">
<a href="piscines-de-nage.html">
```

mais pas cette troisième :

```
<a href="petite-piscine.html">
```

Attribut se terminant par...

Le caractère dollar ($) veut dire « se termine par », comme dans la règle de style :

```
h3[title$="plage"] { color: blue; }
```

qui écrira en bleu les titres `<h3>` possédant un attribut `title` dont la valeur se termine par *plage*, comme dans cet exemple :

```
<h3 title="drap de plage">
<h3 title="jeu de plage">
```

mais pas celui-ci :

```
<h3 title="une plage tranquille">
```

Attribut contenant...

L'étoile (*) permet de rechercher une chaîne de caractères à l'intérieur de l'attribut spécifié. C'est pourquoi la règle de style suivante :

```
p[class*="rose"] { font-size="120%"; }
```

grossira les caractères des paragraphes `<p>` auxquels est attribuée une classe contenant le terme *rose*, comme les deux suivants :

```
<p class="plante rose promotion">
<p class="plante roseau">
```

mais pas ce dernier :

```
<p class="fleur tulipe jaune">
```

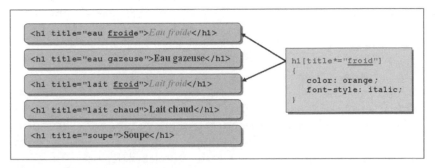

Figure 7-2 *En CSS 3, nous pouvons sélectionner des balises à partir d'une partie d'un attribut. Ceci permet d'utiliser moins de classes et le code s'en trouve allégé.*

Pseudo-classes

Les pseudo-classes servent à englober un certain nombre d'éléments qui ont un point commun. Nous connaissons déjà celles qui sont souvent associées aux liens hypertextes : `:link` (lien ordinaire), `:visited` (lien déjà visité), `:active` (lien actif) et `:hover` (élément survolé par le curseur de la souris).

Pour nous permettre de repérer plus aisément nos balises, sans avoir à leur attribuer des classes en surnombre, la norme CSS 3 ajoute quelques nouvelles pseudo-classes.

Élément ou attribut différent de...

La pseudo-classe `:not([attribut="..."])` sert à écarter les éléments qui n'ont pas l'attribut indiqué. Ainsi, les règles de style :

```
p:not([class="note"]) { font-family: Arial, sans-serif; }
a:not([class*="menu"]) { text-decoration: underline; }
```

écriront en police Arial tous les paragraphes `<p>`, sauf ceux de classe *note* `<p class="note">` et souligneront tous les liens `<a>` dont la classe ne contient pas le texte *menu*.

D'une manière plus générale, la pseudo-classe `:not(...)` peut être utilisée pour indiquer le contraire de tout sélecteur CSS. Par exemple, pour mettre sur fond blanc tous les éléments de la page sauf les titres `<h1>`, il faudra écrire :

```
:not(h1) { background-color: white; }
```

Dans cet autre exemple, la règle peut être formulée de différentes façons. Les deux règles qui suivent permettent d'écrire en gras toutes les ancres `<a>` servant de points de repère (du type `<a id="...">`) et ne correspondant pas à un lien hypertexte (donc différentes du type `<a href="...">`) :

```
a:not([href]) { font-weight: bold; }
:not(a[href]) { font-weight: bold; }
```

Pseudo-classes pour les éléments de formulaire

En ce qui concerne les formulaires, les CSS 2 acceptent déjà la pseudo-classe `:focus` permettant de repérer l'élément actif ou qui reçoit le curseur, et qui peut être combiné avec `:hover` (élément sélectionné et sur lequel passe le curseur de la souris) :

```
select:focus { background-color: yellow; }
select:focus:hover { background-color: orange; }
```

Les CSS 3 ajoutent quelques autres possibilités pour repérer certains états d'éléments de formulaire.

Éléments cochés

La pseudo-classe :checked permet de mettre en forme des cases à cocher et des boutons radio, une fois qu'ils sont validés par l'utilisateur. Par exemple, la règle de style qui suit les encadre en rouge dans ce cas :

```
input:checked { border: 1px solid red; }
```

Éléments activés ou désactivés

Les pseudo-classes :enabled et :disabled servent à repérer les éléments qui sont respectivement activés (état par défaut) ou désactivés (possédant l'attribut disabled). En voici deux applications pour des zones de texte à plusieurs lignes, avec un fond blanc pour celles qui sont activées et un fond gris lorsqu'elles sont désactivées :

```
textarea:enabled { background-color: white; }
textarea:disabled { background-color: gray; }
```

Distinction des éléments inclus dans un bloc

Dernier enfant d'un bloc

La pseudo-classe :last-child s'utilise comme celles existantes :first-child (premier enfant d'un bloc) ou p:first-child (tout paragraphe <p> qui est le premier enfant d'un conteneur). Comme son nom l'indique, la différence est qu'il s'agit du dernier enfant au lieu du premier. Par exemple, la mise en italique du dernier élément de chaque liste à puces <ul> et l'encadrement du dernier paragraphe <p> de chaque bloc <div> s'écrivent respectivement :

```
ul :last-child { font-style: italic; }
div p:last-child { border: solid 1px; }
```

Notez que cette dernière règle de style encadrera aussi tous les paragraphes <p> qui sont chacun le dernier élément d'une balise quelconque imbriquée dans un bloc <div>. Pour que ce soit le dernier paragraphe enfant *direct* de chaque bloc <div>, il faudrait écrire :

```
div p:last-child { ... }.
```

Premier ou dernier enfant d'un type donné

Pour repérer un élément qui est, à l'intérieur de son conteneur, le premier ou le dernier enfant d'un type donné, il existe deux pseudo-classes :first-of-type et :last-of-type.

Pour mettre en gras respectivement le premier et le dernier paragraphe <p> du bloc <div class="menu">, nous écrirons :

```
div.menu p:first-of-type { font-weight: bold; }
div.menu p:last-of-type { font-weight: bold; }
```

Dans le premier cas, il se peut que le paragraphe en question ne soit pas le premier enfant de ce bloc <div>, mais c'est le premier enfant qui est un paragraphe <p>. De même pour l'autre exemple, le dernier enfant de type <p> n'est pas nécessairement le dernier enfant tout court.

Unique enfant dans un bloc

Deux pseudo-classes servent à repérer un enfant unique dans un conteneur : :only-child si c'est absolument le seul enfant de ce conteneur, :only-of-type si c'est le seul enfant qui est du type indiqué.

Par exemple, les règles de style suivantes donnent un fond gris à un paragraphe <p> contenu dans un bloc <div> :

```
div p:only-child { background-color: gray; }
div p:only-of-type { background-color: gray; }
```

La première règle concernera tout paragraphe <p> inclus dans un bloc <div> qui ne contient pas d'autre enfant. La deuxième ligne attribuera au paragraphe ce fond gris si son conteneur `<div>` ne contient pas d'autre paragraphe `<p>`, ce bloc `<div>` pouvant néanmoins avoir d'autres enfants, comme une liste `<ul>` ou des images par exemple.

Éléments enfants comptés à partir du début

Deux pseudo-classes permettent de sélectionner un ou plusieurs éléments enfants d'un conteneur, en les comptant à partir du début, `:nth-child(...)` et `:nth-of-type(...)`. La première compte toutes les balises enfants du conteneur, alors que la deuxième ne dénombre que celles qui sont du type indiqué. Un exemple est plus simple à comprendre :

```
div#page p:nth-child(3) { color: green; }
form input:nth-of-type(5) { border: solid red 1px; }
```

La première ligne écrit en vert la troisième balise enfant du bloc `<div>` d'identifiant `page`, s'il s'agit d'un paragraphe, les deux balises enfants précédentes pouvant être d'un autre type que `<p>`. Si ce troisième enfant n'est pas un paragraphe `<p>`, cette règle n'a aucun effet.

En revanche, la deuxième règle encadre en rouge la cinquième des balises de type `<input>` contenues dans un formulaire `<form>` ; les balises d'un autre type que `<input>` ne seront pas comptées.

Éléments enfants comptés à partir de la fin

Les pseudo-classes `:nth-last-child(...)` et `:nth-last-of-type(...)` fonctionnent de la même manière que les deux précédentes `:nth-child(...)` et `:nth-of-type(...)`, mais en comptant les balises à partir de la fin.

Exemple de comptage à partir de la fin :

```
div p:nth-last-child(3) { background-color: gray; }
div :nth-last-child(3) { background-color: gray; }
ul#menu li:nth-last-of-type(2) { font-style: italic; }
```

La première règle de style affiche sur fond gris la troisième balise du bloc `<div>` en partant de la fin, si c'est un paragraphe `<p>`. La deuxième ligne effectue le même traitement, mais dans tous les cas, y compris si la troisième balise en partant de la fin du `<div>` est d'un autre type que `<p>` (par exemple, cela peut être une balise `<h3>`).

La troisième règle écrit en italique l'avant-dernière des lignes `<li>` d'une liste à puce `<ul>` d'identifiant `menu`.

> GÉNÉRALISATION **Valeurs et expressions calculées pour le comptage des balises**
>
> Les pseudo-classes qui comptent le nombre de balises enfants comme `:nth-child(...)`, `:nth-of-type(...)`, `:nth-last-child(...)` et `:nth-last-of-type(...)` acceptent différents types de valeurs entre les parenthèses :
>
> - Un nombre, pour indiquer le numéro d'enfant à sélectionner, en partant de 1.
> - Un mot-clé comme `odd` ou `even` qui signifient respectivement *impair* et *pair*.
> - Une expression calculée du type `an+b`, où `a` et `b` sont des nombres entiers et la lettre `n` s'écrit telle quelle : par exemple, `:nth-child(2n)` représente les enfants pairs (équivalent de `even`), `:nth-child(2n+1)` les enfants impairs (équivalent de `odd`), `:nth-child(10n)` les enfants des dizaines entières (numéros 10, 20, 30, etc.). Les nombres `a` et `b` sont des entiers qui peuvent être positifs, négatifs ou nuls.

1	2	3	4	5	6	7	8
9	**10**	11	12	13	14	15	16
17	18	19	**20**	21	22	23	24
25	26	27	28	29	**30**	31	32
33	34	35	36	37	38	39	**40**

FIGURE 7-3 *Mise en forme à partir du comptage d'éléments : les nombres impairs de ce tableau ont un fond de couleur, ceux correspondant aux dizaines entières sont en gras, écrits en rouge et de taille plus grande.*

Balises repérées par leur contenu ou leur fonction

Les CSS 3 proposent quelques pseudo-classes qui permettent de sélectionner des éléments en fonction de leur contenu ou de leur particularité dans la page.

Balises vides

Il s'agit de repérer les balises qui n'ont aucun contenu, à l'aide de la pseudo-classe :empty. Ainsi, la ligne suivante permettra d'annuler les marges des blocs <div> qui sont vides :

```
div:empty { margin: 0; padding: 0; }
```

Élément racine

Nous aurons peu l'occasion d'utiliser la pseudo-classe :root qui correspond à la racine des balises, car celle-ci est tout simplement l'élément <html>.

Ancre ou cible d'un lien

Un lien interne s'écrit suivant l'exemple <a hef="#sommaire"> qui sert à accéder directement à un bloc ayant l'identifiant indiqué, comme un titre <h2 id="sommaire"> ou une ancre <a id="sommaire">. Le lien peut également s'effectuer à partir d'une autre page, avec une forme comme celle-ci :

```
<a href="rapport.html#sommaire">Sommaire du rapport</a>
```

Dans les deux cas, le dièse (#) s'affiche dans la barre d'adresse du navigateur et l'élément en question se place en haut de l'écran (sauf s'il se trouve vers la fin de la page).

Pour repérer cet élément pointé par le symbole dièse (#) de la barre d'adresse, la pseudo-classe :target nous permet de lui donner une mise en forme spécifique :

```
h2:target { color: red; }
```

Dans cet exemple, le titre <h2> qui est la cible de l'adresse vient s'écrire en rouge.

Un autre exemple permet d'afficher l'image d'une flèche à gauche de ce titre :

```
h2:target:before { content: url(images/fleche.png) }
```

Ceci suppose bien sûr qu'un fichier nommé fleche.png se trouve placé dans le sous-dossier image.

Texte sélectionné

Écrite avec quatre points comme ::first-line, ::first-letter, ::before et ::after en CSS 2, la pseudo-classe ::selection permet d'attribuer une mise en forme au texte sélectionné :

```
::selection { color: red; }
h1::selection { background-color: yellow; }
```

La première règle de style affiche en rouge tout texte sélectionné dans la page, alors que la deuxième attribue un fond jaune à tout titre <h1> sélectionné, ou à une partie de ce titre s'il n'est que partiellement sélectionné.

Codes couleurs et niveaux de transparence

Les évolutions en matière de gestion des couleurs et particulièrement d'opacité constituent un grand bond en avant pour l'esthétique de nos pages : nous allons enfin pouvoir, très simplement, leur attribuer un degré de transparence.

Niveau d'opacité

En l'absence de normes universelles, l'utilisation du critère d'opacité nécessitait jusqu'ici des codes spécifiques à certains navigateurs. La nouvelle propriété opacity va permettre des effets de semi-transparence très intéressants, à partir d'éléments superposés.

Tableau 7–1 **Propriété opacity**

Propriété	opacity
Exemple	`div.pub { background-color: red;` `            opacity: 0.5; }`
Valeurs possibles	Nombre compris entre 0 (transparence totale) et 1 (aucune transparence – valeur par défaut). Attention : le séparateur décimal est le point.
Héritage	*Non.*

Codage RGBA des couleurs

Si le codage RGB des couleurs (*Red Green Blue*, soit en français RVB, pour *Rouge Vert Bleu*) est toujours utilisé, il en existe à présent une version amé-liorée intitulée RGBA. Le *A* désigne la couche *Alpha*, c'est-à-dire le niveau de transparence. Équivalent à l'opacité, il est donné de la même façon par une valeur comprise entre 0 (transparence complète) et 1 (opacité totale).

Utilisation du codage RGBA avec la propriété color

```
h1 { color: rgba(100%,0,0,1); }
h2 { color: rgba(0,0,100%,0.5); }
```

Dans cet exemple, les grands titres `<h1>` sont rouges et opaques, alors que les sous-titres `<h2>` sont bleus et translucides.

> RAPPEL **Valeurs possibles pour les couleurs**
> Les trois couleurs, donc les trois premiers paramètres à indiquer pour rgba(...), peuvent être codées de deux façons :
> • soit par des pourcentages compris entre 0 % et 100 % (sans espace entre le nombre et le signe %) ;
> • soit par des valeurs numériques allant de 0 à 255.
> Ces trois couleurs représentent respectivement la quantité de rouge (*red*), de vert (*green*) et de bleu (*blue*).

Pour bénéficier de cette couche Alpha tout en conservant une compatibi-lité avec les anciens navigateurs, il est utile d'effectuer deux déclarations de couleur, en utilisant d'abord `rgb(...)` puis `rgba(...)`, comme dans l'exemple suivant :

```
div { background-color: rgb(183,232,255); }
div { background-color: rgba(183,232,255,0.7); }
```

Ainsi, les navigateurs qui ne comprennent pas la deuxième ligne l'ignoreront, tandis que les butineurs modernes prendront en compte cette seconde déclaration, qui remplacera alors la première.

FIGURE 7-4 *Bien qu'elle ne soit pas héritée, la propriété opacity agit sur tout le contenu du bloc concerné (image du haut). Cependant, une propriété background-color intégrant un niveau de transparence n'affecte que la couleur de fond de ce bloc (image du bas).*

Codages HSL et HSLA des couleurs

Une nouvelle méthode pour coder les couleurs apparaît en CSS 3 : il s'agit du HSL (*Hue, Saturation, Lightness*, soit en français TSL comme Teinte, Saturation, Luminosité).

> PRÉCISION **Codage des couleurs en TSL (HSL en CSS 3)**
>
> Le codage RVB (RGB pour les CSS) est courant en informatique, tandis que le codage TSL (HSL pour le codage web) se rapproche de la perception humaine des couleurs :
> - La teinte représente la couleur, indiquée par un angle (en degrés) dans le cercle chromatique des couleurs : 0 = rouge, 60 = jaune, 120 = vert, 180 = cyan, 240 = bleu et 360 à nouveau rouge. Le symbole « degré » ne sera pas mentionné dans le code HSL.
> - La saturation est un pourcentage qui donne la pureté de la couleur choisie, du gris pour 0 % à la couleur la plus vive avec 100 %, et plus ou moins de mélange avec le gris entre ces deux valeurs.
> - La luminosité est également un pourcentage, où 0 % correspond au noir et 100 % au blanc.
>
> Le cercle chromatique des couleurs est décrit dans l'article suivant :
> ▸ http://fr.wikipedia.org/wiki/Cercle_chromatique

Ce codage HSL s'accompagne de sa variante HSLA, dans laquelle le *A* représente toujours la couche Alpha, donc le degré d'opacité compris entre 0 et 1.

Exemples de codages HSL et HSLA

```
p.remarque { color: hsl(320,100%,48%); }
ul.menu { background-color: hsl(251,73%,72%) }

h2 { background-color: hsla(39%,47%,77%,0.5); }
```

Les deux premiers exemples correspondent respectivement aux couleurs fuchsia et lavande. Pour le troisième, c'est une couleur sable avec un effet translucide, puisqu'il utilise un codage sous la forme `hsla(...)` au lieu de `hsl(...)` pour les deux premiers.

Une liste de couleurs et de leur codage sous différentes normes est disponible à l'adresse suivante : http://fr.wikipedia.org/wiki/Liste_de_couleurs.

De nouveaux effets pour le texte

Il était temps que nous puissions mettre un peu de fantaisie dans nos textes ! Nous n'aurons plus besoin d'inclure sous forme d'images des contenus écrits dans une police particulière ou avec un peu de relief.

Style d'écriture

De nouveaux styles et un choix plus large de police nous sont proposés en CSS 3. Ceci nous permettra une variété plus grande dans la conception de nos pages, tout en conservant la souplesse apportée par un contenu modifiable, plus pratique qu'une image.

Étirement des caractères

La propriété `font-stretch` permet de diminuer ou augmenter la largeur des lettres, avec comme valeurs principales `normal`, `condensed` (lettres étroites) et `expanded` (lettres élargies).

TABLEAU 7-2 **Propriété font-stretch**

Propriété	`font-stretch`
Exemples	`h1 { font-stretch: extended; }` `p.note { font-stretch: condensed; }`
Valeurs possibles	`normal` (valeur par défaut) ; Plusieurs niveaux de largeur de lettre, du plus étroit au plus large dans l'ordre : `ultra-condensed`, `extra-condensed`, `condensed`, `semi-condensed`, `normal`, `semi-expanded`, `expanded`, `extra-expanded`, `ultra-expanded`.
Héritage	Propriété *héritée*. Utiliser la valeur `normal` pour annuler l'héritage.

Une police originale avec @font-face

Comme nous l'avons vu précédemment, les polices de caractères qui s'affichent à l'écran sont celles présentes sur l'ordinateur de l'internaute qui consulte notre site. Ceci limite notre choix à une liste de polices extrêmement réduite, celles que possèdent toutes les configurations, même les plus basiques.

Pour égayer nos pages, la solution consistait jusqu'ici à créer des images, jusqu'à ce que la règle `@font-face` nous permette d'envoyer aux visiteurs la police de caractères utilisée. Il suffit de lui attribuer un nom et d'indiquer l'adresse où elle sera automatiquement téléchargée.

> NORME **Reconnaissance des standards**
>
> La règle `@font-face` existait déjà dans la norme CSS 2, puis elle a été retirée en CSS 2.1 avant de revenir avec les CSS 3. Le manque de standardisation vient principalement du fait que tous les navigateurs ne reconnaissent pas les mêmes types de fichiers de police. En particulier, Internet Explorer jusqu'à sa version 8 ne reconnaît qu'un format spécifique `.eot` (*Embedded Open Type*) et il est le seul, alors que les formats `.ttf` (*True Type Font*) et `.otf` (*Open Type Font*) sont plus largement répandus parmi les autres navigateurs. Il sera donc parfois utile de déclarer, pour une police donnée, plusieurs fichiers sources séparés par des virgules comme dans cet exemple :
>
> `src: url(mapolice.ttf), url(mapolice.eot)`
>
> Si le navigateur ne peut pas lire le format du premier fichier, il passera au deuxième.

Exemple de définition de police

```
@font-face {
    font-family: Bellepolice;
    src: url(http://www.monsite.fr/pol/mapolice.ttf);
}

p { font-family: Bellepolice, serif; }
```

Le nom de la police est au choix, ici il s'agit de *Bellepolice*. Il est à placer entre guillemets s'il comporte un ou plusieurs espaces. L'attribut `src` indique l'adresse Internet du fichier `mapolice.ttf` contenant les éléments de cette police.

La dernière ligne de cet exemple reprend ce nouveau nom de police dans la propriété `font-family`, pour l'appliquer à tous les paragraphes `<p>`.

FIGURE 7–5 *La fantaisie arrive dans les polices de caractères !*
(Extrait de la page http://www.alistapart.com/articles/cssatten)

Il faut noter qu'une police ainsi définie ne concerne qu'un seul type de mise en forme. Par exemple, il faudra trois autres fichiers pour pouvoir l'utiliser en gras, en italique, ou en gras et italique.

Déclaration complète d'une police de caractères

```
@font-face {
    font-family: Bellepolice;
    font-weight: normal;
    font-style: normal;
    src: url(/polices/mapolice.otf);
}
```

```
@font-face {
    font-family: Bellepolice;
    font-weight: bold;
    font-style: normal;
    src: url(/polices/mapolice-bold.otf);
}
@font-face {
    font-family: Bellepolice;
    font-weight: normal;
    font-style: italic;
    src: url(/polices/mapolice-italic.otf);
}
@font-face {
    font-family: Bellepolice;
    font-weight: bold;
    font-style: italic;
    src: url(/polices/mapolice-bolditalic.otf);
}
```

Les propriétés utilisables dans une règle @font-face sont les suivantes :

- font-family indique le nom donné à la police, nom qui sera employé dans la feuille de style.

- src:local(...), url(...) format("...") fournit le nom de la police locale, en l'absence de laquelle le navigateur prend le fichier défini par url(...) dont le format peut éventuellement être indiqué, avec comme valeurs possibles "woff" (*Web Open Font Format*, extension .woff), "truetype" (extension .ttf), "opentype" (extension .ttf ou .otf), "embedded-opentype" (extension .eot) ou "svg" (extension .svg ou .svgz).

- font-weight, font-style et font-stretch avec les valeurs de ces propriétés CSS, principalement normal et bold pour la première, normal et italic pour la deuxième, normal, condensed et extended pour la troisième.

- Quant à la propriété unicode-range, elle sera peu utilisée, donnant la panoplie de caractères disponibles sous forme de plage de codes, par défaut "U+0-10FFFF". Ceci permet d'indiquer, par exemple, si la police en question prend en charge des langues comme l'hébreu, le japonais, et autres caractères spéciaux.

@font-face pour une police locale

```
@font-face {
    font-family: Courier;
    src: local("Courier New");
}
p.exemple { font-family: Courier, monospace; }
```

Dans cet exemple, l'emploi de la forme `src=local(...)` sert à désigner une police qui existe sur l'ordinateur de notre visiteur, en lui donnant un nouveau nom : ici `Courier` au lieu de `"Courier  New"`, pour éviter l'emploi de guillemets en appelant cette police avec un seul mot.

> **ATTENTION Inconvénients des fichiers de polices**
>
> Si cette technique est intéressante pour rompre la monotonie de l'écriture un peu standardisée de nos pages, elle présente quelques inconvénients :
>
> - Si la taille d'un fichier de police est en général de quelques dizaines de kilo-octets, elle peut atteindre 200 à 300 Ko. Cette taille est à multiplier par quatre pour obtenir la version complète, incluant gras, italique et gras plus italique ensemble.
> - Suivant le système d'exploitation et le navigateur, une même police peut s'afficher de façon assez différente, et le lissage des grandes tailles de caractère sera de qualité variable. Il conviendra donc de tester plusieurs configurations avant de l'adopter.
> - La grande liberté de choix apportée par cette technique ne nous dispense pas d'être attentifs à la lisibilité de nos sites, ni de conserver une certaine homogénéité de nos pages : 2 à 3 polices maximum pour éviter de perdre le lecteur parmi trop de variétés d'écriture, chaque style étant supposé apporter un sens à son contenu.

Police à télécharger seulement si elle est inconnue

```
@font-face {
    font-family: Mistral;
    src: local(Mistral), url(/fonts/Mistral.ttf);
}
```

Si la police à utiliser n'est pas universelle mais assez connue, pourquoi obliger l'internaute à la télécharger ? Il l'a peut-être déjà sur son ordinateur ! C'est pourquoi la syntaxe de l'exemple ci-dessus permet de rechercher une police locale, et en propose le téléchargement lorsqu'elle n'est pas présente.

Notez que dans cet exemple, le fichier contenant la police se trouve sur le site lui-même, à une adresse donnée à partir de sa racine.

Ombrage du texte

Voici l'exemple typique d'un effet qui nécessitait jusqu'ici un logiciel de traitement d'image tel que Gimp, PhoXo, PhotoFiltre ou Inskcape : donner du relief à un texte, grâce à une ombre portée qui apparaît en arrière-plan. La propriété `text-shadow` va ombrer notre texte. Il suffira de lui indiquer le décalage horizontal et vertical nécessaire entre les lettres et leur ombre, ainsi que l'étendue du flou et la couleur de cette ombre.

TABLEAU 7-3 **Propriété text-shadow**

Propriété	`text-shadow`

Exemples	`h2 { text-shadow: 2px 2px 2px blue; }`
	`h1 { text-shadow: 3px -3px 3px yellow,`
	`              3px -6px 3px red; }`
	`p { text-shadow: none; }`

Valeurs possibles	`none` (valeur par défaut, aucun ombrage) ou quatre valeurs : - 1ᵉ valeur : **décalage en x** de l'ombre (positif = vers la droite) - 2ᵉ valeur : **décalage en y** de l'ombre (positif = vers le bas) - 3ᵉ valeur : **étendue du flou**, aucun flou si cette valeur est absente ou égale à 0 - couleur : **couleur de l'ombre** (code couleur ou mot clé) Plusieurs ombres peuvent être définies à la suite dans une même propriété `text-shadow`, séparées par des virgules : dans ce cas, les différents effets d'ombre se superposent. Les décalages sont des dimensions positives ou négatives. La couleur peut éventuellement être placée en première position.
Héritage	Cette propriété est héritée. Pour annuler l'ombrage, utilisez *none*.

FIGURE 7–6 *Apportez une touche de relief avec un text-shadow simple, ou bien « allumez le feu » avec un text-shadow multiple : à réserver aux titres !*

Présentation et ergonomie

Quelques propriétés nous permettent de modifier la présentation de certains éléments, ainsi que d'affiner la façon dont s'effectuent les coupures de lignes et de mots dans les paragraphes.

ERGONOMIE **Propriétés facilitant la navigation**

Des propriétés sont prévues pour faciliter la navigation à l'aide des flèches du clavier, améliorant ainsi l'accessibilité de nos pages. Elles ne sont pas encore comprises par la majorité des navigateurs, mais cela ne saurait tarder, espérons-le !

Le nom de ces propriétés commence toujours par `nav-` comme navigation :

- `nav-index` remplacera l'attribut `tabindex` pour indiquer l'ordre de tabulation, nombre entier supérieur ou égal à 1. La valeur 1 correspond au premier élément, le nombre 2 sera le suivant, etc. La valeur par défaut est `auto`, l'ordre utilisé pour les éléments correspondant à leur place dans le contenu de la page.
- Quatre propriétés gèrent les déplacements dans la page avec les quatre flèches du clavier, à partir de l'élément sélectionné. Ces propriétés `nav-up`, `nav-down`, `nav-left` et `nav-right` prennent chacune comme valeur un texte qui est l'identifiant d'un autre élément de la page. Lorsqu'est sélectionné l'élément ayant ces propriétés, appuyer sur les touches **haut**, **bas**, **gauche** et **droite** placera le focus sur l'élément repéré par l'identifiant indiqué.

L'utilisation des ces propriétés concernera principalement les formulaires et les liens hypertextes d'une page ou d'un menu.

Apparence d'un élément

Les CSS 3 nous permettent de donner à un paragraphe l'apparence d'un bouton, par exemple. Plus généralement, une élément HTML quelconque pourra prendre la forme d'un autre élément, grâce à la propriété `appearance`.

Tableau 7–4 Propriété appearance

Propriété	appearance
Exemples	`.valider { appearance: push-button; }` `.choix { appearance: radio-button; }`
Valeurs possibles	`normal` (valeur par défaut, pas de changement), type d'apparence comme : `button` (bouton), `push-button` (bouton ombré), `hyperlink` (lien hypertexte), `radio-button` (bouton radio), `checkbox` (case à cocher), `pop-up-menu` (liste déroulante), `list-menu` (liste d'options à choix multiple), `radio-group` (groupe encadré de boutons radios), `checkbox-group` (groupe encadré de cases à cocher), `field` (zone de saisie multiligne, de type `<textarea>`), `password` (zone de saisie à une ligne dont la saisie est sécurisée, comme une balise `<input>` de type `password`).
Héritage	*Non.*

Marqueur de ligne tronquée

Lorsqu'un texte doit tenir sur une seule ligne (propriété `white-space: nowrap;`) et qu'il dépasse la dimension prévue pour le bloc qui le contient, il est coupé brusquement. La propriété `text-overflow` permet d'adoucir cette coupure, en affichant automatiquement dans ce cas des points de suspension ou un autre contenu que nous aurons fourni.

TABLEAU 7-5 Propriété text-overflow

Propriété	text-overflow

Exemples	```.titre { width: 250px; overflow: hidden;```
	``` white-space: nowrap;```
	``` text-overflow: ellipsis;}```
	```.liste { text-overflow: ellipsis " etc."; }```

Valeurs possibles	1e valeur (type de coupure) : clip (valeur par défaut) : coupure brute du texte. ellipsis : affichage de caractères indiquant la coupure du texte (points de suspension par défaut) et coupure autorisée en milieu de mot. 2e valeur (facultative, texte indiquant la coupure) : *texte entre guillemets* : ce contenu marquera la coupure du texte, sa valeur par défaut étant les points de suspension.
Héritage	*Non.*

COMPLÉMENT
Propriétés text-overflow-mode et text-overflow-ellipsis
La propriété text-overflow est en fait un raccourci des deux propriétés text-overflow-mode et text-overflow-ellipsis, qui correspondent respectivement à la première et à la deuxième valeur indiquées pour text-overflow.

Coupure des mots trop longs

Lorsqu'un mot particulier possède une longueur plus grande que la largeur du bloc qui le contient, il déborde du cadre prévu s'il ne contient pas de tiret permettant une coupure. La propriété word-break autorise la coupure des mots trop longs, pour éviter ce cas de figure inesthétique.

Tableau 7–6 **Propriété word-break**

Propriété	`word-break`
Exemples	`body { word-break: break-all; }` `.expressions { word-break: hyphenate; }`
Valeurs possibles	`normal` (valeur par défaut) : coupure des mots autorisée uniquement sur les espaces et les tirets, `break-all` : coupure possible à n'importe quel endroit, pour les mots qui dépassent la largeur de leur conteneur, `keep-all` : texte entre guillemets : ce contenu précède la coupure du texte.
Héritage	*Propriété héritée.* Utiliser `normal` pour retrouver la valeur par défaut.

Des bordures plus variées

La mise en forme des blocs de texte n'a pas été oubliée par les CSS 3 : bordures fantaisies, ombres et arrondis sont de la partie !

Nouvelles lignes d'encadrement

La propriété `border-style`, que nous avons déjà évoquée et qui indique le type d'encadrement à appliquer, se voit attribuer trois nouvelles valeurs :

- `border-style: dot-dash;` alterne points et tirets ;
- `border-style: dot-dot-dash;` affiche deux points puis un tiret ;
- `border-style: wave;` crée une vague sous forme de trait ondulé.

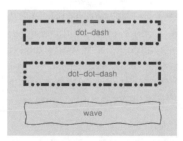

Figure 7-7 *Trois nouveaux styles d'encadrement, applicables à la propriété border-style.*
Source http://www.w3.org/TR/2005/WD-css3-background-20050216/#the-border-color.

Ces valeurs s'appliquent également aux déclinaisons de cette propriété qui concernent chacune des quatre bordures : `border-top-style`, `border-right-style`, `border-bottom-style` et `border-left-style`.

Extraite du site officiel www.w3.org, la figure 7-7 donne l'aspect de ces trois nouvelles formes. L'espacement des points et tirets pourra varier suivant les navigateurs, de même que la forme des coins.

Des images en guise de bordures

La nouvelle propriété `border-image` apporte un peu d'originalité dans nos encadrements, en utilisant une image de notre choix qu'elle répétera pour créer l'entourage.

TABLEAU 7-7 Propriété border-image

Propriété	`border-image`
Exemple	`h1 { border-image: url(moncadre.png)` `35% 35% 35% 35% round stretch; }`
Valeurs possibles	Soit `none` (valeur par défaut - pas de bordure image), soit plusieurs paramètres : 1) `url(..)` : fichier contenant l'*image d'un cadre* 2) Pour chaque partie du cadre (haut, droite, bas, gauche), la partie correspondante du cadre image à utiliser. Elle est exprimée par une dimension en pourcentage ou en pixels de cette image. Une à quatre valeurs peuvent être employées : une seule pour toutes les bordures, deux pour haut/bas et gauche/droite, quatre pour haut droite bas gauche. 3) Calibrage de la partie de l'image utilisée : `stretch` pour l'étirer, `repeat` pour une répétition simple, `round` pour une répétition en nombre entier de morceaux d'image. Si deux valeurs sont indiquées, la première s'applique aux bordures horizontales (haut et bas), la deuxième aux bordures verticales (gauche et droite).
Héritage	*Non.*

Pour que cette propriété `border-image` fonctionne correctement, il ne faudra pas oublier de donner une épaisseur suffisante à cette bordure avec la propriété `border-width`.

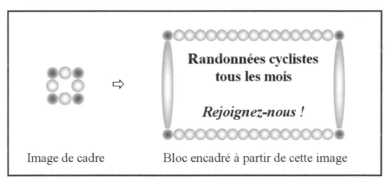

Figure 7-8 *Encadrement d'un bloc (à droite) à partir de l'image d'un cadre (à gauche). Le motif, extrait du site* http://www.w3.org, *est répété horizontalement et étiré verticalement.*

Enfin, des coins arrondis !

Pour obtenir des encadrés aux coins ronds, il fallait imbriquer plusieurs blocs et utiliser des morceaux d'image qui représentaient les coins. Le bloc rectangulaire à encadrer se trouvait au milieu, avec une couleur de fond identique aux coins.

Figure 7-9 *La couleur de fond suit l'arrondi, de même que la bordure, qu'il suffira de définir avec les propriétés habituelles.*

Elle était donc très attendue, cette propriété `border-radius` qui nous arrondit n'importe quel bloc en une seule ligne !

TABLEAU 7–8 **Propriété border-radius**

Propriété	border-radius
Exemple	`p.annonce { border-radius: 20px 30px;` `            background-color: yellow; }`
Valeurs possibles	Soit none (valeur par défaut, pas d'arrondi), soit une ou deux valeurs de longueur : **rayon vertical** et **rayon horizontal**. Si une seule valeur est fournie, ces deux rayons sont égaux.
Héritage	*Non.*

border-radius se décline pour chaque coin du rectangle à arrondir, qui pourra être traité séparément grâce des propriétés distinctes qui suivent la même syntaxe :

- border-top-right-radius : coin supérieur droit,
- border-bottom-right-radius : coin inférieur droit,
- border-bottom-left-radius : coin inférieur gauche,
- border-top-left-radius : coin supérieur gauche.

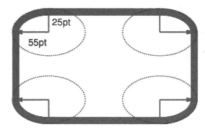

FIGURE 7–10 *Les rayons qu'il faut fournir à la propriété border-radius sont en fait le demi-axe vertical et le demi-axe horizontal de l'ellipse qui définit l'arrondi (extrait du site* www.w3.org).

Des ombres pour nos boîtes

Encore un effet bien utile qui n'était possible que par la création d'une image ou par une superposition de blocs : l'effet d'ombre, pourtant si esthétique autour des cadres à faire ressortir.

La propriété `box-shadow` nous sort d'affaire et va créer cette ombre. Les valeurs à lui attribuer sont les mêmes que celles de la propriété `text-shadow` vue précédemment (ombrage des caractères) : le décalage horizontal et vertical à créer entre le cadre et son ombre, puis l'étendue du flou de l'ombrage et sa couleur.

> Ecouter les autres, c'est encore la meilleure façon d'entendre ce qu'ils disent.
>
> *Pierre Dac*

FIGURE 7–11 *Quand les CSS 3 créent automatiquement des ombres, l'avenir s'éclaircit pour les concepteurs de pages web !*

TABLEAU 7–9 **Propriété box-shadow**

Propriété	`box-shadow`

Exemples	`ul { box-shadow: 2px 2px 2px green; }`
	`h1 { box-shadow: 3px -3px 3px violet,`
	`                3px -6px 3px blue; }`

Valeurs possibles	`none` (valeur par défaut, aucun ombrage) ou quatre valeurs : - 1e valeur : **décalage en x** de l'ombre (positif = vers la droite) - 2e valeur : **décalage en y** de l'ombre (positif = vers le bas) - 3e valeur : **étendue du flou**, aucun flou si cette valeur est absente ou égale à 0 - couleur : **couleur de l'ombre** (code couleur ou mot clé)
	Plusieurs ombres peuvent être définies à la suite dans une même propriété `text-shadow`, séparées par des virgules : dans ce cas, les différents effets d'ombre se superposent. Les décalages sont des dimensions positives ou négatives. La couleur peut éventuellement être placée en première position.
Héritage	*Non.*

Espacement pour encadrement double

La propriété CSS 2 `outline` permet de superposer une bordure à un élément, sans augmenter ses dimensions. Son utilisation reste assez confidentielle, car elle est proche de la propriété `border`.

La nouvelle propriété CSS 3 `outline-offset` permet l'association de ces deux premières propriétés de manière intéressante, car elle définit un espacement entre la bordure créée par `border` et celle affichée par `outline`. Ainsi, il devient possible de créer un double encadrement personnalisé, dans lequel les deux bordures peuvent avoir des épaisseurs, des couleurs et des styles différents.

TABLEAU 7–10 **Propriété outline-offset**

Propriété	`outline-offset`

Exemple	`div.titre { border: 2px dashed dimgray;`
	`            outline:4px solid red;`
	`            outline-offset: 5px; }`

Valeurs possibles	Dimension indiquant l'espacement entre la bordure créée par `border` et celle affichée par `outline` (valeur 0 par défaut).
Héritage	*Non.*

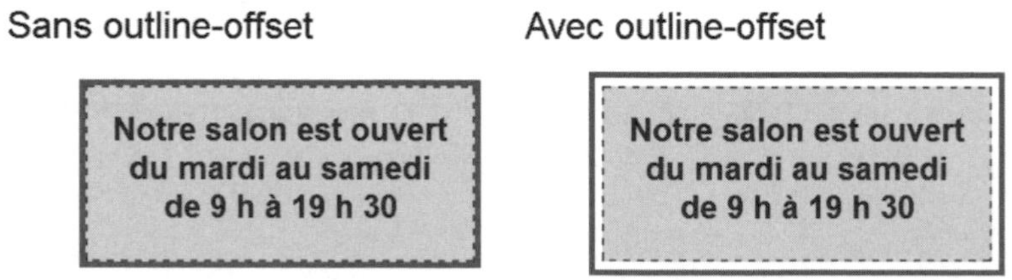

Sans outline-offset   Avec outline-offset

FIGURE 7–12 *Utilisation de la propriété outline-offset, combinée avec outline et border pour personnaliser un double encadrement.*

Dimensions des blocs

Dimensions globales des blocs

Les dimensions totales d'un bloc, d'une bordure à celle opposée, peuvent varier. En effet, lorsque la largeur width et la hauteur height d'un bloc sont définies, il faut ajouter les marges et l'épaisseur de la bordure pour savoir quelle sera sa taille finale. Par exemple, toute modification de la marge interne d'un bloc affecte ses dimensions finales.

C'est pourquoi la propriété box-sizing propose de fixer la largeur et la hauteur définies par width et height, les marges internes et les bordures étant alors déduites de celles-ci pour calculer la partie destinée au contenu. Dans ce cas, une modification de marge interne, par exemple, ne change pas la taille du bloc : c'est l'espace réservé au contenu qui varie.

TABLEAU 7–11 Propriété box-sizing

Propriété	box-sizing
Exemples	div.chapeau { box-sizing: border-box; width: 500px; height: 250px; } p { box-sizing: content-box; }
Valeurs possibles	content-box (valeur par défaut) : les dimensions width et height du bloc ne comprennent pas les marges internes padding ni l'épaisseur des bordures border-width. border-box : les valeurs fournies par les propriétés width et height indiquent la dimension totale du bloc jusqu'aux bordures incluses, incluant padding et border-width, mais pas les marges externes margin.
Héritage	Non.

Blocs de dimensions modifiables

La propriété resize autorise le redimensionnement avec la souris d'un bloc, lorsque sa propriété overflow a été fixée (gestion des débordements du texte).

En pratique, le navigateur affiche un coin strié en bas à droite du bloc, sur lequel le curseur de la souris peut agir pour modifier les dimensions du rectangle, comme le montre la figure 7-13. Il est possible d'autoriser le redimensionnement en largeur, en hauteur ou les deux.

TABLEAU 7–12 **Propriété resize**

Propriété	`resize`
Exemple	`div { border: solid 1px; overflow: auto;` `    resize: both; }`
Valeurs posibles	none (dimensions fixes, valeur par défaut), both (largeur et hauteur modifiables), `horizontal` (largeur seule modifiable), `vertical` (hauteur seule modifiable).
Héritage	*Non.*

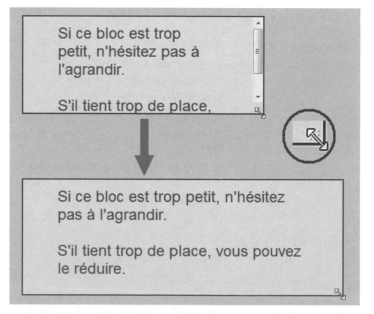

FIGURE 7-13 *Modification des dimensions d'un bloc avec la souris, grâce à la propriété resize.*

Couleurs et images de fond

Certaines nouvelles propriétés CSS 3 apportent quelques fonctions supplémentaires pour améliorer le rendu des couleurs et l'utilisation des images de fond.

Plusieurs images d'arrière-plan

Tout d'abord, il sera possible de déclarer plusieurs images de fond à l'aide de la propriété `background-image` ou du raccourci `background`, comme dans ces deux règles qui sont équivalentes :

```
background-image: url(logo.png), url(texture.jpg);
background: url(logo.png), url(texture.jpg);
```

La première image déclarée se trouvera « au premier plan de cet arrière-plan », la deuxième en dessous, etc.

> PRÉCISION
>
> **Conséquence de l'utilisation de plusieurs images de fond**
>
> Toutes les propriétés associées aux images de fond pourront voir leurs valeurs répétées autant de fois qu'il y a d'images ainsi déclarées, ces valeurs ou groupes de valeurs étant séparées par des virgules. Par exemple :
>
> ```
> p {
>     background-image: url(logo.png), url(texture.jpg);
>     background-repeat: no-repeat, repeat;
>     background-position: center top, left top;
> }
> ```
>
> L'ordre des valeurs ou groupes de valeurs correspond à l'ordre de déclaration des images de fond. Notons que dans cet exemple, les trois propriétés utilisées peuvent être résumées en une seule, grâce au raccourci `background` :
>
> ```
> p { background: url(logo.png) no-repeat center top,
>                 url(texture.jpg) repeat left top; }
> ```

Placement et étendue des images d'arrière-plan

Trois nouvelles propriétés sont associées à l'arrière-plan d'un bloc :

- `background-origin` sert à préciser à partir de quel point la position de cette image de fond sera prise en compte ;
- `background-clip` indique si l'arrière-plan doit se poursuivre ou non sous l'espace réservé à la bordure du bloc.
- `background-size` permet de modifier les dimensions de l'image utilisée comme arrière-plan.

TABLEAU 7–13 **Propriété background-origin**

Propriété	`background-origin`

Exemple	`div.titre { background-image: url(fond.png);`
	`padding: 20px; border: 2px solid;`
	`background-origin: content-box; }`

Valeurs possibles	`border-box` : l'arrière-plan est placé par rapport à la bordure (valeur par défaut). `padding-box` : il est positionné par rapport à la marge interne. `content-box` : l'arrière-plan se place par rapport au contenu du bloc. La base de placement ainsi fournie permettra de centrer l'arrière-plan ou de l'aligner sur un côté, avec `background-position`.
Héritage	*Non.*

Tant pour `background-origin` que pour `background-clip`, il est possible de fournir plusieurs valeurs séparées par des virgules : elles correspondent respectivement aux différentes images de fond, lorsque plusieurs ont été définies pour un même bloc.

TABLEAU 7–14 Propriété background-clip

Propriété	background-clip
Exemple	p.note { background-image: url(texture.png); padding: 10px; border: 3px solid gray; background-clip: padding-box; }
Valeurs possibles	border-box : l'arrière-plan de prolonge jusque sous la bordure (valeur par défaut). padding-box : l'arrière-plan s'étend sous la marge interne, mais pas sous la bordure. content-box : l'arrière-plan n'apparaît que sous le contenu, mais pas sous les marges internes ni sous la bordure.
Héritage	*Non.*

TABLEAU 7–15 Propriété background-size

Propriété	background-size
Exemples	#pub { background-image: url(plage.jpg); background-size: 100px 300px; } #haut { background-image: url(nature.png); background-size: cover; }
Valeurs possibles	*largeur* de l'image de fond, en unité de mesure ou en % de la largeur du bloc (hauteur calculée automatiquement) ; *largeur et hauteur* de l'image, séparées par un espace, en unités de mesure ou en %, respectivement de la largeur et de la hauteur du bloc ; auto : dimensions réelles de l'image de fond (valeur par défaut) ; contain : dimensions calculées pour que l'image atteigne juste le bord du bloc, sans le dépasser (taille de l'image inférieure ou égale à celle du bloc, en largeur et en hauteur) ; cover : dimensions calculées pour que l'image recouvre entièrement le bloc (taille de l'image supérieure ou égale à celle du bloc, en largeur et en hauteur).
Héritage	*Non.*

Fixation de l'image d'arrière-plan

La propriété connue `background-attachment` permet d'indiquer si l'image de fond reste fixe ou non, lorsque l'utilisateur utilise une barre de défilement. Elle se voit attribuer une nouvelle valeur `local`, en plus des valeurs `scroll` (valeur par défaut) et `fixed`.

```
background-attachment: local;
```

Le tableau suivant compare l'effet de la propriété `background-attachment` attribuée à un bloc qui possède une image de fond, lorsqu'il se produit un défilement soit dans le bloc lui-même (barres de défilement interne à ce bloc), soit dans la page entière.

TABLEAU 7–16 **Effet de la propriété background-attachment sur un bloc**

Valeur de la propriété	Défilement dans le bloc (barres de défilement internes)	Défilement de la page
`scroll`	Le contenu du bloc glisse sur l'image, qui reste fixe.	L'image se déplace avec le bloc, restant fixe par rapport à son contenu.
`fixed`	Le contenu du bloc glisse sur l'image, qui reste fixe.	Le bloc se déplace, mais son contenu glisse sur l'image, car elle est attachée à la page.
`local`	L'image et son contenu se déplacent ensemble.	L'image et le contenu du bloc se déplacent ensemble.

Les barres de défilement internes apparaissent dans un bloc lorsque sa propriété `overflow` vaut `scroll` (barre de défilement permanente) ou `auto` (barre de défilement si nécessaire).

> À NOTER **Propriétés background-... et images de fond multiples**
> À toutes les propriétés du type `background-...` peuvent être attribuées plusieurs valeurs séparées par des virgules : ces paramètres correspondent respectivement aux images de fond successives qui ont été définies pour un même bloc.

Dégradés de couleur

Pour les propriétés qui acceptent une image de fond, comme `background`, `background-image` ou `list-style-image`, il est possible de remplacer celle-ci par un dégradé de couleur, linéaire ou radial, créé en CSS.

Ce fond est créé à l'aide des propriétés `linear-gradient(...)` et `radial-gradient(...)` pour un dégradé simple, `repeating-linear-gradient(...)` et `repeating-radial-gradient(...)` pour des dégradés répétés. Leur syntaxe est provisoire, la norme CSS 3 n'étant pas encore définitive sur ces points.

Dégradé linéaire

Il existe différentes façons de définir un dégradé linéaire, comme le montrent les exemples suivants :

```
p { background-image: linear-gradient(white, blue); }
div { background:
      linear-gradient(top right, yellow, green); }
body { background:
       linear-gradient(45deg, silver, gray); }
```

Chaque dégradé s'effectue de la première couleur indiquée vers la seconde. Les couleurs sont données par leur nom ou un code de couleur.

Lorsqu'une localisation est donnée, utilisant d'une part `top` ou `bottom` et d'autre part `left` ou `right`, elle correspond au point final du dégradé. Pour obtenir un dégradé vertical, il suffit de ne spécifier que `top` ou `bottom`, et pour un dégradé horizontal, de ne préciser que `left` ou `right`. Par défaut, le dégradé s'effectue du haut vers le bas, ce qui correspond à la localisation `bottom` utilisée seule.

Une valeur d'angle peut remplacer ces indications de direction : l'angle `0deg` correspond à l'aiguille d'un réveil désignant 3 heures et tournant pour les valeurs positives dans le sens trigonométrique, c'est-à-dire le sens inverse des aiguilles d'une montre. Le point de départ est fonction de l'angle exprimé en degrés, de façon à ce que le dégradé s'effectue toujours à l'intérieur du bloc, cela va de soi.

Un dégradé peut comprendre plusieurs couleurs, comme ci-dessous :

```
div#menu { background:
          linear-gradient(white, blue 30%, green) }
```

Dans ce cas, le dégradé (de haut en bas par défaut) part du blanc, arrive au bleu à 30 % de la hauteur, puis passe du bleu au vert sur les 70 % de hauteur qui restent.

Dégradé radial

La propriété `radial-gradient` permet de créer un dégradé radial, partant d'un point central avec une couleur pour atteindre l'autre couleur, ce changement s'effectuant suivant une forme elliptique (valeur `ellipse` par défaut) ou circulaire (avec la valeur `circle`).

Comme pour le dégradé linéaire, il est possible d'utiliser trois couleurs pour obtenir un dégradé multicolore. Voici quelques exemples de cette fonction :

```
div { background: radial-gradient(white, blue); }
body { background:
       radial-gradient(circle, yellow, green); }
p { background:
    radial-gradient(circle, blue, white, red); }
```

Dégradés répétitifs

Des dégradés répétitifs, linéaires ou radiaux, peuvent être obtenus en précisant la dimension de chaque couleur à répéter, comme dans les exemples suivants :

```
p { background:
    repeating-linear-gradient(blue, red 30px, blue 50px); }
div { background:
      repeating-radial-gradient(red, blue 10px, white 30px); }
```

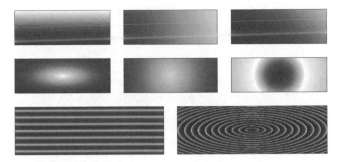

Figure 7–14 *Quelques exemples de dégradés linéaires (première ligne), radiaux (deuxième ligne) et répétés (troisième ligne), affichés par le navigateur Chrome.*

> À NOTER
> **Emplacement des préfixes sur les fonctions de dégradé**
> Pour utiliser un préfixe tel que `-moz-` ou `-webkit-` dans une propriété définissant l'image d'un dégradé, il faut le placer avant la fonction `linear-gradient`, `radial-gradient`, `repeating-linear-gradient` ou `repeating-radial-gradient`, comme dans ces exemples :
> ```
> background-image: -moz-linear-gradient(white, blue);
> background:
>     -webkit-repeating-radial-gradient(green, blue 10px,
>                                       white 30px);
> ```

Multicolonnage

C'est encore une fonction qui était absente et qui a généré bien du code JavaScript : la possibilité de répartir automatiquement le texte d'une page ou d'un bloc en plusieurs colonnes. Cette lacune importante est à présent comblée, à l'aide de propriétés qui gèrent le nombre de colonnes, leur largeur et l'espace qui les sépare.

Nombre et largeur de colonnes

Si le nombre de colonnes doit être fixe, il faut utiliser la propriété `column-count`.

TABLEAU 7-17 **Propriété column-count**

Propriété	`column-count`
Exemple	`p.contenu { column-count: 3; }`
Valeurs possibles	Soit un **nombre entier** de colonnes (nombre de colonnes fixé), soit `auto` (valeur par défaut) : le nombre de colonnes est fonction d'autres paramètres, comme la largeur `column-width`.
Héritage	*Non.*

La largeur des colonnes peut être définie en attribuant une dimension à la propriété `column-width`.

TABLEAU 7-18 **Propriété column-width**

Propriété	`column-width`
Exemple	`p.contenu { column-width: 15em; }`
Valeurs possibles	Soit une **dimension** indiquant la largeur des colonnes ; soit `auto` (valeur par défaut) : la largeur des colonnes est fonction d'autres paramètres, la dimension de la fenêtre et le nombre de colonnes `column-count`.
Héritage	*Non.*

Il existe un raccourci `columns` qui permet d'écrire en une seule ligne les deux propriétés précédentes.

TABLEAU 7-19 **Propriété columns**

Propriété	`columns`

Exemples	`p.contenu { columns: 3 15em; }`
	`div.article { columns: 2; }`
	`p.chapeau { columns: 12em; }`
	`p { columns: auto; }`

Valeurs possibles	Une ou deux valeurs : l'une indiquant le nombre de colonnes ou `auto`, l'autre la largeur des colonnes ou `auto`. Si un des deux paramètres est absent, il prend la valeur `auto`.
Héritage	*Non.*

> ## Comme au Parthénon
>
> Lorem ipsum dolor sit amet consectetuer ligula pellentesque pulvinar et Vestibulum. Vel augue risus ut In congue dui nisl in ornare tincidunt. Et Aenean Duis nonummy Morbi sed velit mus Nunc massa Vivamus. Aenean magna et consequat tincidunt lacus id Sed ac laoreet pede. Sed turpis ut Nam adipiscing est tincidunt orci auctor sapien urna. Dui Nulla consequat sapien mauris Phasellus sed ipsum ligula tincidunt.
>
> Magna Pellentesque vitae tellus
>
> porttitor id Mauris fames laoreet sit vitae. Pede tristique orci Vestibulum non nec quis neque velit Integer ac. Quis vitae tempor iaculis eget consequat Curabitur neque mauris est massa. Libero eros nec a Quisque pede quis habitant quis nunc Nunc. Habitant Sed laoreet elit libero quis elit orci tincidunt ultrices sed. In risus accumsan semper vel hendrerit est Aenean a Vestibulum velit. Dictum Sed nibh.
>
> ### Sous-titre
>
> Et ipsum lobortis vitae nulla laoreet nibh id sem Suspendisse ornare. Tincidunt vitae Integer lacinia nec pretium tristique Duis fringilla neque
>
> In. Vivamus ac rhoncus hendrerit ut consequat Vestibulum justo Sed lobortis neque. A et urna Nunc odio lacus Nulla non netus habitant ac. Aenean leo sem dui elit Curabitur est sit convallis Morbi.
>
> Lorem molestie sem Vestibulum Curabitur at dolor Suspendisse Phasellus Lorem id. Tincidunt nec quis lacus Morbi massa semper eu Curabitur vel Nullam. Et elit In ac tempus Cras elit sagittis lacinia ligula consequat. Turpis ac tincidunt libero et Curabitur nibh Vivamus sed cursus id. Nascetur convallis Vivamus velit mauris turpis sagittis tempus Vestibulum mollis velit. Libero vel adipiscing Praesent quis vitae auctor laoreet Lorem congue morbi.

FIGURE 7–15 *Moins typiques que celles du Parthénon, les colonnes générées automatiquement en CSS 3 nous rendront cependant de grands services...*

Espacement des colonnes

L'espacement entre les colonnes peut être choisi à l'aide de la propriété `column-gap`.

TABLEAU 7–20 **Propriété column-gap**

Propriété	`column-gap`
Exemples	`p.fixe { column-gap: 10px; }` `div { column-gap: normal; }`
Valeurs possibles	Soit une **dimension** indiquant l'espacement entre les colonnes ; soit `normal` (valeur par défaut) qui vaut en principe `1em` ; soit `auto` pour un partage automatique.
Héritage	*Non.*

Trait de séparation des colonnes

Il est possible de séparer les colonnes par une ligne qui se définira de la même façon que les bordures d'un bloc : son style `column-rule-style`, son épaisseur `column-rule-width` et sa couleur `column-rule-color`. Ce trait de séparation se placera au milieu de l'espace qui sépare les colonnes.

Tableau 7–21 **Propriété column-rule-style**

Propriété	`column-rule-style`
Exemples	`p.fixe { column-rule-style: solid; }` `div.contrat { column-rule-style: double; }`
Valeurs possibles	Toutes les valeurs acceptées par la propriété `border-style` : `none` (valeur par défaut), `hidden`, `solid`, `dotted`, `dashed`, `double`, `groove`, `ridge`, `inset`, `outset`, `dot-dash`, `dot-dot-dash`, `wave`.
Héritage	*Non.*

Tableau 7–22 **Propriété column-rule-width**

Propriété	`column-rule-width`
Exemples	`p.fixe { column-rule-width: 2px; }` `div.colonnes { column-rule-width: thin; }`
Valeurs possibles	Toutes les valeurs acceptées par la propriété `border-width` : `thin`, `medium` (valeur par défaut), `thick` ou une dimension.
Héritage	*Non.*

Tableau 7–23 **Propriété column-rule-color**

Propriété	`column-rule-color`
Exemples	`p.fixe { column-rule-color: blue; }` `div.pub { column-rule-color: #ff0000; }`
Valeurs possibles	Toutes les valeurs de couleur : mot-clé ou code couleur. Par défaut, c'est la couleur du texte (propriété `color`).
Héritage	*Non.*

Là encore, un raccourci `column-rule` permet de définir en une seule fois les trois propriétés précédentes.

TABLEAU 7–24 **Propriété column-rule**

Propriété	`column-rule`
Exemples	`p.fixe { column-rule: solid 2px blue; }` `div.pub { column-rule: solid #ff0000; }`
Valeurs possibles	Une à trois valeurs, correspondant à `column-rule-style`, `column-rule-width` et `column-rule-color`. Les valeurs absentes sont celles par défaut, associées aux propriétés correspondantes.
Héritage	*Non.*

Comme au Parthénon

Lorem ipsum dolor sit amet consectetuer ligula pellentesque pulvinar et Vestibulum. Vel augue risus ut In congue dui nisl in ornare tincidunt. Et Aenean Duis nonummy Morbi sed velit mus Nunc massa Vivamus. Aenean magna et consequat tincidunt lacus id Sed ac laoreet pede. Sed turpis ut Nam adipiscing est tincidunt orci auctor sapien urna. Dui Nulla consequat sapien mauris Phasellus sed ipsum ligula tincidunt.

Magna Pellentesque vitae tellus

porttitor id Mauris fames laoreet sit vitae. Pede tristique orci Vestibulum non nec quis neque velit Integer ac. Quis vitae tempor iaculis eget consequat Curabitur neque mauris est massa. Libero eros nec a Quisque pede quis habitant quis nunc Nunc. Habitant Sed laoreet elit libero quis elit orci tincidunt ultrices sed. In risus accumsan semper vel hendrerit est Aenean a Vestibulum velit. Dictum Sed nibh.

Sous-titre

Et ipsum lobortis vitae nulla laoreet nibh id sem Suspendisse ornare. Tincidunt vitae Integer lacinia nec pretium tristique Duis fringilla neque In. Vivamus ac

rhoncus hendrerit ut consequat Vestibulum justo Sed lobortis neque. A et urna Nunc odio lacus Nulla non netus habitant ac. Aenean leo sem dui elit Curabitur est sit convallis Morbi.

Lorem molestie sem Vestibulum Curabitur at dolor Suspendisse Phasellus Lorem id. Tincidunt nec quis lacus Morbi massa semper eu Curabitur vel Nullam. Et elit In ac tempus Cras elit sagittis lacinia ligula consequat. Turpis ac tincidunt libero et Curabitur nibh Vivamus sed cursus id. Nascetur convallis Vivamus velit mauris turpis sagittis tempus Vestibulum mollis velit. Libero vel adipiscing Praesent quis vitae auctor laoreet Lorem congue morbi.

FIGURE 7–16 *Exemple de multicolonnage avec espacement des colonnes et traits de séparation.*

Équilibrage des colonnes

Dans le cas particulier où la hauteur des colonnes est fixe (bloc de dimension fixée), la question de l'équilibrage des colonnes se pose : faut-il remplir les premières colonnes en partant de la gauche ou répartir le texte entre toutes les colonnes ? La propriété `column-fill` indique s'il faut ou non équilibrer les colonnes.

TABLEAU 7–25 Propriété column-fill

Propriété	`column-fill`
Exemples	`p.fixe { column-fill: auto; }` `div.pub { column-fill: balance; }`
Valeurs possibles	`auto` : remplissage séquentiel des colonnes (valeur par défaut) ; `balance` : répartition homogène du texte dans les colonnes.
Héritage	*Non.*

Ce problème de répartition du texte parmi les colonnes se pose plus souvent lors d'une mise en forme pour le média « impression » que pour le média « écran » qui nous préoccupe généralement.

> IMPRESSION **Coupures de page**
> Il existe également trois propriétés qui gèrent les coupures de page contenant du texte sur plusieurs colonnes : `break-before`, `break-after` et `break-inside`. Elles ne seront utilisées que pour une mise en forme destinée à l'impression.

Titre sur plusieurs colonnes

Un titre doit pouvoir s'étaler sur l'ensemble des colonnes. Il faut alors lui appliquer la propriété `column-span`.

Tableau 7–26 Propriété column-span

Propriété	column-span
Exemples	h2.grandtitre { column-span: all; } h3.soustitre { column-span: none; }
Valeurs possibles	none : texte sur une seule colonne (valeur par défaut), all : texte réparti sur l'ensemble des colonnes.
Héritage	*Non.*

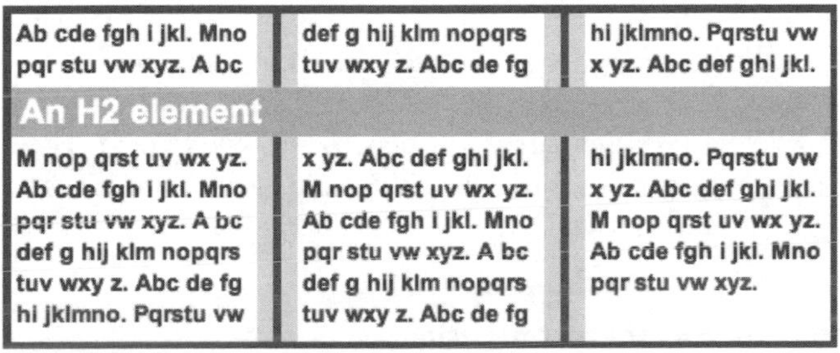

Figure 7–17 *La propriété column-span permet d'étaler un titre sur toutes les colonnes (Extrait du site du W3C, http://www.w3.org/TR/css3-multicol/#column-span)*

Transformations géométriques

La norme CSS 3 propose maintenant des transformations géométriques en deux et trois dimensions. Elles s'appliquent aux blocs comme aux éléments en ligne et permettent déplacements, changements d'échelle, rotations et déformations.

Propriété de transformation

C'est la propriété transform qui va nous permettre toutes ces possibilités. Elle utilise une palette de fonctions que nous détaillerons plus loin.

Ces transformations s'effectuent à partir d'un point donné de l'élément concerné. Ce point, qui sera l'origine de l'opération géométrique de transformation, est fixé par la propriété `transform-origin`.

TABLEAU 7–27 Propriété transform

Propriété	`transform`
Exemples	`img.logo { transform: rotate(45deg); }` `a:visited { transform: translate(30px, 5px); }`
Valeurs possibles	`none` : aucune transformation (valeur par défaut), ou fonction : - translations : translateX, translateY, translate - changements d'échelle : scaleX, scaleY, scale - rotation ou déformation : rotate, skewX, skewY, skew Voir plus loin la syntaxe de chacune de ces fonctions.
Héritage	*Non.*

TABLEAU 7–28 Propriété transform-origin

Propriété	`transform-origin`
Exemples	`img.logo { transform-origin: 0 0; }` `a:visited { transform-origin: 50% 50%; }`
Valeurs possibles	Deux valeurs correspondant au couple de coordonnées définissant l'origine géométrique de la transformation. Chaque valeur peut être : - soit un nombre, *pourcentage* ou *longueur* (unité de dimension) ; - soit des *mots-clés*, combinant position horizontale (`left`, `center`, `right`) et position verticale (`top`, `center`, `bottom`). Pour les transformations 3D, trois valeurs peuvent être fournies, correspondant aux coordonnées dans l'espace (x,y,z) de l'origine géométrique de la transformation.
Héritage	*Non.*

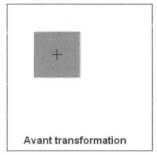 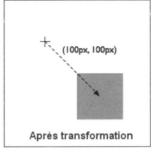

| Avant transformation | Après transformation |

Figure 7-18 *Transformation géométrique simple : déplacement utilisant la fonction translate (extrait du site* www.w3.org*).*

Fonctions de transformation 2D

Voici l'utilisation des fonctions qu'il est possible d'appeler à l'aide de la propriété `transform`, pour les transformations à deux dimensions. Les figures 7-18 et 7-19, extraites du site du W3C (http://www.w3.org), donnent deux exemples de transformations géométriques effectuées à l'aide de ces fonctions.

Pour des transformations sous forme de décalage :

- `matrix(a,b,c,d,e,f)` : transformation matricielle à partir des six nombres fournis ;
- `translateX(nombre)` : décalage horizontal de la valeur fournie ;
- `translateY(nombre)` : décalage vertical de la valeur fournie ;
- `translate(x,y)` : décalage horizontal de x et vertical de y (valeur y facultative, égale à zéro si absente).

Pour des changements d'échelle :

- `scaleX(nombre)` : changement d'échelle horizontale ;
- `scaleY(nombre)` : changement de l'échelle verticale ;
- `scale(x, y)` : changement de l'échelle horizontale et verticale (valeur y facultative, égale à x si absente).

Pour une rotation ou déformation :

- `rotate(angle)` : rotation de l'angle indiqué, dans le sens des aiguilles d'une montre ;

- `skewX(angle)` : déformation le long de l'axe horizontal ;
- `skewY(angle)` : déformation le long de l'axe vertical ;
- `skew(angle1, angle2)` : déformation le long de l'axe horizontal et de l'axe vertical (`angle2` facultatif, égal à zéro si absent).

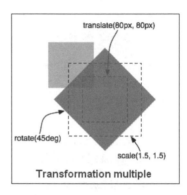

Transformation multiple

FIGURE 7-19 *Transformation géométrique complexe utilisant successivement les fonctions translate (déplacement), scale (changement d'échelle) et rotate (rotation). Extrait du site site* www.w3.org.

Fonctions de transformation 3D

La propriété `transform` permet également d'utiliser des fonctions de transformation en trois dimensions, bien que peu de navigateurs ne les gèrent pour l'instant.

Transformations 3D sous forme de décalage :

- `matrix(a,b,c,d,e,f,g,h,i,j,k,l,m,o,p)` : en trois dimensions, la matrice de transformation a une dimension de 4 par 4, donc elle comprend 16 nombres ;
- `translateX(nombre)` : décalage horizontal de la valeur fournie ;
- `translateY(nombre)` : décalage vertical de la valeur fournie ;
- `translateZ(nombre)` : décalage en profondeur de la valeur fournie ;
- `translate3d(x,y,z)` : décalage horizontal de x, vertical de y (valeur y facultative, égale à zéro si absente) et en profondeur de z (si cette valeur est absente, elle vaut également zéro).

Changements d'échelle :

- `scaleX`(nombre) : changement d'échelle horizontale ;
- `scaleY`(nombre) : changement de l'échelle verticale ;
- `scaleZ`(nombre) : changement de l'échelle dans le sens de la profondeur ;
- `scale3d`(x,y,z) : changement de l'échelle horizontale, verticale (valeur y facultative, égale à x si absente) et en profondeur (valeur z facultative, égale à 1 si absente, ce qui revient alors à un changement d'échelle à deux dimensions).

Rotations et perspective :

- `rotateX`(angle) : rotation de l'angle indiqué autour de l'axe x ;
- `rotateY`(angle) : rotation de l'angle indiqué autour de l'axe y ;
- `rotateZ`(angle) : rotation de l'angle indiqué autour de l'axe z ;
- `rotate3d`(x,y,z,angle) : rotation de l'angle indiqué, autour du vecteur dont les composantes sont x, y et z, plusieurs triplets de valeurs étant possibles pour définir le même vecteur, car il part de l'origine et passe par le point de coordonnées (x,y,z) ;
- `perspective`(profondeur) : place en perspective le *contenu* du bloc concerné, suivant la profondeur indiquée (celle-ci doit être positive ou nulle et contenir une unité de mesure, par exemple `500px`), la valeur 0 correspondant à l'absence de perspective.

En ce qui concerne les rotations, l'angle fourni peut être positif ou négatif ; une valeur positive d'angle correspond à une rotation dans le sens des aiguilles d'une montre.

Par ailleurs, il existe des propriétés spécifiques aux transformations en trois dimensions :

- `transform-style`: `valeur`; précise, pour un élément qui a été transformé, s'il doit conserver ses transformations en trois dimensions (valeur `preserve-3d`) ou apparaître à plat (valeur par défaut, `flat`).
- `perspective`: `distance`; place en perspective, avec la profondeur indiquée, les éléments contenus dans le bloc concerné, mais uniquement s'ils ont été positionnés ou transformés (distance à fournir avec une unité, comme `300px`). La valeur par défaut est `none`, qui équivaut à la valeur 0, soit aucune perspective.

- `perspective-origin:` x y; définit les coordonnées de l'origine de la perspective, à partir de valeurs exprimées en pixels, pourcentages, etc. ou par un mot-clé (left, center ou right pour x, top, center ou bottom pour y). La valeur par défaut est 50% 50%, ce qui équivaut à center center.
- `backface-visibility:` valeur; précise si la face arrière d'un objet doit être visible (valeur par défaut, visible) ou cachée (valeur hidden).

Le Web s'anime en CSS 3

Jusqu'alors, les animations de nos pages était créées soit en JavaScript, par exemple à l'aide des célèbres bibliothèques *jQuery* et *MooTools*, soit en *Flash*, avec l'obligation d'utiliser un logiciel externe pour toute modification (*Flash, Swish, E-anim...*).

Un débat existait d'ailleurs pour décider si les CSS devaient ou non se limiter à la seule mise en forme des pages. À présent le pas est franchi, les CSS 3 nous proposent donc quelques propriétés qui vont simplifier énormément les animations de page les plus courantes.

Les transitions

Les CSS permettent depuis longtemps de modifier l'apparence d'un bloc ou d'un texte dans certaines circonstances : au survol de la souris, lorsque l'élément est sélectionné ou reçoit le focus, ou encore lorsqu'il change de classe par l'intervention d'une fonction JavaScript.

Le but des transitions en CSS 3 est d'effectuer en douceur le passage d'un aspect à l'autre, que ce soit un changement de taille, de position, de couleur, de forme, etc. La propriété transition, appliquée sur l'objet initial, permet cet effet d'animation lorsqu'un changement interviendra.

Abordons cette fonction par un exemple simple où des liens hypertextes, initialement de couleur verte, deviennent rouges au passage de la souris et changent en même temps de taille :

```
a { color: green; font-size: 16px;
    transition: color 2s; }
a:hover { color: red; font-size: 20px; }
```

Le fonctionnement de la propriété `transition` est le suivant :

- Dans la première règle de style, la propriété `transition` indique que les changements de couleur pour les liens doivent s'effectuer en deux secondes.
- La deuxième programme l'écriture des liens en rouge, au survol de la souris, ainsi qu'un agrandissement de leur taille.
- Au lieu d'être instantané, le changement de couleur s'effectuera progressivement, ici en deux secondes. Cette progressivité vaut aussi pour le retour à la couleur verte, lorsque la souris s'éloignera du lien.
- Cependant, l'agrandissement des caractères sera instantané, car la transition ne concerne ici que la propriété `color`.

Pour que la progressivité s'applique aux deux transformations, nous aurions dû écrire la propriété `transition` de notre exemple comme ceci :

```
transition: color 2s, font-size 2s;
```

Notons que dans une telle écriture, il devient possible de donner d'attribuer une durée de transformation spécifique pour chacune des propriétés de mise en forme.

Une écriture simplifiée permet d'attribuer une progressivité à l'ensemble des modifications :

```
transition: all 2s;
transition: 2s;
```

Les deux propriétés ci-dessus sont équivalentes, car la valeur par défaut est `all`, signifiant que toutes les propriétés sont concernées.

Aux deux paramètres que nous venons d'utiliser, propriété concernée et durée de la transition, il est possible d'ajouter deux autres précisions : la variation de vitesse dans la transition, que nous examinerons en détail un peu plus loin, et le délai avant l'application de la transition. Ces quatre paramètres constituent des propriétés à part, que nous allons étudier.

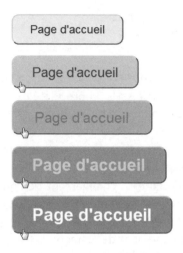

FIGURE 7–20 *Exemple de transitions, appliquées ici à la taille du bloc et sa couleur de fond, ainsi qu'à la taille, au graissage et à la couleur des caractères.*

Propriétés concernées par la transition

La propriété `transition-property` définit quelles sont la ou les propriétés concernées par la transition.

TABLEAU 7–29 Propriété transition-property

Propriété	`transition-property`
Exemples	`a.menu { transition-property: all; }` `div { transition-property: width, height; }`
Valeurs possibles	`none` : aucune propriété concernée par les transitions, `all` (valeur par défaut - toutes les propriétés sont concernées), un ou plusieurs *noms de propriété* CSS, séparés par des virgules.
Héritage	*Non.*

Si plusieurs propriétés sont indiquées, il sera possible de leur associer plusieurs durées, vitesses de progression et délais, correspondant respectivement à l'ordre indiqué dans `transition-property`.

> À NOTER **Propriétés concernées par les transitions**
>
> Les transitions peuvent être appliquées à une liste définie de propriétés, qui seront donc les valeurs utilisables avec `transition-property` :
>
> - Les dimensions, les marges et certains alignements : `width` et `height` (avec leurs variantes `min-` et `max-`), `margin` et `padding` (ainsi que leurs variantes `-top`, `-bottom`, `-left` et `-right`), `line-height`, `vertical-align`, `text-indent`.
> - Les décalages et options de positionnement : `top`, `bottom`, `left`, `right`, `z-index`.
> - Les couleurs, encadrements et options de visibilité : `background` et ses sous-propriétés, `border` et ses multiples variantes (couleur, épaisseur et emplacement de bordure), `opacity` et `visibility`.
> - Les mises en forme de mots et de lettres : `font-size`, `font-weight`, `text-shadow`, `letter-spacing` et `word-spacing`.

Durée de la transition

La durée d'une transition est exprimée en secondes à l'aide de la propriété `transition-duration`.

TABLEAU 7–30 **Propriété transition-duration**

Propriété	`transition-duration`
Exemples	`a.menu { transition-duration: 1.5s; }` `div { transition-duration: 2s, 4s; }`
Valeurs possibles	`0` : (valeur par défaut, pas de transition), une durée indiquée en secondes et suivie sans espace par le symbole `s`, (le séparateur décimal étant le point, comme `0.5s` pour une demi-seconde), plusieurs durées séparées par des virgules si elles varient suivant les propriétés.
Héritage	*Non.*

Progression de la transition

Une transition peut voir sa progression varier dans le temps : démarrage progressif ou non, arrivée nette ou en douceur, etc. La propriété `transition-timing-function` permet de choisir différentes manières de réaliser la transition, pour une même durée définie.

Par défaut, la transition démarre de façon progressive mais assez rapide, puis sa vitesse reste constante et ralenti nettement sur la fin. Ce ralentissement final se voit bien sur la taille du bloc dans la figure 7-20, dont les images ont été capturées à intervalles de temps réguliers.

TABLEAU 7–31 Propriété transition-timing-function

Propriété	`transition-timing-function`
Exemples	`a.menu { transition-timing-function: ease-out; }` `div { transition-timing-function: ease, linear; }`
Valeurs possibles	`linear` (linéaire, vitesse constante), `ease` (valeur par défaut, démarrage progressif mais rapide avec un ralentissement à la fin), `ease-in` (lent au début, rapide ensuite), `ease-out` (rapide dès le début et ralenti à la fin)
	`ease-in-out` (démarrage et fin en douceur, vitesse plus rapide entre les deux), `cubic-bezier(x1,y1,x2,y2)` (paramétrage de la courbe à partir des coordonnées de deux points intermédiaires, indiqués plus loin sur la figure 7-24), `step-start` ou `step-end` (pas de transition, valeur finale attribuée instantanément au début ou à la fin de la durée de la transition), `steps(n,start)` ou `steps(n,end)` (transitions par n sauts successifs, avec pour `start` le premier saut dès le début de la transition et pour `end` le dernier saut à la fin de la transition, comme le montre la figure 7-22). Plusieurs valeurs, séparées par des virgules, pourront correspondre à des transitions pour différentes propriétés.
Héritage	*Non.*

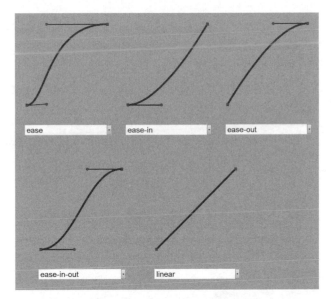

FIGURE 7-21 *D'après la page* http://cssglue.com/cubic, *les différences de progression correspondant aux valeurs prédéfinies pour les transitions. Les pentes raides sont des passages rapides, les pentes douces sont des ralentissements.*

La figure 7-21 montre les différences entre les valeurs proposées pour la progression de la transition. Plus la pente de la courbe est raide, plus la transition est rapide. Une pente douce correspond à un ralentissement de l'animation.

Généralement, il sera plus simple d'utiliser une des valeurs prédéfinies, qui nous fournissent une panoplie suffisante. La page http://cssglue.com/cubic propose de tester ces différentes valeurs sur plusieurs exemples de transition.

La figure 7-22, extraite du site www.w3.org, explique la progression par à-coups créée par la valeur `steps(n,start)` ou `steps(n,end)`, n étant le nombre de sauts. La valeur `step-start` correspond à `steps(1, start)` tandis que la valeur `step-end` est équivalente à `steps(1, end)`.

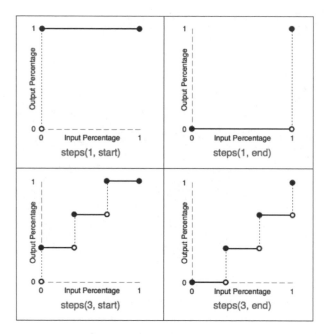

FIGURE 7-22 *La transition par paliers, à l'aide de la fonction steps(n,start) ou steps(n,end) attribuée à la propriété transition-timing-function (extrait du site www.w3.org).*

Délai avant la transition

Lorsqu'une deuxième valeur en secondes est indiquée dans la propriété `transition`, il s'agit du délai d'attente avant le démarrage de la transition. Cette durée peut être définie séparément, à l'aide de la propriété `transition-delay`.

> ATTENTION **Délais et durées de transitions**
>
> De nombreuses possibilités nous sont offertes, tant pour le choix des transitions que pour leur déroulement dans le temps. Cependant, au moment de fixer la durée d'une transition et le délai éventuel avant son démarrage, nous devrons veiller à ne pas ralentir la consultation des pages : ces effets d'animation ont pour seul but de rendre plus harmonieuses les transitions et ne doivent pas devenir une gêne pour le visiteur.

Tableau 7–32 **Propriété transition-delay**

Propriété	`transition-delay`
Exemples	`a.menu { transition-delay: 0; }` `div { transition-delay: 0.5s, 1s; }`
Valeurs possibles	0 (valeur par défaut, pas de retard au démarrage), un délai indiqué en secondes et suivi par le symbole s sans espace avant (le séparateur décimal éventuel est le point), plusieurs délais séparés par des virgules s'ils varient en fonction des propriétés.
Héritage	*Non.*

Raccourci pour les transitions

Nous terminons par le raccourci transition, celui par lequel nous avons commencé pour aborder ce sujet et que nous utiliserons le plus fréquemment. Il définit à la fois la ou les propriétés concernées par la transition, sa durée, son déroulement dans le temps et son délai éventuel avant le démarrage.

Tableau 7–33 **Propriété raccourcie transition**

Propriété	`transition`

Exemples	`a.menu { transition: 1.5s ease-out; }`
	`div { transition: width 2s ease 0.5s,`
	`                   height 4s linear 1s; }`

Valeurs possibles	Valeurs successives, séparées par des espaces, des propriétés `transition-property`, `transition-duration`, `transition-timing-function` et `transition-delay`. Les propriétés qui ne sont pas indiquées prennent leur valeur par défaut et seule la deuxième durée correspond au délai d'attente. Plusieurs groupes de valeurs, séparés par des virgules, permettent de personnaliser les transitions pour différentes propriétés.
Héritage	*Non.*

> RAPPEL **Emplacement de la propriété transition**
>
> Souvenons-nous que la propriété transition, ainsi que ses sous-propriétés, doivent concerner *l'élément initial*, par exemple `a.menu`, et non la balise au passage de la souris comme `a.menu:hover`.
>
> En effet, bien que l'action de cette propriété n'apparaisse que sur un changement comme le survol par le curseur, il existe d'autres situations qui peuvent entraîner des modifications d'aspect, comme la réception du focus ou un changement de classe par une action écrite en JavaScript.
>
> C'est pourquoi il est plus simple de noter ces transitions une seule fois, en tant que style appliqué à l'élément initial.

Nous voici prêts pour animer nos menus et les changements de mise en forme qui interviennent dans nos pages. Comme d'habitude, nous utiliserons ces effets avec modération, gardant à l'esprit qu'il faut toujours privilégier la facilité de lecture et d'accès à l'information.

Pour des effets animés qui ne rentrent pas dans le cadre des transitions, les CSS 3 nous proposent, dans le même esprit, la mise en place d'animations.

Les animations

Une règle `@keyframes` permet de créer en CSS 3 des animations qui s'afficheront lors du chargement de la page, en leur attribuant un nom qui permettra de les utiliser dans la feuille de style avec la propriété `animation`. Nous retrouvons ici le principe de la règle `@font-face`, qui définit un nouveau nom de police utilisable avec `font-family`.

Règle @keyframes

Pour créer une nouvelle animation, il suffit de définir un nom et des styles qui au minimum correspondront à deux états, le départ et l'arrivée, comme dans cet exemple :

```
@keyframes descente {
    from { margin-top: 50px; }
    to { margin-top: 200px; }
}
```

Le nom attribué à l'animation est ici `descente`. La situation de départ est une marge du haut de 50 pixels, dont la valeur devient 200 pixels à l'arrivée. Pour obtenir ce mouvement sur un bloc `<div id="titre">` par exemple, il suffira d'utiliser la propriété `animation` comme ci-dessous :

```
div#titre { animation: descente 3s; }
```

L'animation définie par `@keyframes` ne se limite pas à cette forme très simple :

- Elle peut utiliser plusieurs propriétés, chacune ayant des valeurs différentes au départ et à l'arrivée.
- Il est possible de définir des étapes intermédiaires, en les repérant par des pourcentages du temps écoulé.

Voici un exemple d'animation comportant ces deux possibilités, puis son utilisation par une image :

```
@keyframes apparition {
    0% { width: 0; height: 0; opacity: 0; }
    20% { width: 50px; height: 70px; opacity: 0.2; }
    50% { width: 100px; height: 140px; opacity: 0.3; }
    80% { width: 220px; height: 310px; opacity: 0.5; }
    100% { width: 250px; height: 350px; opacity: 1; }
}
img.logo { animation: apparition 5s linear; }
```

Dans ce dernier cas, l'image de classe `logo` apparaît progressivement, inexistante au départ et arrivant finalement à une taille de 250 par 350 pixels, tout en devenant de plus en plus opaque au fur et à mesure de son agrandissement.

Dans la propriété `animation`, la valeur `linear` a été ajoutée pour éviter que les différentes étapes ne soient marquées par des ralentissements, lors des phases intermédiaires. En effet, les animations proposent par défaut un démarrage progressif et un final adouci, de la même façon que les transitions.

Nous avons utilisé la propriété `animation` sans l'avoir vraiment étudiée. Il s'agit en fait d'un raccourci de plusieurs propriétés qui nous sembleront familières, car elles ressemblent à celles utilisées pour les transitions.

FIGURE 7-23 *Les différentes étapes de l'animation présentée comme exemple, utilisée ici avec « Tux GNUsquetaire » (image créée par André Pascual et provenant du site* www.abul.org)

ATTENTION **Préfixes des navigateurs avec @keyframes**

Pour les navigateurs qui ont une implémentation provisoire de ces propriétés d'animation, il ne faudra pas oublier d'ajouter les préfixes :

- D'une part, pour la propriété `animation` :
  `-moz-animation, -webkit-animation, … ;`
- D'autre part pour la règle `@keyframes`, qui devra être répétée entièrement avec chaque préfixe placé entre l'arobase et le mot `keyframes`, soit :
  `@-moz-keyframes { ... }`
  `@-webkit-keyframes { ... }`
  etc.

Cela fait beaucoup de lignes à écrire. Lorsque cette fonction sera complètement normalisé, notre code deviendra beaucoup plus simple, mais en attendant, le résultat en vaut la peine.

Définition du nom de l'animation

La propriété `animation-name` permet de choisir le nom de l'animation à utiliser, qui aura bien sûr été défini au préalable, à l'aide de la fonction `@keyframes`.

TABLEAU 7-34 Propriété animation-name

Propriété	animation-name
Exemple	img.logo { animation-name: apparition; }
Valeurs possibles	none (aucune animation, valeur par défaut) ou le nom d'une animation qui a été définie par @keyframes. Éventuellement, plusieurs noms d'animation peuvent être indiqués, séparés par des virgules.
Héritage	Non.

Plusieurs animations peuvent être choisies en même temps, il suffit de noter leurs noms, séparés par des virgules, dans la propriété animation-name. Dans ce cas, les autres propriétés d'animation auront elles aussi plusieurs valeurs séparées par des virgules, correspondant dans l'ordre aux noms d'animations ainsi définis.

Durée de l'animation

La propriété animation-duration définit la durée totale de l'animation.

TABLEAU 7-35 Propriété animation-duration

Propriété	animation-duration
Exemple	img.logo { animation-duration: 5s; }
Valeurs possibles	0 (valeur par défaut, aucune animation) ou une durée en seconde suivie sans espace de la lettre « s ». Les valeurs décimales utilisent le point, comme 3.5s pour 3,5 secondes. S'il y a plusieurs animations, plusieurs durées respectives peuvent leur correspondre, séparées par des virgules.
Héritage	Non.

Progression de l'animation

Nous retrouvons la progression dans le temps, c'est exactement la même que pour les transitions et elle est ici déterminée par la propriété animation-timing-function.

TABLEAU 7-36 Propriété animation-timing-function

Propriété	`animation-timing-function`
Exemple	`img.logo { animation-timing-function:` `linear; }`
Valeurs possibles	`linear` (linéaire, vitesse constante), `ease` (valeur par défaut, démarrage progressif mais rapide avec un ralentissement à la fin), `ease-in` (lent au début, rapide ensuite), `ease-out` (rapide dès le début et ralenti à la fin) `ease-in-out` (démarrage et fin en douceur, vitesse plus rapide entre les deux), `cubic-bezier(x1,y1,x2,y2)` (paramétrage de la courbe à partir des coordonnées de deux points intermédiaires, indiqués sur la figure 7-24), `step-start` ou `step-end` (pas de transition, valeur finale attribuée instantanément au début ou à la fin de la durée de la transition), `steps(n,start)` ou `steps(n,end)` (transitions par n sauts successifs, avec pour `start` le premier saut dès le début de la transition et pour `end` le dernier saut à la fin de la transition, comme le montre la figure 7-22).
	Plusieurs valeurs, séparées par des virgules, pourront correspondre à différentes animations choisies simultanément.
Héritage	*Non.*

La figure 7-24 explique les fameuses courbes de Bézier, du nom de l'ingénieur français Pierre Bézier qui les a décrites : les points d'arrivée et de départ ayant pour coordonnées respectives (0,0) et (1,1), la fonction `cubic-bezier(x1,y1,x2,y2)` doit contenir les coordonnées des deux points intermédiaires, qui définissent la vitesse de départ et de fin de la transition.

Là encore, les valeurs prédéfinies comme `ease-out` ou `linear` nous suffiront pour une utilisation courante.

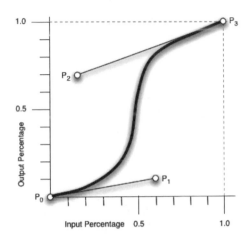

Figure 7–24 *Extraite du site* www.w3.org, *l'explication de la courbe de Bézier, avec les deux points P₁ et P₂ dont il faut fournir les coordonnées. Dans cet exemple, la vitesse est un peu plus lente au début et à la fin, par rapport au reste de l'animation.*

Délai avant le démarrage de l'animation

Un délai d'attente avant le démarrage de l'animation peut être paramétré à l'aide de la propriété `animation-delay`.

Tableau 7–37 Propriété animation-delay

Propriété	animation-delay
Exemple	`div#bandeau { animation-delay: 2.5s; }`
Valeurs possibles	0 (valeur par défaut, pas de retard au démarrage), un délai indiqué en secondes et suivi par le symbole s sans espace avant (si nécessaire, le séparateur décimal est le point). Si plusieurs délais sont séparés par des virgules, ils correspondent respectivement aux différentes animations choisies.
Héritage	*Non.*

Après ces quelques propriétés qui ont pour nous un air de déjà vu, tant elles ressemblent à celles qui gèrent les transitions, nous allons en découvrir d'autres qui sont spécifiques.

Répétition de l'animation

L'animation se déroule normalement une seule fois, sauf si un nombre de répétitions est fixé par la propriété `animation-iteration-count`. L'option `infinite` permet même de ne jamais arrêter l'animation.

TABLEAU 7–38 Propriété animation-iteration-count

Propriété	`animation-iteration-count`

Exemples	`img.logo { animation-iteration-count: 3; }`
	`#bandeau { animation-iteration-count:`
	`                                infinite; }`

Valeurs possibles	1 (valeur par défaut, l'animation ne se produit qu'une seule fois), un nombre quelconque d'itérations (s'il est décimal, l'animation s'arrête en cours de route, puis passe directement à l'aspect final), `infinite` pour une répétition permanente. Lorsque plusieurs animations ont été sélectionnées, il est possible de spécifier autant de nombres de répétitions différents, séparés par des virgules.
Héritage	*Non.*

Sens de l'animation

Lorsque l'animation est répétée, elle se déroule en principe dans l'ordre indiqué par la définition `@keyframes`, sauf si la propriété `animation-direction` précise qu'il faut changer de sens une fois sur deux.

Cela revient alors à effectuer des « allers et retours » dans l'animation, chaque aller et chaque retour étant compté comme une itération. Si la répétition se termine par un retour, l'élément repasse instantanément à sa forme finale à la fin de l'animation.

Tableau 7–39 Propriété animation-direction

Propriété	animation-direction
Exemples	img.logo { animation-direction: normal; } #bandeau { animation-direction: alternate; }
Valeurs possibles	normal (valeur par défaut) si l'animation doit toujours recommencer à partir de sa forme initiale, alternate si les itérations paires doivent s'effectuer dans le sens contraire de celui défini initialement par la règle @keyframes. Plusieurs directions peuvent être indiquées, séparées par des virgules, lorsque différentes animations ont été choisies.
Héritage	*Non.*

Forme initiale et finale de l'élément animé

Nous allons affiner notre découverte des animations, en nous demandant ce qui se passe *avant* et *après* l'animation. En effet, l'élément qui est animé peut en même temps être mis en forme par une feuille de style, et posséder des propriétés dont certaines sont modifiées par l'animation.

Dans l'exemple qui correspond à la figure 7-23, l'animation modifie la largeur de l'image, qui passe de 0 à 250 pixels. Que se passe-t-il si, par ailleurs, cette image possède la propriété width: 50px ? Par défaut, l'affichage est le suivant :

1 Avant l'animation, l'image possède sa taille indiquée dans la feuille de style, soit une largeur de 50 pixels. Cet état ne sera visible que si un délai est appliqué avant le début de l'animation.

2 Pendant l'animation, sa largeur passe de 0 à 250 pixels, donc l'image disparaît au début, si la présence d'un délai d'attente nous a permis de la voir avec sa largeur initiale de 50 pixels.

3 Après l'animation, l'image voit sa largeur passer instantanément de 250 à 50 pixels, pour s'accorder avec le style fixe qui a été défini.

La propriété animation-fill-mode permet de modifier les états initial et final de l'objet. Dans le cas de notre image :

- animation-fill-mode="forwards" permettra de lui conserver une largeur de 250 pixels à la fin de l'animation.

- `animation-fill-mode="backwards"` masquera l'image (en lui attribuant la largeur du début de l'animation, soit 0 pixels) dès l'affichage de la page, même si l'animation ne doit démarrer qu'après un délai d'attente.
- `animation-fill-mode="both"` combinera les deux modes précédents, donc la largeur de 50 pixels ne sera plus prise en compte, elle sera de 0 pixels au début et de 250 pixels à la fin.

TABLEAU 7–40 Propriété animation-fill-mode

Propriété	`animation-fill-mode`
Exemples	`img.logo { animation-fill-mode: both; }` `#bandeau { animation-fill-mode: forwards; }`
Valeurs possibles	`none` (valeur par défaut) : avant et après l'animation, l'élément animé conserve ses propriétés de la feuille de style, si elles sont en contradiction avec celles de l'animation (les propriétés de début et fin de la règle `@keyframes` ne sont prises en compte que si elles n'ont pas été définies par ailleurs). `forwards` : après l'animation, l'élément conserve les propriétés finales qui lui ont été attribuées par la règle `@keyframes`, dans l'étape `to {...}` ou `100% {...}`. `backwards` : avant le début de l'animation (si un délai d'attente a été défini), l'objet prend les propriétés définies pour l'instant initial dans la règle `@keyframes`, à l'étape `from {...}` ou `0% {...}`. `both` : l'élément utilise toujours les propriétés initiales et finales qui lui ont été attribuées par la règle `@keyframes`, même si une règle de style les contredit par ailleurs. Comme d'habitude, lorsque différentes animations ont été sélectionnées, plusieurs valeurs peuvent être indiquées, séparées par des virgules.
Héritage	*Non.*

Suspension de l'animation

Il existe une propriété `animation-play-state` qui permet de mettre en pause l'animation, par exemple à l'aide d'un bouton auquel nous aurons affecté une fonction JavaScript modifiant cette valeur.

Tableau 7-41 Propriété animation-play-state

Propriété	animation-play-state
Exemples	img.logo { animation-play-state: running; } #bandeau { animation-play-state: paused; }
Valeurs possibles	running (valeur par défaut) si l'animation doit continuer à s'exécuter, paused pour interrompre momentanément l'animation. Plusieurs états peuvent être indiqués, séparés par des virgules, pour contrôler le cas échéant les différentes animations choisies.
Héritage	*Non.*

Raccourci pour les animations

Nous terminons par la propriété raccourcie animation, avec laquelle nous avions commencé pour quelques exemples de présentation. C'est celle que nous utiliserons le plus souvent, puisqu'elle permet d'appliquer une animation en écrivant une seule ligne. Elle reprend en effet toutes les propriétés précédentes, sauf animation-play-state dont l'usage sera moins courant.

Tableau 7-42 Propriété raccourcie animation

Propriété	animation
Exemple	img.logo { animation: apparition 5s linear 0.5s 3 alternate both; }
Valeurs possibles	Valeurs successives, séparées par des espaces, des propriétés animation-name, animation-duration, animation-timing-function, animation-delay, animation-iteration-count, animation-direction et animation-fill-mode. Les propriétés qui ne sont pas indiquées prennent leur valeur par défaut et seule la deuxième durée correspond au délai d'attente. La valeur qui n'est pas suivie par la lettre s, comme secondes, est le nombre d'itération (nombre de répétitions de l'animation). Plusieurs groupes de valeurs peuvent se succéder, séparés par des virgules, pour utiliser simultanément différentes animations.
Héritage	*Non.*

Bien sûr, il ne faudra pas oublier de déclarer l'animation utilisée, en lui attribuant un nom et un fonctionnement à l'aide de la règle `@keyframes` que nous avons étudiée au début de notre découverte des animations.

> RÉFLEXION **Utilisation des animations pour le Web**
>
> Comme nous l'avons vu, un des dangers des transitions et des animations est de ralentir la consultation des pages, mais ce n'est pas le seul. Si l'emploi de ces propriétés est un atout esthétique incontestable, il nous faut les utiliser avec suffisamment de finesse pour éviter de tomber dans les excès qui nous guettent : les pages qui bougent dans tous les sens risquent de manquer de clarté. Pire encore, le message véhiculé par le site peut manquer de crédibilité si trop d'effets spéciaux lui donnent un aspect « amateur ».
>
> Par conséquent, tout comme dans l'emploi des polices, des couleurs, des images de fond et des ombres, ce sont la sobriété et la discrétion des effets qui donneront de l'allure à nos sites.

Les CSS 3 : bientôt et déjà !

Comme indiqué en remarque au tout début de ce chapitre, ces fonctions proposées par la norme CSS 3 sont prises en compte progressivement par les navigateurs. Il faudra donc bien tenir compte des anciennes versions de logiciels toujours en service, et, le cas échéant, écrire plusieurs fois une propriété comme indiqué en début de ce chapitre, d'abord avec les préfixes `-moz-`, `-webkit-`, `-o-` et `-ms-`, puis selon sa syntaxe initiale.

Heureusement, une bonne partie des propriétés que nous venons de parcourir pourra s'utiliser de telle sorte que nos pages puissent s'afficher correctement par tous les butineurs, les règles de style inconnues étant simplement ignorées. Dans ce cas, le site ne s'affichera pas exactement de la même façon sur toutes les versions de tous les logiciels : cela s'appelle une « dégradation élégante » sur les anciennes versions, et c'est une méthode qui est de plus en plus couramment admise aujourd'hui.

Les feuilles de style CSS 3 peuvent être validées de façon très simple, par copier-coller des règles à tester dans une zone de saisie disponible à l'adresse suivante :
http://jigsaw.w3.org/css-validator/#validate_by_input.

FIGURE 7–25 *Exemple de transformation 3D, extraite du site* http://sandropaganotti.com

Exemples de sites web

En guise de synthèse de ce que nous avons vu précédemment, nous allons réaliser des pages web complètes, en partant d'une base commune et en utilisant différentes variantes pour la mise en place des blocs qui les constituent : menu horizontal ou vertical, éléments de couleurs unies ou associés à une image de fond.

Avec les techniques que nous avons étudiées, balises HTML et feuilles de style CSS, nous avons en main tous les éléments nécessaires à la construction d'un site. Il nous reste à les assembler pour obtenir une page qui ressemble à un site Internet. Nous allons donc étudier quelques cas pratiques, qui vous serviront peut-être de bases pour vos futures pages web.

Structure d'une page web

La présentation d'une page web peut être très différente d'un site à l'autre, suivant sa complexité et son originalité. Cependant, il existe des éléments qui se retrouvent dans toutes les pages, comme le montre la figure 8-1 :

- Un en-tête, comprenant souvent un logo et le titre du site.
- Un menu qui peut être horizontal ou vertical, les deux étant parfois utilisés en même temps.
- Le contenu spécifique à la page, placé sur une ou plusieurs colonnes.
- Un pied de page, regroupant des indications ou menus complémentaires, des mentions légales, un rappel d'adresse, etc.

FIGURE 8–1 *Les grandes parties qui constituent généralement une page web (extrait du site www.w3.org)*

Choix **Menu horizontal ou vertical ?**

Ces deux types de menu ont chacun des avantages et des inconvénients :

- Un menu horizontal est assez visible, mais limité à la place disponible en largeur. Cependant, il est possible d'adopter des listes déroulantes, la liste horizontale représentant alors la structure générale du site. Le contenu de la page, situé au-dessous, peut alors occuper toute la largeur disponible et être présenté sur plusieurs colonnes.
- Le menu vertical a pour avantage d'être extensible. Par ailleurs, si le contenu de la page est écrit sur une seule colonne, celle-ci s'en trouve réduite en largeur, ce qui facilite la lecture en évitant des lignes trop longues.
- Les sites importants peuvent proposer les deux à la fois : soit pour un accès suivant deux classements différents, soit un menu horizontal pour les grands thèmes et un autre vertical pour les détails du thème choisi. Cette dernière utilisation est une alternative aux menus déroulants.

Nous allons étudier la mise en place de ces deux méthodes de navigation, vous n'aurez plus qu'à choisir celle qui vous convient. Nous nous hasarderons ensuite à l'utilisation d'images de fond, pour embellir notre site.

Code HTML de base

Nos modèles de base comprendront toujours la même structure HTML, avec les éléments essentiels que nous venons d'évoquer : un en-tête, un menu, un contenu et un pied de page, le tout formant une page de largeur fixe qui sera centrée au milieu de l'écran.

Nous allons examiner tout d'abord le code HTML de la page de base. Grâce au potentiel des feuilles de style, il servira à la fois pour les versions avec menu horizontal et avec menu vertical.

Notre feuille de style est appelée ici, de façon très banale, `style.css`. Tant qu'elle n'a pas été encore définie, l'affichage de cette page présente l'aspect austère et très rudimentaire que vous pouvez voir à la figure 8-2.

IMPORTANT **Nom de la page d'accueil**

Rappelons que notre page d'accueil doit obligatoirement s'appeler `index.html`. Le nom des autres pages est libre, il est simplement conseillé de se limiter aux lettres, chiffres et tirets, sans espaces, ni accents, ni caractères particuliers comme le ç.

Si une page nommée par exemple `accueil.html` peut s'afficher correctement, il faut se souvenir que lorsqu'un visiteur tape le nom d'un site dans son navigateur, il ne précise pas le nom du fichier : c'est donc la page *index* qui apparaît. Si elle n'est pas présente, c'est la liste brute des fichiers du répertoire qui s'affiche à l'écran.

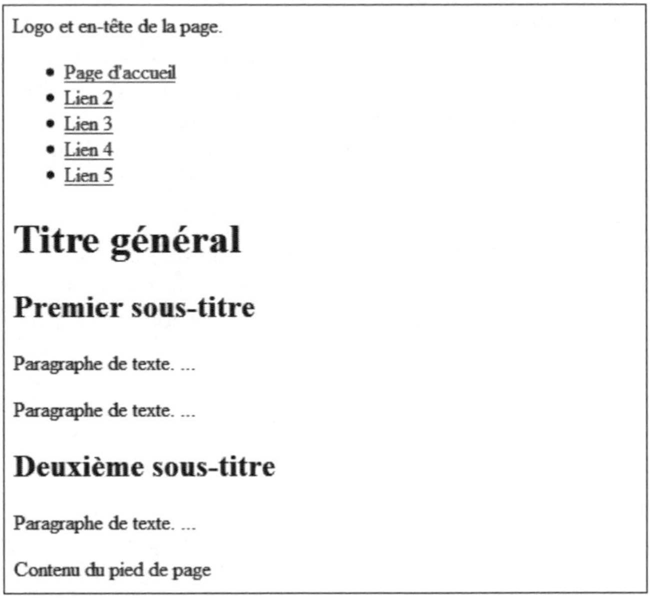

Logo et en-tête de la page.

- Page d'accueil
- Lien 2
- Lien 3
- Lien 4
- Lien 5

Titre général

Premier sous-titre

Paragraphe de texte. ...

Paragraphe de texte. ...

Deuxième sous-titre

Paragraphe de texte. ...

Contenu du pied de page

FIGURE 8-2 *L'aspect brut de notre page de base, sans feuille de style.*

Code HTML de la trame avec menu horizontal ou vertical

```
<!DOCTYPE html PUBLIC "-//W3C//DTD XHTML 1.0 Strict//EN"
    "http://www.w3.org/TR/xhtml1/DTD/xhtml1-strict.dtd">
<html xmlns="http://www.w3.org/1999/xhtml">
```

```
<head>
  <meta http-equiv="Content-Type"
        content="text/html; charset=utf-8" />
  <title>Modèle de page web</title>
  <link rel="stylesheet" href="style.css" type="text/css" /> ❶
</head>

<body>
<div id="global"> ❷ <!-- Conteneur général de toute la page -->

  <div id="entete"> ❸ <!-- En-tête -->
    <p>Logo et en-tête de la page.</p>
  </div>      <!-- Fin d'en-tête -->

  <div id="blocmenu"> ❹ <!-- Début du menu de navigation -->
    <ul id="menu"> ❺
      <li><a href="index.html">Page d'accueil</a></li>
      <li><a href="page2.html">Lien 2</a></li>
      <li><a href="page3.html">Lien 3</a></li>
      <li><a href="page4.html">Lien 4</a></li>
      <li><a href="page5.html">Lien 5</a></li>
    </ul>
  </div>      <!-- Fin du menu de navigation -->

  <div id="contenu"> ❻ <!-- Début du contenu de la page -->
    <h1>Titre général</h1>

    <h2>Premier sous-titre</h2>
    <p>Paragraphe de texte... </p>
    <p>Paragraphe de texte... </p>

    <h2>Deuxième sous-titre</h2>
    <p>Paragraphe de texte... </p>
  </div>      <!-- Fin du contenu de la page -->

  <div id="pied"> ❼ <!-- Début du pied de page -->
    <p>Contenu du pied de page</p>
  </div>      <!-- Fin du pied de page -->

</div>      <!-- Fin du conteneur général de toute la page -->
</body>
</html>
```

Nous ne nous étendrons pas sur l'en-tête, dont l'écriture a été détaillée dans le chapitre 2. Seule la balise `<link>` ❶ retiendra notre attention, puisqu'elle donne le nom de la feuille de style utilisée, ici `style.css`. Ce nom n'est pas obligatoire, seule l'extension `.css` est indispensable. Après avoir compris la structure de ce code HTML, c'est principalement ce fichier `style.css` que nous étudierons et que nous modifierons pour créer différentes variantes.

> IMPORTANT **Emplacement des fichiers**
>
> Puisque la balise `<link>` ne fournit que le seul nom de fichier `style.css`, cela signifie que ce fichier se trouve dans le même dossier que notre page d'accueil `index.html`.
>
> Si notre feuille de style se trouvait dans un sous-dossier nommé `css`, il faudrait écrire :
>
> `<link href="css/style.css" ... />`.
>
> N'oublions pas que la barre de séparation des dossiers s'écrit / comme sous Linux, et non \ comme sous Windows.
>
> Pour ceux qui aiment la complexité, sachez que deux points successifs et une barre « ../ » permettent de remonter dans le dossier « parent » de l'arborescence.

Les blocs qui constituent la structure de notre page sont les suivants :

- Le bloc ❷ `<div id="global">` comprend toute la page. Il permettra d'en définir la largeur et de la centrer au milieu de l'écran (ce bloc `<div>` sera centré horizontalement dans la balise `<body>`).
- Le bloc ❸ `<div id="entete">` correspond au bandeau situé en haut de page, où se trouvent en évidence le logo, le thème du site et éventuellement d'autres éléments (slogan, numéro de téléphone, etc.).
- Le bloc ❹ `<div id="blocmenu">` inclut la liste ❺ `<ul id="menu">` des liens constituant le menu du site. Si la présence de ce bloc `<div>` n'est pas indispensable, puisque la liste `<ul>` est elle-même un bloc, elle permet cependant d'ajouter un contenu à droite du menu horizontal ou sous le menu vertical, suivant la configuration adoptée.

- Dans le bloc ❻ `<div id="contenu">` se trouvera le contenu spécifique de chacune des pages.
- La page se termine par le bloc ❼ `<div id="pied">`, c'est notre pied de page.

Cette ossature se retrouvera dans toutes les pages de notre site. En général, seul le bloc associé au contenu de la page sera modifié, les autres étant permanents d'une page à l'autre. Il ne s'agit pas d'une règle absolue, mais cela permet de donner une certaine unité au site.

Le plus important est que le visiteur trouve toujours le même menu au même endroit, sinon la navigation dans le site devient compliquée. C'est d'ailleurs en nous basant sur la position du menu que nous allons définir différents types de mise en forme.

Créer des pages de base à menu horizontal ou vertical

À partir du code HTML que nous venons d'étudier, nous allons écrire deux feuilles de style, de façon à obtenir une page de base avec un menu horizontal, puis avec un menu vertical.

Page de base avec menu horizontal

Il s'agit de positionner les différents éléments du code HTML précédent pour placer le menu de façon horizontale, en haut de la page. Notre feuille de style sera la plus simple possible pour obtenir ce résultat. L'affichage obtenu, bien que très sobre, sera tout à fait présentable comme le montre la figure 8-3.

Cette feuille de style à écrire est un fichier texte, à enregistrer sous le nom de fichier `style.css`. N'oublions pas de le placer dans le même dossier que notre page d'accueil `index.html`. Nous allons observer son contenu pour le détailler ensuite.

FIGURE 8-3 *Notre trame de base avec un menu horizontal, après sa mise en forme par la feuille de style.*

Feuille de style style.css pour un menu horizontal

```css
body, div, ul { margin: 0; padding: 0; } ❶

body {
  background-color: #F5F5F5;/* gris clair */ ❷
  font-family: Arial, sans-serif; font-size: 13px;
}
/* L'ensemble de la page est fixé et centré ❸ */
#global { width: 950px; margin: 0 auto; }

/* Bandeau d'en-tête ❹ */
#entete { height: 80px; padding: 10px;
  background-color: lightgray; font-size: 14px; }

/* Menu de navigation ❺ */
#blocmenu { height: 36px; background-color: lavender; }

/* Contenu de la page ❻ */
#contenu { padding: 10px; background-color: white; }
```

```
/* Pied de page ❼ */
#pied { padding: 5px; background-color: lightgray; }

/* Détails pour le menu de navigation */
#menu li { float: left; list-style-type: none; } ❽

#menu li a, #menu li a:visited {
  padding: 10px; line-height: 35px; font-size: 14px;
  text-decoration: none; color: black; } ❾

#menu li a:hover { background-color: lightsteelblue;
                   color: brown; } ❿
```

Étudions ensemble cette feuille de style qui permet notamment, grâce aux propriétés de positionnement utilisées, de placer les différents blocs de notre code HTML comme indiqué par la figure 8-4.

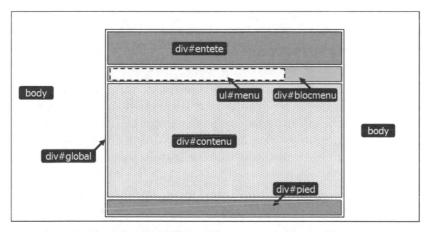

Figure 8-4 *L'emplacement des différents blocs présents dans le code HTML. Leurs identifiants sont précédés du signe #, comme dans les feuilles de style.*

Principaux éléments de la page

La ligne ❶ sert à annuler les marges intérieures et extérieures des éléments `<body>`, `<div>` et `<ul>`. Par la suite, nous pourrons redéfinir ponctuellement certaines d'entre elles, en fonction des besoins.

Pour la balise `<body>`, un fond gris ❷ est défini : il sera visible à gauche et à droite de la page centrée horizontalement. La police et la taille des caractères étant des propriétés héritées, celles données ici s'appliquent à tous les éléments de la page, sauf si elles sont redéfinies pour certaines balises.

Le contenu effectif de la page, placé dans le bloc `<div id="global">` ❸, aura une largeur de 950 pixels. Sa largeur étant fixe, ce bloc peut être centré dans la page avec la valeur `auto` attribuée aux marges extérieures de gauche et de droite.

> À NOTER **Largeur de base de la page**
>
> La largeur choisie pour le contenu de la page est ici de 950 pixels. Cela permet d'adapter le site à un large public, y compris ceux qui ont une configuration ancienne ou bien un petit ordinateur portable, de type *netbook*. La largeur de base est alors de 1024 pixels ; il faut enlever la place nécessaire pour la barre de défilement et une barre d'outils éventuelle, d'où les 950 pixels.

Le bandeau d'en-tête `<div id="entete">`❹ a ici une hauteur définie de 80 pixels, ainsi qu'une marge intérieure pour espacer du bord les textes et logos qu'il contiendra. Il possède sa propre couleur de fond et la taille du texte y est plus grande que dans les paragraphes de la page.

Le bloc `<div id="blocmenu">` ❺ contient le menu. Sa hauteur sera fonction de la hauteur de ligne des liens (propriété `line-height` des balises `<a>` du menu) et de leur taille de caractères. Ceci permettra, au passage de la souris sur les liens, de modifier la couleur de fond sur toute sa hauteur. Ces propriétés pourraient être appliquées directement à la liste `<ul id="menu">`, le bloc `div` qui l'entoure étant facultatif.

Le contenu de la page ❻ est espacé du bord avec une marge intérieure `padding` de 10 pixels sur chaque côté, sa couleur de fond est blanche.

Le pied de page ❼ possède des marges intérieures de 5 pixels et s'affichera sur un fond gris.

Détails du menu

Les lignes du menu ❽ sont flottantes à gauche : c'est ce qui permet de les placer côte à côte, sur une même ligne horizontale. La puce standard de ces lignes est supprimée.

Les liens `<a>` ❾ du menu ont une marge interne de 10 pixels, une hauteur de ligne de 35 pixels et une taille de caractère de 14 pixels. Si une de ces deux dernières propriétés est modifiée, il faudra régler en conséquence la hauteur du bloc `div#blocmenu`. Par ailleurs, les liens étant par défaut soulignés et écrits en bleu (parfois en violet pour les liens déjà visités), il faut redéfinir deux propriétés, `text-decoration` pour enlever le soulignement et `color` pour changer la couleur.

Au passage de la souris ❿, les couleurs du fond et des caractères changent. Grâce aux réglages de hauteur de ligne ❾ et du bloc menu ❺, toute la hauteur du menu change de couleur.

Pour personnaliser votre feuille de style, vous pouvez changer à loisir les couleurs de fond et des caractères, les tailles des différents blocs, etc. Si vous préférez un menu vertical, la solution se trouve dans le paragraphe qui suit.

Page de base avec menu vertical

Le même code HTML que celui utilisé précédemment nous permet de construire un modèle de page avec un *menu vertical*. Il suffit de modifier quelques points de notre feuille de style, pour obtenir la page donnée par la figure 8-5.

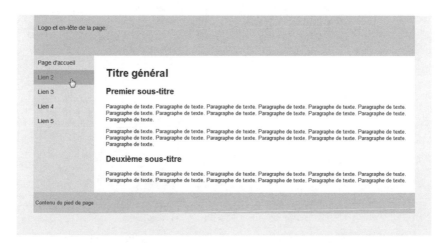

Figure 8-5 *Notre trame de base avec un menu vertical, après sa mise en forme par la feuille de style adéquate.*

Nous allons examiner le nouveau fichier `style.css` (toujours à placer dans le même dossier que notre page HTML) et détailler ensuite les principaux changements effectués par rapport à la feuille de style précédente.

Feuille de style style.css pour un menu vertical

```
body, div, ul { margin: 0; padding: 0; } ❶

body {
  background-color: #F5F5F5;/* gris clair */❷
  font-family: Arial, sans-serif; font-size: 13px;
}
/* L'ensemble de la page est fixé et centré ❸ */
#global { width: 950px; margin: 0 auto;
          background-color: lavender; }

/* Bandeau d'en-tête ❹ */
#entete { height: 80px; padding: 10px;
  background-color: lightgray; font-size: 14px; }

/* Colonne de gauche, contenant le menu */
#blocmenu { width: 150px; float: left; } ❺

/* Colonne de droite : contenu de la page */
#contenu { width: 760px; float: left; ❻
           padding: 10px; padding-left: 30px;
           background-color: white; }

/* Pied de page */
#pied { clear: both; ❼
  padding: 5px; background-color: lightgray; }

/* Détails pour le menu de navigation */
#menu li { list-style-type: none; } ❽

#menu li a, #menu li a:visited { ❾
  display: block; padding: 10px; font-size: 14px;
  text-decoration: none; color: black; }

#menu li a:hover {
    background-color: lightsteelblue; color: brown; } ❿
```

Pour cette trame à menu vertical, le placement des différents blocs HTML ressemble beaucoup à celui de la trame à menu horizontal : seuls le menu et le contenu de la page sont disposés différemment, comme le montre la figure 8-6.

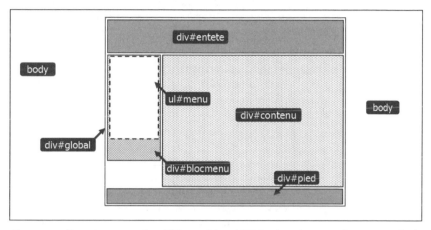

Figure 8-6 *L'emplacement des différents blocs HTML, dans la trame à menu vertical, leurs identifiants étant repérés par le signe #. La hauteur du bloc div#blocmenu est fonction de son contenu.*

Modifications des principaux éléments de la page

Cette feuille de style comporte de nombreux points communs avec la précédente ; nous allons nous intéresser aux changements effectués.

Les règles de style **❶**, **❷** et **❹** ne sont pas modifiées. La troisième **❸** voit une propriété s'ajouter pour le bloc `<div id="global">` : il s'agit d'une couleur de fond, qui sera celle du bloc contenant le menu.

La mise en forme du bloc contenant le menu `<div id="blocmenu">` **❺** est très différente du cas précédent. Ce n'est plus sa hauteur, mais sa largeur qui est définie. Ce bloc est flottant à gauche, ce qui permettra de placer à sa droite le contenu de la page. Il ne possède pas de couleur de fond : comme nous l'avons vu, ce bloc est transparent et le fond du menu sera celui du bloc global.

ASTUCE **Emplacement de la couleur de fond du menu**

Pourquoi la couleur de fond du menu est-elle indiquée dans le bloc global ? Parce que le menu vertical ayant une taille limitée et fonction du nombre de liens, il est généralement moins haut que le contenu de la page, ce qui correspond au schéma de la figure 8-6. Si ce menu portait sa couleur de fond, celle-ci s'arrêterait après le dernier lien, et notre colonne de gauche ne serait ni homogène, ni esthétique, comme le montre la figure 8-7.

L'astuce consiste donc :

- à laisser le bloc menu transparent ;
- à attribuer la couleur de fond de ce menu au bloc global ;
- et à définir une couleur de fond pour chacun des autres éléments.

Ainsi, la colonne de gauche donne l'impression que le menu se prolonge jusqu'à la fin de la page. La figure 8-7 présente l'aspect du menu, avant et après l'application de cette astuce.

Ce procédé suppose cependant que le contenu de la page ait une hauteur supérieure ou égale à celle du menu. Si ce n'est pas le cas, il suffira d'ajouter quelques sauts de ligne ou une marge supplémentaire à la fin de ce contenu.

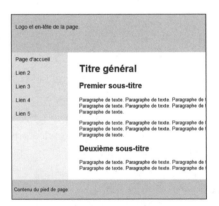 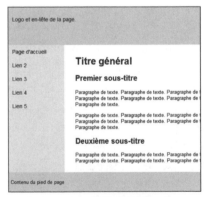

FIGURE 8–7 *Le menu étant plus court que la page, le grisé qui lui est attribué en couleur de fond ne remplit pas la colonne de gauche (image de gauche). Si le fond du bloc menu est transparent, c'est le bloc <div id="global"> qui assure la couleur de fond du menu (image de droite).*

Le contenu de la page `<div id="contenu">` **6** conserve son fond blanc et ses marges intérieures de 10 pixels, mais celle de gauche passe à 30 pixels, de façon à écarter un peu le texte qu'il contiendra du menu de gauche. Il se voit également attribuer deux nouvelles propriétés : une largeur de 760 pixels et un flottement à gauche, ce qui lui permet d'être placé à droite du menu.

> **Précision Calcul de la largeur width du contenu**
>
> Pour calculer la propriété `width` du bloc `div#contenu`, il faut :
>
> - Prendre la largeur utile `width` du bloc `div#global`, qui doit contenir côte à côte le menu et le contenu.
> - Enlever la dimension totale du bloc `div#blocmenu` (sa largeur `width`, ses marges internes et externes, ses bordures éventuelles), soit ici 150 pixels (pas de marges, ni de bordures).
> - Enlever les marges internes et externes du bloc `div#contenu` lui-même, ainsi que l'épaisseur de ses bordures (ici pas de bordures ni de marges externes, mais une marge interne de 30 pixels à gauche et de 10 pixels à droite).
>
> Le calcul qui permet d'obtenir la largeur du bloc `div#contenu` est donc, dans le cas présent : width = 950 - 150 - 30 - 10 = 760 pixels.
>
> Le calcul de cette largeur est important : si sa valeur est trop grande, le bloc de contenu se retrouve placé à gauche, sous le bloc du menu.

Le pied de page **7** possède une propriété supplémentaire `clear`, qui oblige le navigateur à le placer sous les deux blocs flottants que sont le menu et le contenu.

En ce qui concerne les lignes du menu **8**, dont les puces sont évidemment supprimées, il n'est plus nécessaire de les faire flotter à gauche.

Les liens du menu **9** sont affichés en tant que blocs, de façon à constituer pour chacun un rectangle aussi large que la colonne du menu : c'est plus esthétique et d'un meilleur confort pour la navigation. Il en résulte que la hauteur de ligne n'a plus à être définie. Les autres styles de ces liens sont inchangés.

Au passage de la souris **10**, la couleur de fond et celle du texte des liens sont modifiées de la même façon que pour le menu horizontal.

Voici donc le tour de force que permettent les CSS : en utilisant exactement le même code HTML et en apportant une dizaine de modifications à la feuille de style, nous avons transformé notre page à menu horizontal en une autre à menu vertical.

Nous avons commencé de façon simple, avec ces deux trames de site comprenant uniquement des couleurs de fond pour assurer le minimum d'esthétique. Il est temps d'ajouter quelques images, nous allons nous en préoccuper à présent.

Insérer les images de fond de nos sites

Pour améliorer nos réalisations, rien de tel que des images qui vont agrémenter les différentes parties de la page. À partir de la même structure de code HTML que nous venons d'utiliser, nous allons étudier deux types de modèles : le premier utilise une grande photo qui constitue l'essentiel de la page, le deuxième associe une image de fond à chacun des blocs principaux.

> RESSOURCES
>
> Toutes les images nécessaires sont téléchargeables à l'adresse :
>
> ▸ http://livre.antevox.fr.
>
> Nous adressons tous nos remerciements pour son aide au graphiste réputé Kar Kui LAM (www.karkuidesign.com), qui a aimablement apporté son concours pour le graphisme, les photos et l'harmonie des couleurs.

Une grande image pour toute la page

Les images et les couleurs d'un site sont à choisir en fonction de son thème. Notre premier site en images parle des mers et océans dans le monde. Vous pouvez voir son allure sur la figure 8-8. Sous le nom du site, en blanc élancé sur un fond de ciel bleu, les titres sont en vert foncé (titre de niveau 1) et en bleu foncé (titres de niveau 2) : ce sont des couleurs reposantes, qui nous donnent un avant-goût de vacances !

Comme le montre la figure 8-9, peu d'images composent la structure de ce site, puisque l'essentiel de la page est constitué d'une grande image de fond. Cette image se termine en bas par une couleur unie sur toute sa largeur : c'est important, car nous choisirons la même couleur pour le fond du bloc global, ainsi il n'y aura pas de trait de séparation entre les deux lorsque nous agrandirons notre page en y plaçant du contenu.

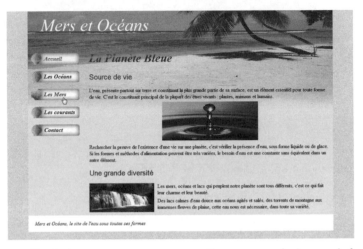

FIGURE 8-8 *Un air de vacances pour notre première page avec des images de fond.*

Les autres images sont :

- un fond répétitif qui se verra de part et d'autre de la page centrée, il s'agit ici d'un texture de sable ;
- un bouton de menu, avec une coquille Saint-Jacques sur la gauche ;
- un bouton de menu actif : au passage de la souris, la coquille pivote vers le menu pointé.

FIGURE 8-9 *Les quatre images qui constituent la structure du site : une grande image posée sur une texture de sable (répétée sur tout le fond de l'écran) et les images qui agrémenteront le menu, pour les liens ordinaires et pour le lien signalant le passage de la souris.*

Code HTML

La structure du code HTML sera identique à celle que nous avions étudiée précédemment, pour les modèles de base. Le début de la page (jusqu'à la balise `</head>`) n'est pas modifié, sauf pour la balise de titre qu'il faudra rectifier :

```html
<title>Mers et Océans</title>
```

Voici le contenu de la balise `<body>` : les blocs de base sont les mêmes et conservent leur nom, seul leur contenu change.

Corps de la page HTML pour le site Mers et Océans

```html
<body>
<div id="global">

  <div id="entete">
    <h1>Mers et Océans</h1>  ❶
  </div>

  <div id="blocmenu">
    <ul id="menu">  ❷
      <li><a href="index.html">Accueil</a></li>
      <li><a href="oceans.html">Les Océans</a></li>
      <li><a href="mers.html">Les Mers</a></li>
      <li><a href="courants.html">Les courants</a></li>
      <li><a href="contact.html">Contact</a></li>
    </ul>
  </div>

  <div id="contenu">
    <h1>La Planète Bleue</h1>  ❸

    <h2>Source de vie</h2>  ❹
    <p>Paragraphe de texte...</p>
    <p class="centre">
       <img src="mer1.jpg" alt="goutte d'eau" />  ❺
    </p>
    <p>Paragraphe de texte...</p>
```

```
    <h2>Une grande diversité</h2> ④
    <p>
        <img class="gauche" src="mer2.jpg"
            alt="cascades" /> ⑥
        Paragraphe de texte...
    </p>
    <p>Paragraphe de texte...</p>

</div> <!-- Fin du bloc div#contenu -->

<div id="pied">
    <p>Mers et Océans, le site de l'eau
        sous toutes ses formes</p> ⑦
</div>

</div> <!-- Fin du bloc div#global -->
</body>
```

Il ne faudra pas oublier de terminer la page par la balise `</html>`.

Les modifications par rapport à notre modèle de base sont les suivantes :

- L'en-tête comprend un grand titre « Mers et Océans » ① écrit sous forme de texte.

- Le texte du menu ② et des liens associés a ici été précisé, de même que le titre général ③ de la page, les sous-titres ④ et le texte du pied de page ⑦. Le texte réel des paragraphes n'a pas été reproduit, pour conserver le maximum de clarté au code HTML.

- L'image ⑤ est centrée, grâce à la classe `centre` attribuée au paragraphe qui la contient. La feuille de style devra donc indiquer que le texte est centré pour les éléments possédant cette classe.

- L'image ⑥ doit être calée à gauche et habillée sur la droite par le texte qui suit. C'est la classe `gauche` qui permettra ce positionnement, à définir dans la feuille de style : l'élément sera « flottant à gauche » et possédera une marge à droite, pour espacer le texte de l'image.

Il nous reste à écrire la feuille de style. Là encore, nous allons reprendre notre version de base, celle correspondant au menu à gauche, pour y apporter quelques améliorations.

> ASTUCE **Des commentaires bien utiles**
>
> Vous noterez les petits commentaires qui accompagnent notre code HTML : ils sont bien pratiques pour repérer les balises `</div>` qui ferment un bloc dont l'ouverture est un peu lointaine. C'est le cas en particulier pour le bloc global et pour celui qui encadre le contenu de la page. Il ne faut pas hésiter à écrire d'autres commentaires pour séparer les différentes parties du contenu de la page, lorsque celle-ci prend de la consistance. Ces annotations permettent aussi d'expliquer une méthode de codage utilisée, la présence de telle balise, etc. Cette bonne habitude est également valable pour la feuille de style, tout comme dans la programmation en général.
>
> Cela peut paraître fastidieux au moment de la création de la page, alors que tout est si clair dans notre tête. Mais s'il faut reprendre et modifier le site un an plus tard, quel bonheur de trouver ces points de repère !

Feuille de style

Si nous conservons l'en-tête de la version de base, notre feuille de style sera un fichier texte, appelé `style.css` et placé dans le même dossier que notre page HTML. Il s'agit d'une adaptation de la feuille de style du modèle précédent, la trame de base avec le menu à gauche. Les images de fond y sont insérées, les marges sont ajustées et quelques styles de présentation sont modifiés ou ajoutés en fonction du contenu de la page.

Feuille de style CSS pour le site Mers et Océans

```
body, div, ul { margin: 0; padding: 0; }

p { margin: 5px 0; }  ❶

body { background-image: url(texture_sable.jpg);
  font-family: Times, serif; font-size: 16px; }  ❷

/* Bloc centré pour l'ensemble de la page */  ❸
#global { width: 950px; margin: 0 auto;
  background-color: #E6EEF1;/* bleu clair */
  background-image: url(fond_global.jpg);
  background-repeat: no-repeat; }

#entete { height: 80px; padding: 10px; }  ❹
```

```
#entete h1 { margin: 3px 30px; color: white;
  font-size: 53px; font-weight: normal; }

#blocmenu { width: 160px; float: left; } ⑤

#contenu { width: 750px; float: left;
  padding: 0 10px 10px 30px; } ⑥

#pied { clear: both; margin-bottom: 10px;
  padding: 10px 10px 10px 20px;
  background-color: white;
  font-family: Times, serif; font-style: italic;
  font-size: 16px; color: #005f36; } ⑦


/* Détails pour le menu de navigation */
ul { margin-top: 30px; margin-left: 10px; } ⑧

#menu li { list-style-type: none; }

#menu li a, #menu li a:visited { ⑨
  background: url(bouton-menu.png);
  display: block; line-height: 15px;
  margin: 20px 0; padding: 10px 5px 10px 40px;
  text-decoration: none;
  font-family: Times, serif; font-style: italic;
  font-weight: bold; font-size: 18px; color: #003060;
}

#menu li a:hover { ⑩
  background-image: url(bouton-menu-actif.png);
  color: #ac0000; }


/* Contenu de la page */
h1 { font-style: italic; font-family: Times, serif;
  font-size: 36px; color: #005f36; } ⑪
h2 { font-family: Arial, sans-serif; font-size: 22px;
  font-weight: normal; color: #003060; } ⑫
```

```
/* Classes pour l'alignement */
.centre { text-align: center; } ⑬
.gauche { float: left; margin-right: 10px; } ⑭
```

Intéressons-nous aux changements et ajouts effectués à partir du style basique pour un menu vertical, celui que nous avions précédemment étudié. Tous les paragraphes `<p>` ont une marge extérieure de 5 pixels en haut et en bas ❶, aucune à gauche ni à droite, les marges intérieures des blocs conteneurs étant suffisantes. Rappelons que les marges extérieures de deux éléments consécutifs sont fusionnées.

Pour la balise `<body>`, outre une police en Times 14 pixels valable pour toute la page, une image de fond est définie ❷ : c'est la texture qui va remplir de sable tout l'écran et qui sera visible en dehors de la partie centrale.

Si le bloc `<div id="global">` ❸ conserve sa largeur et ses marges pour un centrage horizontal, il a maintenant pour fond notre belle et grande image de plage, cette image n'étant bien sûr pas répétée. Sa couleur de fond est un bleu clair qui est exactement la couleur unie qui termine le bas de l'image. Ainsi, la transition sera invisible lorsque la page s'agrandira. Notez que l'image s'applique par dessus la couleur de fond, quel que soit l'ordre d'écriture des déclarations de style.

Les caractéristiques de l'en-tête ❹ n'ont pas changé, sauf la taille de police qui est inutile ici et la couleur de fond qu'il faut enlever pour ne pas masquer notre belle image. Une règle est ensuite ajoutée pour déterminer la position et l'écriture du titre `<h1>` contenu dans cet en-tête.

La largeur du `<div id="menu">` ❺ est de 160 pixels au lieu de 150. Par conséquent, le bloc `<div id="contenu">` ❻, où se trouvera le texte de la page, voit sa largeur passer de 760 à 750 pixels. Les marges de ce dernier sont inchangées, sauf sa marge interne du haut qui est supprimée. Bien entendu, la couleur de fond du contenu de la page est supprimée, sinon elle recouvrirait la plage et ses palmiers.

Le pied de page ❼ voit ses marges et sa couleur de fond modifiées, ainsi que les attributs du texte qu'il contient, en Times italique et du même vert foncé que le titre principal de la page.

En ce qui concerne le menu de navigation, dont un aperçu est donné par la figure 8-10, sa mise en forme est la suivante.

- Des marges sont appliquées au bloc `<ul>` **8**.
- Les liens ordinaires ou déjà visités **9** ont un bouton comme image de fond. Des marges adaptées permettent d'espacer ces boutons entre eux et de caler le texte à l'intérieur. Le texte du menu est du même bleu foncé que les sous-titres de la page, sa mise en forme est ajustée.
- Lorsque la souris passe sur un lien **10**, l'image du bouton change, ainsi que la couleur du texte qui devient rouge-marron.

FIGURE 8–10 *Détail du fonctionnement du menu, pour la page Mers et Océans : seule la coquille Saint-Jacques semble changer de sens au passage de la souris, mais il s'agit bien de deux images de bouton différentes.*

Il ne reste plus qu'à s'occuper du contenu de la page :

- Les titres `<h1>` **11** sont en Times italique, écrits en vert foncé, taille 36 pixels.
- Les titres `<h2>` **12** sont en Arial et en bleu foncé, taille 22 pixels ; le gras (défini par défaut pour toutes les balises `<h1>` à `<h6>`) a été supprimé pour alléger ces sous-titres.
- La classe `centre` **13** sert, comme son nom l'indique, à centrer un contenu. Notre code HTML l'utilise pour centrer une image dans un paragraphe.
- La classe `gauche` **14** permet de faire flotter des images à gauche, de façon à ce que le texte qui suit habille ces images sur la droite. Une marge de droite est ajoutée pour créer un espace esthétique entre le texte et l'image. S'il y avait des images à placer à droite, un classe `droite` pourrait être définie dans les mêmes conditions.

En résumé, deux images de fond peuvent suffire pour agrémenter un site : une grande pour le bloc global et une autre pour les boutons du menu. L'image du bouton actif et la texture de fond autour de la page sont facultatives. Il est important que le bas de l'image principale se termine par une couleur unie, éventuellement à l'aide d'un fondu pour atteindre cette couleur fixe.

Il faut bien sûr adapter chaque fois les dimensions et les marges au graphisme choisi, et trouver une présentation appropriée pour les textes de chacune des parties (type de police, taille, couleur, gras, italique), le tout en harmonie. Nous n'allons pas entrer dans les détails de la présentation, il s'agit d'un autre métier, celui de graphiste.

> IMPORTANT **Lisibilité du texte**
>
> Le choix de la couleur du texte de la page est important, car il faut s'assurer d'une bonne lisibilité. En particulier, le texte de la page doit pouvoir se détacher nettement sur tous les endroits de l'image utilisée, sauf pour la partie qui constitue le haut de la page.
> Si l'image comporte à la fois des zones très sombres et des zones très claires, c'est pratiquement mission impossible. Le mieux est alors de changer d'image ou bien de l'estomper en utilisant un logiciel de retouche d'image comme Gimp, PhoXo ou PhotoFiltre par exemple.

Les sites créés ainsi avec une grande image principale ne sont pas les plus courants. Souvent, une image distincte est utilisée pour chacun des éléments de la page : une pour le bandeau, une autre pour les boutons du menu, etc. Nous allons donc étudier ce cas de figure.

Site contenant plusieurs images de fond

Ce deuxième exemple nous emmène en voyage, plus précisément à Hong Kong. La page à réaliser est celle que vous voyez sur la figure 8-11. Elle est constituée de nos éléments habituels, dont la plupart possèdent leur image de fond.

Le titre principal et les sous-titres de la page sont respectivement en rouge et orange. Il s'agit de couleurs chaudes, qui correspondent bien à l'activité intense de cette ville, et le rouge rappelle en même temps le drapeau de Hong Kong. Le titre du bandeau fait partie de l'image, il est en gris très clair, presque blanc, pour mieux ressortir sur la photo de la ville au crépuscule.

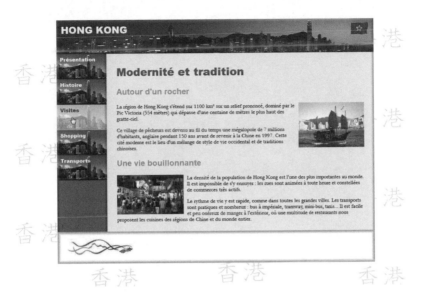

Figure 8-11 *Notre invitation au voyage à Hong Kong utilise des images de fond différentes, associées aux différents blocs de la page.*

Code HTML

Nous allons conserver la même structure de code HTML, celle du modèle de base avec menu à gauche ; seul le contenu des blocs sera spécifique au site.

Corps de la page HTML pour le site Hong Kong

```
<body>
<div id="global">

  <div id="entete"> ❶
  </div>

  <div id="blocmenu">
    <ul id="menu"> ❷
      <li><a href="index.html">Présentation</a></li>
      <li><a href="histoire.html">Histoire</a></li>
      <li><a href="visites.html">Visites</a></li>
      <li><a href="shopping.html">Shopping</a></li>
```

```
      <li><a href="transports.html">Transports</a></li>
    </ul>
  </div>

  <div id="contenu">

    <h1>Modernité et tradition</h1>  3

    <h2>Autour d'un rocher</h2>  4
    <p>
       <img class="droite" src="HK1.jpg"
            alt="port de Hong Kong" />  5
       Paragraphe de texte...
    </p>
    <p>Paragraphe de texte... </p>

    <h2>Une vie bouillonnante</h2>  6
    <p>
       <img class="gauche" src="HK2.jpg"
            alt="rue de Hong Kong" />  7
       Paragraphe de texte...
    </p>
    <p>Paragraphe de texte...</p>

  </div>    <!-- Fin du bloc div#contenu -->

  <div id="pied">  8
    <p><img src="HK-dragon.jpg" alt="dragon" /></p>
  </div>

</div>  <!-- Fin du bloc div#global -->
</body>
```

Il ne faudra pas oublier de terminer la page par la balise `</html>`, ni de préciser le thème du site, à l'aide de la balise `<title>` à placer dans l'en-tête :

```
<title>Hong Kong</title>
```

Dans ce code, vous remarquerez que le contenu de l'en-tête ❶ est vide : tout son contenu a été intégré à l'image de fond, de façon à simplifier la feuille de style. Si vous souhaitez utiliser un titre sous forme de texte ou superposer un logo à l'image de fond, il vous suffit d'inclure ces éléments et de les placer avec des marges ou des techniques de positionnement, en n'oubliant pas dans ce dernier cas de positionner en relatif le bloc conteneur `div#entete`.

Le menu **❷** contient des liens vers d'autres pages, pour l'instant fictives mais que vous pourrez vous amuser à composer.

Le titre **❸**, ainsi que les sous-titres **❹** et **❻** donnent la structure du contenu de la page. L'utilisation d'intertitres et de paragraphes courts améliore la lisibilité d'un texte.

Les images **❺** et **❼** sont habillées par le texte qui les suit : celui-ci vient s'écrire à côté de l'illustration. Les classes `droite` et `gauche` seront définies dans la feuille de style, pour rendre la première image flottante à droite et la deuxième flottante à gauche.

Enfin, le contenu du pied de page **❽** est l'image stylisée d'un dragon, extraite du site du Hong Kong Tourism Board : www.discoverhongkong.com.

Feuille de style

Notre référence sera à nouveau la feuille de style de la trame de base avec menu à gauche. Il suffira d'y placer des images de fond, présentées sur la figure 8-12, et d'adapter très légèrement le reste du code. Ces règles de style constitueront un fichier texte appelé `style.css` et placé dans le même dossier que notre fichier HTML, ce qui nous évitera de modifier la balise `<link>` de l'en-tête.

Feuille de style CSS pour le site Hong Kong

```
body, div, ul { margin: 0; padding: 0; }

body { background-image: url(HK-body.jpg);  ❶
  font: 16px Garamond, Times, sans-serif; }

#global { margin: 0 auto; width: 950px;
  background-image: url(HK-global.jpg); }  ❷

#entete { height: 80px; padding: 10px;
  background-image: url(HK-entete.jpg); }  ❸
```

```
#blocmenu { width: 150px; float: left; } ❹

#contenu { width: 740px; float: left;
  padding: 10px 30px; } ❺


#pied { clear: both; height: 85px;
  margin-bottom: 10px;
  padding: 5px 5px 5px 20px;
  background-image: url(HK-pied.jpg); } ❻

/* Détails pour le menu de navigation */
#menu li { list-style-type: none; }

#menu li a, #menu li a:visited { ❼
  display: block; width: 130px; height: 65px;
  background-image: url(HK-bouton-menu.jpg);
  padding: 5px 10px;
  font-family: Arial Black, Arial, sans-serif;
  font-size: 15px; font-weight: bold;
  text-decoration: none; color: white; }

#menu li a:hover { ❽
  background-image: url(HK-bouton-actif.jpg);
  color: #ee162d; }

/* Contenu de la page */
h1 { font-family: "Arial Black", Arial, sans-serif;
     color: #ee162d; } ❾
h2 { font-family: Arial, sans-serif; color: #f8933c;} ❿

/* Classes pour l'alignement */
.droite { float: right; margin-left: 10px; } ⓫
.gauche { float: left; margin-right: 10px; } ⓬
```

Examinons ensemble les principaux changements de cette feuille de style,
par rapport à celle de notre modèle de base avec menu à gauche.

FIGURE 8-12 *Présentées sur fond gris, les différentes images de fond utilisées pour le site Hong Kong. De haut en bas : le fond répété sur tout l'écran, le bandeau d'en-tête, les boutons de menu standard et actif, le fond du bloc global (ligne répétée en hauteur) et l'image d'un cadre pour le pied de page.*

L'ensemble de l'écran ❶ (balise `<body>`) contient une image de fond qui sera répétée : elle est constituée du mot Hong Kong (c'est-à-dire « port parfumé ») écrit en chinois. La police choisie pour le contenu de la page est le Garamond, qui sera remplacée par du Times si elle est absente de l'ordinateur du visiteur. Notez qu'en CSS, `Times` est équivalent à `Times New Roman`.

L'image de fond attribuée au bloc `<div id="global">` ❷ a la même largeur que celui-ci ; elle sera donc répétée verticalement seulement. Elle se verra à gauche sous les boutons du menu, et pour sa partie droite aussitôt en dessous du bandeau.

La balise `<div id="entete">` ❸ conserve sa hauteur et ses marges internes, mais elle n'a plus besoin de couleur de fond, remplacée par l'image du bandeau. Aucune taille n'est définie pour le texte, ce bloc étant vide.

Tandis que le conteneur du menu `<div id="blocmenu">` ❹ est inchangé et conserve la largeur, celui de la page `<div id="contenu">` ❺ voit sa marge interne de droite augmenter de 20 pixels, donc sa largeur `width` diminue d'autant, pour compenser.

Le pied de page `<div id="pied">` ❻ possède à présent une image de fond, il s'agit d'un encadrement en relief. Il a donc une hauteur `height` de 85 pixels, de façon à afficher cette image en entier et sans répétition : compte tenu des deux marges internes verticales de 5 pixels, nous arrivons à 95 pixels, c'est bien la hauteur de l'image.

Les liens du menu standard ou déjà visités ❼ sont des blocs dont les dimensions sont définies pour correspondre, une fois les marges ajoutées, à celles du bouton qui est en image de fond. La couleur des liens est d'un blanc qui ressort bien sur le fond du bouton, constitué d'un ciel bleu vif.

Au passage de la souris sur ces liens ❽, c'est une image estompée qui sert de fond et le texte du lien apparaît en rouge. La figure 8-13 montre en détail le fonctionnement de ce menu.

FIGURE 8-13 *Un zoom sur le menu de notre site : au passage de la souris, l'image du bouton standard semble s'estomper, car elle est remplacée par une copie éclaircie et moins contrastée.*

Dans le contenu de la page, les titres de niveau 1 `<h1>` ❾ sont en Arial Black de couleur rouge (en Arial standard si cette police est absente), tandis que les sous-titres `<h2>` ❿ sont en Arial de couleur orange.

Enfin, deux classes sont définies, `gauche` ⓫ et `droite` ⓬, pour placer les images sur la gauche ou sur la droite. La méthode du flottement permet au texte qui suit d'habiller automatiquement l'illustration. Chaque fois, une marge est définie sur le côté opposé au flottement, pour obtenir un espacement entre le texte et le bord de l'image.

Notre page est terminée avec la mise en place de cette feuille de style. Les autres pages du site sur Hong Kong pourront reprendre la même base de contenu et mise en forme, seul le contenu effectif de la page (délimité par la balise `<div id="contenu">`) sera à modifier.

Comme tous ceux présentés dans ce chapitre, cet exemple pourra vous servir de base pour créer votre propre site. Il ne vous reste plus qu'à faire travailler votre imagination, votre sens créatif, votre clavier et votre souris !

Si vous souhaitez sophistiquer votre réalisation, en proposant à vos visiteurs une adaptation automatique de votre site aux téléphones mobiles et aux écrans de poche, le chapitre qui suit vous donnera la marche à suivre.

Un site web pour les mobiles

Toutes les mises en page que nous avons examinées jusqu'ici s'adressent à des écrans d'ordinateur. Qu'en est-il de l'affichage sur des appareils mobiles, téléphones portables et autres assistants numériques de poche ?
Il faudra leur affecter une feuille de style spécifique et changer certains éléments de contenu.

Les contraintes du Web mobile

Lorsque nos visiteurs se déplacent et ne sont pas devant leur ordinateur, ils se servent de ce qu'ils ont dans la poche pour consulter nos pages. Effectivement, la consultation de sites web sur de petits écrans est de plus en plus fréquente, que ce soit à partir d'un téléphone portable, classique ou du type *smartphone*, ou bien avec un assistant électronique personnel (PDA pour *Personal Digital Assistant*).

Il nous faudra donc prévoir une variante de notre site, pour que nos pages soient consultables à partir de ces appareils :

- Ces pages doivent se charger rapidement, pour tenir compte d'un débit de connexion souvent modeste.
- Il faut que leur contenu reste lisible sur un écran de petite taille.

FIGURE 9–1 *Consultation d'une page web sur un téléphone mobile (sources Wikimédia et site www.sudouest.fr).*

Des feuilles de style spécifiques

La solution consiste à développer une feuille de style destinée aux appareils portables, cette feuille CSS n'étant prise en compte que par les appareils de poche.

Sélection en fonction du type d'écran

Le sélecteur `@media handheld { ... }` permet de réserver un ensemble de règles de style aux petits écrans. Le contenu des pages peut ainsi rester le même, seule leur mise en forme change. Le média sélectionné par `@media` peut être :

- `@media screen` pour les écrans d'ordinateur.
- `@media handheld` pour les appareils de poche, comme les téléphones mobiles, les assistants personnels, les consoles de jeu, etc.
- `@media all` pour tous les appareils, sans distinction.

D'autres valeurs peuvent être associées à la règle `@media`, par exemple `print` pour l'impression et `speech` pour la lecture sonore des pages ; nous en parlerons dans le chapitre suivant.

Règles de style pour différents types d'écran avec @media

```
style type="text/css">
<!--
   @media all {
       styles communs, applicables dans tous les cas
   }
   @media screen {
       styles pour écrans d'ordinateur
   }
   @media handheld {
       styles adaptés aux petits écrans
   }
-->
</style>
```

Une autre solution fait appel à la balise `<link>`, située dans l'en-tête de la page, en dehors de la feuille de style. Le HTML 5 permet en effet d'identifier les différents types d'écran à l'aide de l'attribut `media` en utilisant les mêmes mots-clés, afin de leur associer la feuille de style qui convient.

Balises <link> associées à différents supports

```
<link rel="stylesheet" type="text/css"
      media="all" href="styles-communs.css" />
```

```
<link rel="stylesheet" type="text/css"
      media="screen" href="styles-ecran.css" />
<link rel="stylesheet" type="text/css"
      media="handheld" href="styles-mobiles.css" />
```

Si vous préférez intégrer vos fichiers CSS avec la règle @import dans une feuille de style, vous tirerez également parti de cette possibilité, en utilisant la syntaxe suivante :

```
@import "styles-communs.css" all;
@import "styles-ecran.css" screen;
@import "styles-mobiles.css" handheld;
```

Une sélection plus précise en CSS 3

Les méthodes de sélections que nous venons de parcourir sont simples et claires. En principe, un navigateur pour mobile interprète la feuille de style de type handheld si elle est présente, sinon elle prend en compte la feuille de style de type screen.

FIGURE 9-2 *Une grande diversité d'appareils pour l'Internet mobile (Sources : Wikipédia).*

Cependant, la réalité du comportement des navigateurs mobiles est plus compliquée. En effet, certains appareils, notamment l'iPhone, se présentent comme étant *full-web* : pour justifier cette appellation, ils interprètent seulement la feuille de style de type `screen`, ce qui ne change pas pour autant la taille de l'écran, les conditions de navigation ni le débit de la connexion au réseau. Par ailleurs, d'autres navigateurs mobiles interprètent les deux feuilles CSS, `screen` et `handheld`.

Heureusement, la norme CSS 3 propose à présent une syntaxe de sélection de média, en anglais *media queries*. Il s'agit de préciser, en même temps que le type de média ciblé, une ou plusieurs de ses caractéristiques.

Syntaxe de sélection de média

Les exemples qui suivent permettent d'attribuer des styles différents aux écrans d'appareils mobiles, en fonction de leur orientation (portrait ou paysage, respectivement *portrait* et *landscape* en anglais).

Styles fonctions de l'orientation de l'écran avec la balise <link>

```
<link rel="stylesheet" href="style-portrait.css"
      media="handheld and (orientation: portrait)" />
<link rel="stylesheet" href="style-paysage.css"
      media="handheld and (orientation: landscape)" />
```

Styles fonction de l'orientation de l'écran avec la règle @import

```
@import url(style-portrait.css)
        handheld and (orientation: portrait);
@import url(style-paysage.css)
        handheld and (orientation: lanscape);
```

Même sélection dans une feuille de style interne

```
@media handheld and (orientation:portrait) { ... }
@media handheld and (orientation:landscape) { ... }
```

> **POUR APPROFONDIR** **Généralisation de la syntaxe**
>
> La syntaxe générale de la sélection de média est la suivante :
> `type_média and (propriété1) and (propriété2) ...`
> Le type de média choisi (`screen`, `handheld`, `print`, `all`, etc.)
> peut être soit seul, soit complété par une ou plusieurs propriétés qui
> sont reliées par le mot-clé `and`.
> Chaque propriété ressemble à celles que nous connaissons pour la
> mise en forme dans les règles de style : un mot-clé suivi généralement
> de deux points (:) et d'une valeur, sauf dans certains cas comme
> (`color`) pour désigner un média en couleur.
> Le mot-clé `only` peut apparaître au début de la règle pour affirmer
> le caractère restrictif des conditions indiquées.
> Une propriété peut être être exclue, à l'aide de `not` placé avant la
> parenthèse comme `not (color)`. Il en va de même pour un type
> de média, comme `not screen`.
> Lorsque les propriétés concernent plusieurs sortes d'appareils, il est
> possible d'écrire, séparées par des virgules, plusieurs règles de ce
> type, comprenant tous ces éléments.
> Cette syntaxe est décrite plus précisément dans le chapitre consacré
> au HTML 5, au sujet des liens hypertextes. Vous en trouverez égale-
> ment tous les détails sur le site du W3C, à l'adresse :
> ▶ http://www.w3.org/TR/css3-mediaqueries.

Application aux navigateurs mobiles

Parmi les propriétés utilisables dans la sélection de média, il en existe une
qui nous fournira la solution que nous cherchions à propos des appareils
mobiles qui interprètent la feuille de style de type `screen`.

En effet, il est possible de tester la largeur de l'écran, en utilisant la propriété
`device-width` suivie d'une dimension, par exemple en pixels. Elle accepte en
outre les préfixes `min-` et `max-` pour s'assurer d'une largeur minimum (`min-
device-width`) ou maximum (`max-device-width`) de l'écran.

Nous voici donc équipés pour attribuer une feuille de style spécifique aux
navigateurs mobiles qui se comportent comme le logiciel Safari sur iPhone,
grâce à la balise suivante :

```
<link rel="stylesheet" href="style-mobile.css"
      media="only screen and (max-device-width:480px)"/>
```

La même syntaxe pourra bien sûr s'appliquer aux règles équivalentes commençant par `@import` ou par `@media`.

Cette norme de sélection de média *media queries* est actuellement comprise par les logiciels Safari, Opera mobile à partir de la version 9 et Opera mini à partir de sa version 4. La page http://www.alistapart.com/articles/return-of-the-mobile-stylesheet (en anglais) fournit plus de détails sur le comportement des différents navigateurs pour mobiles.

> Astuce **Remise à zéro de la feuille de style**
>
> Dominique Hazaël-Massieux, spécialiste du Web mobile au W3C, propose une remise à zéro des styles destinés aux mobiles : le fichier de styles `styles-ecran.css`, adapté aux écrans d'ordinateur, est annulé par un fichier `anti-styles-ecran.css` pour les terminaux mobiles. Cette technique peut alors s'écrire de la façon suivante :
>
> ```
> @import url("styles-ecran.css");
> @import url("anti-styles-ecran.css") handheld;
> @import url("anti-styles-ecran.css")
>          only screen and (max-device-width:480px);
> ```
>
> Il reste alors à attribuer aux appareils de poche une feuille `styles-mobile.css` qui leur sera propre. Ainsi, la mise en page ne sera pas perturbée par le style initial, pour ceux des navigateurs mobiles qui prennent en compte le média `screen`.

Figure 9-3 *Le site mobile de la SNCF affiché par l'intermédiaire de deux simulateurs proposés par Opera mini, représentant un téléphone classique à gauche et un smartphone à droite.*

Le marché de l'Internet mobile étant en pleine croissance et les téléphones mobiles renouvelés plus souvent que les ordinateurs, nous pouvons considérer que cette norme *media queries* est à présent comprise par la plupart des navigateurs spécifiques à ces appareils.

Les règles de conception pour mobiles

Maintenant que nous avons les moyens de donner un aspect spécifique à nos pages web en fonction du type d'appareil et de la taille de l'écran qui les reçoit, il nous faut les adapter au mieux à ces conditions particulières de navigation.

> IMPORTANT **Pour la conception destinée aux mobiles**
>
> La navigation sur un écran de poche est différente de celle à laquelle nous sommes habitués sur un ordinateur, c'est pourquoi il est intéressant de noter quelques valeurs qui nous guideront dans notre façon de concevoir les pages destinées aux mobiles :
>
> - La largeur d'un écran de téléphone mobile basique est de 120 pixels environ. Cependant, la plupart des téléphones modernes qui servent à surfer sur le Web ont un écran dont la largeur est au moins 240 pixels, allant jusqu'à 480 pixels pour un smartphone en mode portrait (et jusqu'à 800 pixels en mode paysage).
> - Les pages sont à coder en UTF-8 et leur poids ne doit pas dépasser 20 Ko pour chacune.
> - La navigation doit rester possible sans utilisation du JavaScript, qui n'est pas ou peu pris en compte sur nombre de mobiles, et les adresses des pages sont à raccourcir autant que possible.
> - Il va de soi que les animations Flash et les vidéos ne sont pas non plus de mise.
> - Les images sont à fournir au format JPEG ou GIF.
> - Il faut privilégier les listes déroulantes prédéfinies par rapport à la saisie au clavier, en général peu pratique sur un téléphone.

Nous devrons donc toujours garder à l'esprit les limitations de ces appareils (taille de l'écran, navigation au clavier, débit limité) en appliquant les règles suivantes :

- Il ne faut pas hésiter à supprimer bon nombre d'images, et il est indispensable de redimensionner les autres, donc d'utiliser des fichiers d'images spécifiques pour les mobiles.

- Les pages doivent allier simplicité et compacité, il faudra notamment annuler ou réduire leurs marges externes et internes.
- La navigation est à optimiser et à simplifier, en proposant si possible un menu « texte » en début de page.
- Il faudra faire attention à la lisibilité des pages lors du choix des couleurs et des tailles de caractères.

URL **Conseils et validation des sites pour les mobiles**

Le W3C fournit des recommandations pour la conception des pages destinées aux mobiles. Leur traduction en français est disponible sur le site www.yoyodesign.org, à l'adresse :

▸ http://www.yoyodesign.org/doc/w3c/mobile-bp/

La dernière version (en anglais) de ces recommandations destinées au Web mobile, appelées Mobile Web Application Best Practices, se trouve sur le site officiel du W3C :

▸ http://www.w3.org/TR/mobile-bp/

Par ailleurs, le W3C propose un validateur automatique pour les pages destinées aux écrans de poche :

▸ http://validator.w3.org/mobile/

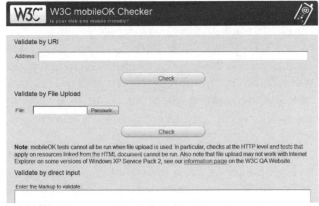

FIGURE 9-4 *La page de validation du W3C, qui vérifie le respect des spécifications pour l'Internet mobile, se trouve à l'adresse* http://validator.w3.org/mobile.

Simplicité, modestie et navigation rustique, voilà qui nous change des habitudes qui tendent à rendre les sites de plus en plus sophistiqués. Mais n'est-ce pas un exercice attrayant que de construire des minipages tout en leur donnant belle allure, ceci avec de tout petits moyens ? Nous allons d'ailleurs appliquer cette technique dès à présent, à partir de l'exemple qui suit.

Adaptation pratique d'un site pour le Web mobile

Comment partir d'un site existant et l'adapter aux écrans de petite taille ? Nous allons reprendre notre site sur Hong Kong, avec lequel nous avons terminé le chapitre précédent, et le transformer pour le Web mobile.

Ajouter une version pour mobile à un site existant

Le site Hong Kong, qui va nous servir de référence, n'a pas été pensé pour les petits écrans. C'est pourquoi, avant de nous lancer dans un codage spécifique, il nous faut réfléchir sur la méthode à suivre. Tout d'abord, récapitulons et précisons un ensemble de points à ne pas oublier pour réussir une page destinée au Web mobile :

- La présentation des pages s'effectue sur une seule colonne. Par conséquent, le menu ne pourra pas être vertical, il fera l'objet d'une page spécifique. Un lien en haut de la page doit permettre d'y accéder à tout moment.
- Les tailles d'écran étant très différentes, les dimensions des blocs seront à fixer en pourcentages, et non en pixels.
- La taille des images est à réduire et il faut que la navigation soit possible en leur absence. Le poids total d'une page (fichiers et images) doit être de l'ordre de 10 ou 20 Ko : d'une part le débit d'un réseau mobile est faible, d'autre part les utilisateurs ont souvent un forfait limité en données ou doivent payer les quantités d'informations transférées.
- Sont à éviter toutes les technologies qui risquent de ne pas être prises en compte par des appareils de poche, en particulier le JavaScript et les animations Flash.

- Enfin, souvenons-nous que les visiteurs d'un site mobile sont en déplacement. Il faut donc éviter tout texte superflu, limiter le nombre d'images dans les pages, se méfier des images de fond et penser en premier lieu à la lisibilité du texte.

Organisation du site

Il s'agit de faire cohabiter dans un même espace le site pour ordinateurs et celui pour téléphones et appareils de poche. Une solution basique consisterait à créer deux sites, mais cela doublerait le travail ultérieur de mise à jour des pages. Nous allons donc afficher les mêmes pages sur ordinateur et sur mobile, au moyen bien sûr de quelques aménagements. Encore une fois, cela ne sera possible que grâce à la performance des feuilles de style.

À NOTER **Quel nom de domaine pour un site mobile ?**

Le nom d'un site pour mobile n'est pas standardisé, mais des tendances se dessinent. Si notre site sur Hong Kong a pour adresse www.hk.fr (URL fictive, puisque l'extension .fr requiert un nom de trois caractères au minimum), plusieurs solutions s'offrent à nous pour appeler la version mobile :

- Il existe une extension spécifique .mobi dédiée à de tels sites, soit une adresse comme www.hk.mobi pour notre site mobile. Cependant, elle n'a pas rencontré d'enthousiasme et son emploi reste pour l'instant assez limité.
- Le plus simple consiste à créer, dans le dossier contenant le site, un sous-dossier appelé m. L'adresse du site mobile sera donc www.hk.fr/m. Elle a pour avantages d'être courte à taper et simple à retenir. C'est la méthode que nous utiliserons en plaçant dans ce dossier m une page d'accueil index.html spéciale pour le site mobile. Celle-là comprendra un menu d'accès aux différentes pages du site, qui resteront dans le dossier de base et seront communes aux deux versions, ordinateur et mobile.
- Une troisième possibilité peut être associée à la précédente : il s'agit de créer chez son hébergeur Internet un sous-domaine tel que http://m.hk.fr, pouvant s'écrire plus simplement m.hk.fr, qui dirigera le visiteur vers le dossier de la page d'accueil du site mobile, donc pour nous vers le dossier m.

La figure 9-5 montre la structure de notre site de départ, aménagée pour accueillir la version mobile. Le site mobile n'ayant pas la place d'afficher le menu sur les différentes pages du site, une page d'accueil spécifique lui est créée dans un dossier m. Le nom initial et fictif de notre site étant supposé être www.hk.fr, l'adresse du site mobile sera donc www.hk.fr/m.

ATTENTION **Deux fichiers index.html**

Il faut bien noter l'emplacement qui a été choisi ici pour les fichiers, et surtout faire la différence entre les deux fichiers index.html, qui sont repérés par une flèche sur la figure 9-5 :

- La page index.html du dossier m est la page d'accueil du site mobile et contient uniquement le menu.
- La page index.html du dossier de base (la « racine » du site) affiche la page *Présentation,* pour le site standard comme pour le site mobile (sans affichage du menu pour ce dernier). C'est est en même temps la page d'accueil du site classique.
- Toutes les autres pages se trouveront dans le dossier racine et seront affichées par les deux versions du site, en version simplifiée et sans menu pour le Web mobile.

Le dossier m contiendra uniquement le menu pour mobile et les images qui lui sont spécifiques. Si cette page d'accueil utilise des images utiles à d'autres pages, elle ira les chercher dans le dossier parent (le dossier de base, c'est-à-dire la « racine » du site). Il en sera de même pour l'appel de la feuille de style pour mobiles. Rappelons que c'est le dossier ../ qui permet de remonter vers le dossier de niveau inférieur, appelé *dossier parent.*

La racine du site contient les pages du site qui seront communes aux deux versions. Les feuilles de style, style.css pour la version de base et style_m.css pour la version mobile, différencieront la mise en page et sélectionneront les éléments à afficher ou non dans chaque cas. Elles seront chacune affectées à un type de média : screen pour les ordinateurs, handheld pour les appareils de poche.

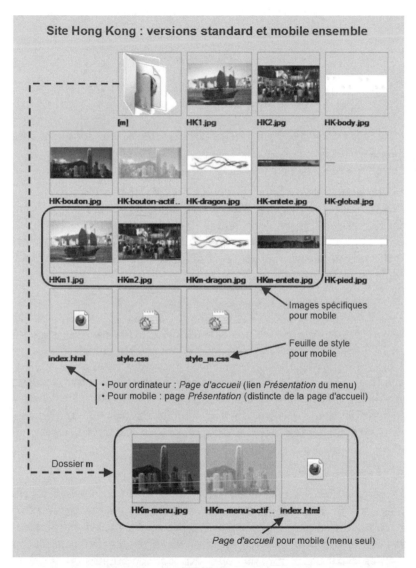

FIGURE 9-5 *L'organisation du site sur Hong Kong, une fois la version mobile intégrée : seule la page d'accueil pour mobiles sera dans un dossier à part, nommé m. Dans le dossier de base, les fichiers spécifiques au Web mobile sont d'une part les images dont le nom commence par HKm et d'autre part la feuille de style style_m.css.*

La balise `<link>` de l'en-tête doit donc être modifiée et remplacée au minimum par ces deux lignes :

```
<link rel="stylesheet" href="style.css" type="text/css"
    media="screen" />
<link rel="stylesheet" href="style_m.css" type="text/css"
    media="handheld" />
```

Cependant, certains mobiles interprètent la feuille de style de type `screen`, d'autre celle de type `handheld`, tandis que d'autres encore prennent en compte les deux feuilles.

Il est donc préférable d'affiner ces deux lignes, en affectant les feuilles de style en fonction des largeurs d'écran. Ces deux balises `<link>` peuvent s'écrire de cette façon, en considérant par exemple qu'un mobile a un écran inférieur ou égal à 480 pixels (c'est la largeur courante d'un écran de smartphone en mode portrait ; au-delà, le site standard sera mieux adapté, bien qu'il nécessite un débit supérieur) :

```
<link rel="stylesheet" href="style.css" type="text/css"
    media="screen and not(max-device-width:480px)" />
<link rel="stylesheet" href="style_m.css" type="text/css"
    media="handheld or (max-device-width:480px)" />
```

La première balise `<link>` s'appliquera aux écrans d'ordinateur, associés au type `screen`, à condition que leur largeur ne soit pas inférieure ou égale à 480 pixels (les deux spécifications sont réunies par un `and`, car elles doivent être satisfaites ensemble). Cette condition pourrait aussi s'écrire :

```
media="screen and (min-device-width:481px)
```

La deuxième feuille de style sera prise en compte par tous les appareils déclarés comme écrans de poche, associés au type `handheld`, ainsi que par ceux qui ne font pas référence à ce type de média, mais dont la largeur d'écran est cependant inférieure ou égale à 480 pixels. Les deux conditions sont reliées ici par un `or`, car l'une ou l'autre des conditions suffit à classer l'écran dans la catégorie des mobiles.

> ATTENTION **Ne pas confondre écran et fenêtre**
>
> La condition `max-device-width(...)`, qui est utilisée ici, teste la largeur d'écran de l'appareil, grâce au mot `device`. Il ne faut pas la confondre avec `max-width(...)` qui vérifie la largeur de la fenêtre du navigateur, à l'intérieur de l'écran.
>
> Si la fonction `max-width(...)` était employée, la navigation sur ordinateur basculerait en mode « site pour mobile » si la fenêtre du navigateur est réduite en deçà de 480 pixels (à condition que ce navigateur interprète ces *media queries*, bien sûr).

Test du site mobile

Notre réalisation pourra être testée de trois façons : en réduisant la fenêtre de notre navigateur (après avoir modifié temporairement l'appel de la feuille de style), en utilisant un simulateur ou à l'aide d'un téléphone réel.

FIGURE 9-6 *Le site mobile de Yahoo!* http://fr.m.yahoo.com *affiché sur un iPhone fictif, proposé par le site* http://www.testiphone.com.

La façon la plus simple de tester notre site pour mobile, au moins dans un premier temps, sera d'utiliser notre navigateur habituel. Cela suppose de supprimer temporairement l'appel de la feuille de style destinée aux écrans d'ordinateurs, et d'attribuer l'attribut `media="screen"` à la balise `<link>` concernant la feuille de style pour mobiles, qui est pour nous le fichier `style_m.css`.

SIMULATION **Test en ligne d'un site pour les mobiles**

Plusieurs sites permettent de tester l'affichage de pages web sur différents types d'écrans mobiles, nous permettant ainsi d'obtenir une vue plus précise du résultat qu'en réduisant simplement la fenêtre de notre navigateur. Cela suppose bien sûr que le site soit en ligne.

En particulier, le navigateur pour mobiles *Opera mini* propose sur son site plusieurs simulateurs, correspondant à différentes versions de téléphones portables fictifs. Il suffit de saisir une adresse web pour observer le rendu des pages sur l'appareil choisi :

- http://demo.opera-mini.net/ pour une simulation sur un téléphone classique ;
- http://www.opera.com/mobile/demo/ pour un aperçu sur un smartphone.

La navigation sur un iPhone peut être testée en ligne sur le site http://www.testiphone.com. Un bouton de l'iPhone fictif permet de passer du mode portrait au mode paysage et réciproquement.

Enfin, solutions plus complexes, des kits de développement (SDK comme *Software Development Kit*) sont disponibles sur les sites www.android.com et www.microsoft.com, émulant respectivement les systèmes d'exploitation Android et Windows Phone. La marque BlackBerry propose également, sur son site www.blackberry.com, un simulateur de son système (pour le Web, choisir MDS Services Simulator Package). Les adresses complètes de téléchargement de ces émulateurs sont respectivement les suivantes :

- ▶ http://developer.android.com/sdk
- ▶ http://www.microsoft.com/download/en/details.aspx?displaylang=en&id=26648
- ▶ http://www.blackberry.com/developers/downloads/simulators/index.shtml

Pour obtenir la bonne résolution et simuler un téléphone portable sur ordinateur, plusieurs solutions sont possibles :

- Réduire en largeur la taille de la fenêtre du navigateur, par exemple en s'aidant du module complémentaire MeasureIt pour Firefox. Cette extension, qui fournit les dimensions en pixels d'une zone sélectionnée avec la souris sur l'écran, est disponible à l'adresse :

  https://addons.mozilla.org/fr/firefox/addon/measureit/.

Elle peut également être trouvée par une recherche sur son nom, grâce au menu *Outils - Modules complémentaires* du logiciel Firefox.

FIGURE 9-7 *Le système d'exploitation Android, simulé par le kit de développement fourni par le site* http://developer.android.com *(extrait du site* http://android-france.fr).

- Utiliser un éditeur qui, tel l'éditeur gratuit PsPad (www.pspad.com/fr), propose dans sa fenêtre d'aperçu un choix de plusieurs terminaux correspondants à différentes résolutions d'écran.
- Ou simplement réduire, de façon temporaire, la taille du bloc global, en ajoutant un style de ce type à notre feuille CSS :

```
div#global { width: 480px; margin: 0 auto;
            position: relative; }
```

Le bloc est alors centré et prend la largeur indiquée (en général, 240 ou 480 pixels). La position relative permet de conserver les positionnements effectués dans la page : les blocs initialement positionnés par rapport à la balise `<body>` devront l'être à présent par rapport au bloc `<div id="global">`, dont la largeur représentera celle de notre écran mobile fictif.

Figure 9-8 *Le logiciel PsPad propose, dans sa fenêtre d'aperçu, une simulation de plusieurs tailles d'écran.*

Adaptation d'une page aux mobiles

Plutôt que de créer une nouvelle page pour présenter Hong Kong, nous allons adapter celle existante afin qu'elle serve pour les deux versions, ordinateur et mobile. Les feuilles de style respectives de chacune des deux versions se chargeront de masquer les éléments HTML qui sont spécifiques à l'autre.

Code HTML

Le contenu initial de la balise <body> est inchangé pour la version « grand écran », il suffira d'y ajouter quelques éléments destinés aux écrans portables, qui, par ailleurs, masqueront certaines parties de la version de base.

Corps de la page HTML sur Hong Kong pour ordinateur et pour mobiles

```
<body>
<div id="global">
```

```
<div id="entete"></div>  ❶

<div id="entete_m" class="mobile">  ❷
  <img src="HKm-entete.jpg" alt="Honk Kong" />
  <h1><a href="m/index.html">HONG KONG</a></h1>
</div>

<div id="blocmenu">
  <ul id="menu">  ❸
    <li><a href="index.html">Présentation</a></li>
    <li><a href="histoire.html">Histoire</a></li>
    <li><a href="visites.html">Visites</a></li>
    <li><a href="shopping.html">Shopping</a></li>
    <li><a href="transports.html">Transports</a></li>
  </ul>
</div>

<div id="contenu">
  <h1>Modernité et tradition</h1>

  <h2>Autour d'un rocher</h2>
  <p>
    <img class="droite" src="HK1.jpg"
         alt="port de Hong Kong" />  ❹
    <img class="droite mobile" src="HKm1.jpg"
         alt="port de Hong Kong" />  ❺
    Paragraphe de texte. ...
  </p>
  <p>Paragraphe de texte. ... </p>

  <h2>Une vie bouillonnante</h2>
  <p>
    <img class="gauche" src="HK2.jpg"
         alt="rue de Hong Kong" />  ❻
    <img class="gauche mobile" src="HKm2.jpg"
         alt="rue de Hong Kong" />  ❼
    Paragraphe de texte...
  </p>
  <p>Paragraphe de texte...</p>
</div>      <!-- Fin du bloc div#contenu -->
```

```
<div id="pied">
  <p>
    <img src="HK-dragon.jpg" alt="dragon" />  ❽
    <img src="HKm-dragon.jpg" alt="dragon"
         class="mobile" />  ❾
  </p>
</div>

</div> <!-- Fin div#global -->
</body>
```

Le code HTML placé avant la balise `<body>` reste le même, mis à part les balises `<link>`, comme indiqué précédemment. Nous n'oublierons pas la balise `</html>` qui termine la page, juste après `</body>`.

Cette version modifiée contient deux blocs d'en-tête ❶ et ❷ : les écrans classiques n'utiliseront que le premier, les écrans de poche n'afficheront que le deuxième. Ce dernier contient une image du bandeau en petite taille et un titre `<h1>` sous forme de texte, qui servira en même temps de lien vers la page d'accueil mobile, donc vers le menu de navigation.

> À NOTER **Textes et images pour le Web mobile**
>
> Dans notre exemple, le titre du site ne fait pas partie de l'image d'entête pour les petits écrans, contrairement à l'image utilisée dans l'entête du site standard. Cela permet de diminuer la taille du fichier contenant l'image : le texte gris clair crée un fort contraste, ce qui augmente le poids du fichier image. De plus, les images étant fortement compressées pour alléger la taille des fichiers (par exemple avec un taux de qualité de 50 % en JPEG, au lieu de 70 à 80 % habituellement), la netteté du texte s'en ressentirait fortement au format JPEG. Par conséquent, il vaut mieux dans ce cas écrire le titre du site sous forme de texte et le positionner sur le bandeau d'en-tête.

Le menu ❸ sera masqué sur les mobiles. Il sera remplacé par la page d'accueil spécifique, dont le lien se trouve dans l'en-tête.

Les balises <img> du contenu de la page et du pied de page sont dédoublées : les images ❹, ❻ et ❽ s'adressent aux ordinateurs, tandis que les images ❺, ❼ et ❾ en sont des copies plus fortement compressées pour les petits écrans. Ces dernières pourront souvent avoir des dimensions plus petites, bien que ce ne soit pas le cas ici. Évidemment, chacune des feuilles de style n'affichera que les images correspondant au média qu'elles pilotent.

Il est important de noter qu'une classe commune class="mobile" est attribuée à tous les éléments destinés au Web mobile seulement, pour faciliter leur masquage sur les écrans standards.

Il n'y a pas davantage de modifications dans le corps de la page, qui est prêt pour deux affichages très différents : il suffira d'adapter la feuille de style.

Feuille de style

Avant de créer la feuille de style pour les mobiles, il faut ajouter une petite ligne à notre feuille style.css destinée aux écrans d'ordinateurs :

```
.mobile { display: none; }
```

Cette ligne magique masque d'un seul coup tout ce qui est spécifique aux petits écrans, c'est-à-dire tous les éléments qui possèdent l'attribut class="mobile", que ce soient des images ou des blocs.

Il reste à écrire la feuille de style pour le Web mobile, de façon à obtenir le résultat donné par la figure 9-9.

FIGURE 9–9 *Le site sur Hong Kong, version mobile, en largeur 480 pixels et 240 pixels (extraits). Il n'y a pas de place pour le menu, qui fait l'objet d'une page spécifique, accessible par un lien placé sur le titre d'en-tête.*

Feuille de style CSS pour le site Hong Kong, version mobile

```
img { display: none; } ❶
img.mobile { display: inline; } ❷

body, div, ul, h1 { margin: 0; padding: 0; } ❸

body { font-family: Garamond, Times, sans-serif; } ❹
#global { background-color: white; } ❺
```

```
#entete { display: none; } ⑥

#entete_m img { display: block; width: 100%; } ⑦
#entete_m h1 { position: absolute; top: 0;
               padding: 0 10%; font-size: 1.5em;} ⑧
#entete_m h1 a, #entete_m h1 a:visited { ⑨
  font-family: "Arial Black", Arial, sans-serif;
  color: #F5F5F5; text-decoration: none;
}
#entete_m h1 a:hover { color: #f8933c; } ⑩


#blocmenu { display: none; } ⑪

#contenu { padding: 3%; ⑫
           border-left: solid gray 2px;
           border-right: solid gray 2px; }

#pied { padding: 3%; border: solid gray 2px; } ⑬
#pied img { width: 60%; } ⑭



h1 { font-family: "Arial Black", Arial, sans-serif;
     font-size: 1.5em; color: #ee162d; } ⑮
h2 { padding: 2% 0; font-family: Arial, sans-serif;
     font-size: 1.3em; color: #f8933c;} ⑯
p { margin: 0 0 2% 0; } ⑰

.droite { float: right; margin-left: 3%; } ⑱
.gauche { float: left; margin-right: 3%; } ⑲
```

Cette feuille de style sera appelée ici `style_m.css` et placée dans le même dossier que la page index.html (qui, malgré son nom, ne sera pas la page d'accueil du site pour mobiles, mais la page *Présentation*, premier lien du menu). Nous allons examiner les différences de mise en forme par rapport à notre feuille initiale `style.css` destinée aux écrans d'ordinateurs.

En ce qui concerne les images, pas de quartier, elles sont toutes masquées par la règle ❶. Seules celles qui ont la classe `mobile` ❷ pourront s'afficher normalement, donc en tant qu'éléments en ligne.

L'annulation des marges externes et internes ❸ concerne aussi les titres de niveau 1, pour ne pas trop perdre de place en hauteur.

Les balises `<body>` ❹ et `<div id="global">` ❺ n'ont plus d'image de fond et le bloc global, sur fond blanc, n'a pas de dimension : il occupera donc 100 % de la largeur disponible.

L'en-tête classique ❻ est masqué. Dans l'en-tête spécifique aux mobiles :

- L'image du bandeau ❼ est un bloc qui occupe toute la largeur de l'écran.
- Le titre `<h1>` ❽ est positionné tout en haut et possède une taille de 1.5 em, soit 150 %.
- Un mise en forme nous évite, pour le lien inclus dans ce titre ❾, l'aspect standard des liens (texte bleu et souligné) : il sera plus stylé en blanc et sans soulignement. Il deviendra orange au passage de la souris ❿, rappelant la couleur des sous-titres de la page.

Le bloc `<div id="blocmenu">` ⓫ correspond à la colonne de gauche, il est donc masqué puisque le menu ne doit pas être affiché.

Le contenu de la page ⓬ possède une marge interne, ainsi que des bordures latérales grises. Comme l'épaisseur des bordures ne peut pas être définie en pourcentage de la largeur de la page, nous la laisserons en pixels.

Le pied de page ⓭ est encadré en gris et possède des marges internes exprimées en pourcentage, car il ne contient qu'une image ⓮ (le dragon stylisé), dont la largeur est définie en pourcentage de la dimension de l'écran.

Les titres ⓯ et sous-titres ⓰ ont des tailles respectives de 1.5 em et 1.3 em, soit 150 % et 130 %. Des marges internes verticales sont définies pour les sous-titres et les paragraphes ⓱ et ont une marge extérieure en bas seulement.

Enfin, le flottement des images reste le même, à droite ⓲ comme à gauche ⓳, à ceci près que les marges sont définies ici en pourcentages.

N'oublions pas, pour tester cette page dans un navigateur avec une largeur de fenêtre réduite, d'enlever temporairement l'attribut `media="handheld"` de la deuxième balise `<link>` et de désactiver la première.

COMPLÉMENT **Attention aux feuilles de style prises en compte**

Si les deux balises `<link>`, qui appellent les feuilles de style, comportent les attributs simples `media="screen"` et `media="handheld"`, comment se comportent les mobiles et leurs navigateurs ?

Certains restent raisonnables et interprètent uniquement la feuille de style de type `handheld` si elle est présente, ignorant dans ce cas la feuille de type `screen`. Le résultat est le site pour mobile que nous venons de créer.

D'autres mobiles, parfois dénommés *full web*, ne prennent en compte que la feuille de style `screen` et ignorent celle de type `handheld`. Ils ne bénéficient donc pas des améliorations de taille et d'ergonomie destinées aux mobiles et affichent le site pour écran d'ordinateur. Le zoom avant et arrière sera nécessaire pour lire le contenu des pages, puis revenir au menu.

Mais certains autres prennent en compte les deux feuilles de style, ce qui provoque alors un mélange des versions. Pour éviter ces problèmes, il suffit d'ajouter, au début de la feuille de style pour mobiles, trois lignes qui finiront d'annuler tout ce qui est destiné aux grands écrans :

```
#contenu { width: auto; float: none; } ❶
body, #global, #global * { background-image: none; } ❷
div.mobile { display: block; } ❸
```

La première ligne ❶ annule la dimension fixe et le flottement du bloc de contenu, situé à droite du menu pour le site standard. La deuxième ❷ annule toutes les images de fond. La troisième ❸ permet d'afficher les blocs spécifiques aux mobiles, ici le bandeau d'entête. En effet, tout ce qui est de classe mobile est masqué par la feuille de style initiale, et seules les images pour mobile ont une propriété d'affichage dans la feuille `style_m.css`.

Finalement, le poids de cette page pour mobiles, fichiers HTML, CSS et images confondus, est de l'ordre de 22 Ko, ce qui est tout à fait raisonnable. Comme les images de l'en-tête et du pied de page n'auront pas à être téléchargées pour les pages suivantes, celles-ci comprendront environ 15 Ko de nouvelles données. Cette version du site est donc bien adaptée aux conditions de consultation sur mobile. Il nous reste à créer sa page d'accueil, qui sera aussi son menu de navigation.

Page d'accueil et menu pour mobiles

La faible largeur d'écran des mobiles ne permet pas d'afficher à la fois le contenu d'une page et le menu de navigation. Ce menu va constituer à lui seul une page, qui sera la page d'accueil spécifique au site pour les écrans de poche : c'est la page index.html située dans le sous-dossier m. Elle sera accessible en ajoutant /m à notre adresse ; par conséquent, l'adresse du site mobile de notre cas fictif est www.hk.fr/m.

Cette page est toute simple, comme le montre la figure 9-10. Son contenu, situé entre l'en-tête et le pied de page que nous connaissons déjà, est seulement constitué d'un menu vertical.

FIGURE 9-10 *La page d'accueil spécifique pour les écrans de poche,
en 480 pixels et 240 pixels de largeur.*

Code HTML

Dans l'en-tête de cette page HTML (entre les balises `<head>` et `</head>`), une seule balise `<link>` suffira, celle dédiée aux appareils de poche :

```
<link rel="stylesheet" href="../style_m.css"
     type="text/css" media="handheld" />
```

Pour affiner cette balise et rester homogène avec la page précédente, nous pourrions écrire, comme précédemment :

```
<link rel="stylesheet" href="../style_m.css" type="text/css"
     media="handheld or (max-device-width:480px)" />
```

C'est beaucoup moins important ici, car cette page ne sera normalement accessible qu'à partir de la version mobile du site. Cet attribut `media` pourrait même être absent, dans ce cas très particulier.

Nous utilisons ici la feuille de style pour mobile `style_m.css`, que nous venons d'étudier. Comme elle se trouve dans le répertoire parent du dossier m, il faut l'indiquer en écrivant `href="../style_m.css"`.

Il restera quelques mises en forme spécifiques à cette page d'accueil. Leur place est donc naturellement dans une feuille de style interne, que nous écrirons après avoir étudié le code HTML de cette page.

Corps de la page d'accueil pour mobiles uniquement (site sur Hong Kong)

```
<body>

<div id="global">

  <div id="entete_m" class="mobile"> ❶
    <img src="../HKm-entete.jpg" alt="Honk Kong" /> ❷
    <h1>HONG KONG</h1> ❸
  </div>

  <ul id="menu"> ❹
    <li><a href="../index.html">Présentation</a></li>
    <li><a href="../histoire.html">Histoire</a></li>
    <li><a href="../visites.html">Visites</a></li>
```

```
    <li><a href="../shopping.html">Shopping</a></li>
    <li><a href="../transports.html">Transports</a></li>
</ul>

<div id="pied"> ❺
  <p>
    <img src="../HKm-dragon.jpg" alt="dragon"
         class="mobile" /> ❻
  </p>
</div>

</div> <!-- Fin div#global -->

</body>
```

Comme d'habitude, la balise `</html>` suivra la dernière ligne `</body>` pour terminer la page.

L'en-tête ❶ conserve son contenu, mais avec deux modifications :

- Comme l'image ❷ se trouve dans le dossier parent par rapport au fichier index.html que nous construisons, son adresse commence par « ../ ».

- Le titre `<h1>` ❸ ne comporte plus de lien vers le menu, puisque nous y sommes déjà.

La liste `<ul>` ❹ qui encadre le menu n'est pas inclus dans un bloc `<div>`, car il n'est pas prévu d'ajouter d'autres éléments sous ce menu. Il ne faut surtout pas conserver tel quel le bloc `<div id="blocmenu">` précédemment utilisé, car il serait masqué par la feuille de style. Dans les liens du menu, les noms des pages sont précédés du symbole ../ qui permet de remonter d'un dossier dans l'arborescence. En effet, toutes les pages du site sont situées dans le dossier parent, qui est ici la racine du site.

Le pied de page ❺ contient le même élément, l'image du dragon stylisé ❻ dont l'adresse commence par ../, puisqu'elle se trouve également dans le dossier parent du fichier que nous écrivons.

Il nous reste seulement à définir quelques styles adaptés à cette page d'accueil pour mobiles.

Feuille de style interne

En dehors des mises en forme communes aux autres pages, pour le bandeau d'en-tête et le pied de page, cette page d'accueil comprendra quelques styles spécifiques à l'affichage du menu, qui représente son contenu. À la balise `<link>` qui appelle la feuille `style_m.css`, il faudra donc ajouter dans l'entête de la page (entre `<head>` et `</head>`) une feuille de style interne.

Feuille de style interne pour la page d'accueil mobile du site sur Hong Kong

```
<style type="text/css">
<!--

#entete_m h1 { ❶
  font-family: "Arial Black", Arial, sans-serif;
  color: #F5F5F5; }

#menu li { list-style-type: none; } ❷

#menu li a, #menu li a:visited { ❸
  display: block; height: 30%; padding: 5% 2% 5% 25%;
  background: url(HKm-menu.jpg) no-repeat left bottom;
  background-color: #4F94D7; border: solid 1px silver;
  font-family: Arial, sans-serif; font-size: 1.7em;
  color: white; text-decoration: none; }

#menu li a:hover { ❹
  background: url(HKm-menu-actif.jpg)
              no-repeat left bottom;
  background-color: #B6D2EE; color: #ee162d; }

-->
</style>
```

Étant donné que le titre d'en-tête ne contient plus de lien, la mise en forme des caractères, précédemment attribuée au lien `<a>` inclus dans `<h1>`, doit ici être affectée directement au lien `<h1>` ❶ de cet en-tête.

La puce standard des lignes doit bien sûr être supprimée pour les balises `<li>` du menu ❷. Les liens du menu ❸ sont des blocs dont les dimensions et marges internes sont exprimées en pourcentage de la largeur disponible, même lorsqu'il s'agit de définir leur hauteur. Ils possèdent une petite image de fond (elle n'apparaît qu'une seule fois et se trouve placée à gauche) et une couleur de fond identique à celle du ciel sur cette image. Une bordure complète l'ensemble, le soulignement des liens est supprimé, leur couleur est blanche et leur taille 1.7 em équivaut à 170 %.

Au passage de la souris ❹, le texte des liens devient rouge, l'image de fond change (c'est une version estompée de l'image initiale, elle reste toujours placée à gauche) et la couleur de fond doit évidemment être adaptée.

Tous éléments compris, fichier HTML, feuille de style et images, cette page ne pèse que 15 Ko, ce qui est tout à fait correct : elle se chargera rapidement via le réseau téléphonique mobile.

Nous avons à présent un site adapté à la fois aux écrans d'ordinateurs et aux appareils de poche, téléphones portables ou smartphones. Grâce à la sélection automatique de la bonne feuille de style, les mêmes pages serviront aux deux versions et il n'y aura qu'un seul fichier à mettre à jour si le contenu vient à être modifié.

Vous connaissez maintenant les méthodes pour adapter un site à tout type d'écran, ce sera (presque) un jeu d'enfant de l'appliquer à votre site. Le code HTML de base devient évidemment un peu plus complexe et la mise à jour des pages devra tenir compte de la version mobile, notamment en ce qui concerne l'insertion d'images et autres éléments qui augmentent le poids des pages.

Il existe d'autres cas où une feuille de style spécifique est utile, notamment pour les documents destinés à être imprimés, ou encore lorsqu'il s'agit de gérer la lecture orale des pages. Les propriétés spécifiques à ces pages sont décrites dans le chapitre qui suit.

FIGURE 9–11 *Les bonnes pratiques pour le Web mobile sont résumées sur le site du W3C à l'adresse http://www.w3.org/2007/02/mwbp_flip_cards.html.fr.*

Différents
types de médias

Le principal média utilisé est l'affichage sur un écran, mais il en existe d'autres, notamment l'impression et le son.

Jusqu'alors, nous nous sommes intéressés à un seul type de média : celui qui produit un *affichage sur un écran*, que ce soit avec un ordinateur ou sur un terminal mobile.

Les feuilles de style permettent cependant de gérer d'autres médias. En particulier, en dehors de l'affichage sur écran, les CSS proposent des propriétés pour l'impression et la diffusion sonore des pages web.

Types de médias

À l'intérieur d'une feuille de style interne ou externe, il est possible de déclarer le type de média concerné par un groupe de propriétés. Cette déclaration est facultative ; elle s'effectue sous la forme :

```
@media xxx {      /* xxx= type de média concerné */
  ...Propriétés pour ce type de média...
}
```

Nous avons déjà utilisé cette notation dans le chapitre précédent, avec seulement deux types de médias : `screen` pour un écran d'ordinateur, `handheld` pour un écran d'appareil mobile.

Exemple

```
style type="text/css">
<!--
  @media screen {
      * { font-style: Arial, sans-serif; }
  }
  @media print {
      * { font-style: "Times New Roman", serif; }
  }
  @media all {
      * { background-color: white; }
  }
-->
</style>
```

Les types de médias possibles sont présentés dans le tableau suivant :

TABLEAU 10-1 **Les médias à notre disposition**

Règle @media	Type de médias concernés
`all`	Tous les médias sont concernés par les propriétés indiquées
`braille`	Écran tactile pour les non-voyants
`embossed`	Impression en braille
`handheld`	Appareil de poche (visualisation sur un petit écran ou un mobile)
`print`	Impression papier
`projection`	Affichage par vidéoprojecteur (sur grand écran)
`screen`	Écran couleur (affichage classique sur un ordinateur)
`speech`	Lecture sonore
`tty`	Impression avec caractères de largeur fixe (sur « télétype »)
`tv`	Télévision

La norme CSS 2 distinguait les types de médias `aural` (diffusion de son) et `speech` (lecture vocale). En CSS 2.1 comme en CSS 3, le premier de ces deux types a disparu, seule la règle `@media speech` est utilisée pour l'ensemble des propriétés sonores.

À NOTER **Emplacement de la déclaration du type de média**
Le type de média peut être spécifié :
• à l'intérieur d'une feuille de style interne, comme dans l'exemple précédent ;
• dans l'appel à une feuille de style externe, comme ci-après :
```
<link  rel="stylesheet" type="text/css"
       media="print" href="impression.css">
```

Nous allons étudier plus en détail les propriétés associées à la règle `print`, qui s'applique à la fois aux pages imprimées et à toute visualisation sur écran en mode Aperçu, dont les livres électroniques affichés sur des liseuses, tablettes numériques destinées à la lecture d'ouvrages.

Média paginé :
styles CSS 2 et CSS 3 pour l'impression

Les propriétés associées au média `print` sont liées à l'impression d'un document ou à son affichage sous forme paginée :

- L'aperçu avant impression d'une page web et son résultat imprimé, peuvent ainsi être adaptés au papier et adopter une présentation différente de celle du site consulté sur l'écran.

- Ces propriétés sont également utiles pour la génération automatique d'un document PDF sur un site web, généralement à l'aide d'un programme écrit en PHP.

- Les liseuses affichant des livres au format électronique (*eBook* en anglais) et disposant d'un accès au Web, devraient en principe interpréter la feuille de style de type `print`, de même que les logiciels permettant la conversion d'une page web vers le format ePub spécifique aux liseuses. Cependant, la lecture des pages web « comme sur un ordinateur » est un argument commercial qui poussera peut-être constructeurs et éditeurs à utiliser le type de média `screen` au lieu de `print`.

Pour le document concerné, il s'agit principalement de définir sa taille, les sauts de page, ainsi que la gestion des veuves et des orphelines.

Vous ne connaissez pas l'histoire de la veuve, ni celle de l'orpheline ? Préparez un mouchoir, je vous la raconte (rassurez-vous, elle finit bien !). Dans les deux cas, il s'agit d'un paragraphe dont une ligne est toute seule, perdue sur une autre page, ce qui est fâcheux d'un point de vue esthétique.

Pour la veuve, c'est une pauvre petite ligne qui se trouve seule en haut d'une page, alors que tout le reste du paragraphe auquel elle appartient se trouve en bas de la page précédente. Dans ce cas, il pourra être demandé qu'une ligne se détache du paragraphe pour lui tenir compagnie.

Quant à l'orpheline, elle est isolée en bas d'une page, tandis que toute sa famille, c'est-à-dire le reste du paragraphe, se trouve en haut de la page suivante. Alors, par une bonté du logiciel, elle pourra le rejoindre sur cette nouvelle page.

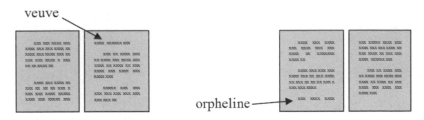

Figure 10-1 *Veuve et orpheline*

> **Parenthèse**
>
> **L'effet « veuve et orpheline » dans un traitement de texte**
>
> En général, les traitements de texte gèrent les veuves et les orphelines. C'est pourquoi, dans certains cas, l'ajout d'un saut de ligne dans une page entraîne le passage de deux lignes vers la page suivante, ou parfois la suppression d'une ligne de la page courante fait revenir deux lignes de la page suivante.

Voici les propriétés liées à l'impression, qui seront donc en général placées entre accolades, dans la partie @media print{ } de la feuille de style. Le détail de ces normes se trouve sur le site du W3C, à l'adresse : www.w3.org/TR/css3-page.

Gestion des veuves

La propriété widows permet de définir le nombre *minimum* de lignes d'un même paragraphe à afficher ensemble en haut d'une page. En dessous de ce nombre, la suppression des « veuves » est activée : une ou plusieurs lignes du même paragraphe, qui se trouvaient en bas de la page précédente, sont transférées en haut de la nouvelle page.

Tableau 10–2 **Propriété widows**

Propriété	widows
Exemple	body { widows: 3; }
Valeurs possibles	**Nombre entier** (valeur par défaut : 2) qui indique le nombre minimum de lignes qui peuvent rester en haut d'une page.
Héritage	Propriété *héritée*. Pour retrouver la valeur initiale, indiquez 2.

Gestion des orphelines

La propriété `orphans` indique le nombre minimum de lignes d'un même paragraphe à afficher en bas d'une page. Si ce nombre n'est pas atteint, ces lignes sont considérées comme « orphelines », et sont donc transférées en haut de la page suivante.

Tableau 10–3 **Propriété orphans**

Propriété	orphans
Exemple	body { orphans: 3; }
Valeurs possibles	**Nombre entier** (valeur par défaut : 2) qui indique le nombre minimum de lignes qui peuvent rester en bas d'une page.
Héritage	Propriété *héritée*. Pour retrouver la valeur initiale, indiquez 2.

Saut de page avant

Associée à un élément de la page, la propriété `page-break-before` permet d'indiquer s'il doit être imprimé en haut d'une nouvelle page.

Tableau 10–4 **Propriété page-break-before**

Propriété	page-break-before
Exemple	.chapitre { page-break-before: always; }
Valeurs possibles	`auto` : le saut de page s'effectue automatiquement lorsque le bas de la page est atteint (valeur par défaut), `always` : saut de page obligatoire avant,

Tableau 10-4 **Propriété page-break-before (suite)**

	`avoid` : pas de saut de page avant, `left` : un ou deux saut(s) de page avant, pour que l'élément *qui suit* l'élément concerné se trouve dans une page de gauche, `right` : un ou deux saut(s) de page avant, pour que l'élément *qui suit* l'élément concerné se trouve dans une page de droite.
Héritage	*Non.*

Saut de page après

La propriété `page-break-after` sert à préciser si un élément de la page doit être ou non suivi d'un saut de page.

Tableau 10-5 **Propriété page-break-after**

Propriété	`page-break-after`
Exemple	`.conclusion { page-break-after: left; }`
Valeurs possibles	`auto` : le saut de page s'effectue automatiquement lorsque le bas de la page est atteint (valeur par défaut), `always` : saut de page obligatoire après, `avoid` : pas de saut de page après, `left` : un ou deux saut(s) de page après, pour que l'élément *qui suit* l'élément concerné se trouve dans une page de gauche, `right` : un ou deux saut(s) de page après, pour que l'élément *qui suit* l'élément concerné se trouve dans une page de droite.
Héritage	*Non.*

Coupure par un saut de page

Certaines parties de texte perdent leur sens ou sont beaucoup moins lisibles si elles se trouvent coupées par un saut de page. Cette coupure peut être évitée grâce à la propriété `page-break-inside`.

TABLEAU 10-6 Propriété page-break-inside

Propriété	`page-break-inside`
Exemple	`table { page-break-inside: avoid; }`
Valeurs possibles	`auto` : le saut de page s'effectue automatiquement lorsque le bas de la page est atteint, l'élément concerné pouvant donc se trouver sur deux pages (valeur par défaut), `avoid` : pas de saut de page *à l'intérieur* de l'élément concerné : il doit se trouver entier sur une seule page (si ce contenu est plus grand que la page, la partie qui déborde est coupée).
Héritage	Propriété *héritée*. Pour retrouver la valeur initiale, utilisez `auto`.

Dimensions d'une page

Les dimensions et l'orientation des pages sont spécifiées à l'aide de la propriété `size`. Le sélecteur peut être par exemple `@page` pour indiquer « toutes les pages » ; nous examinerons plus loin les types de sélecteur possibles.

TABLEAU 10-7 Propriété size

Propriété	`size`
Exemple	`@page { size: A4 landscape; }`
Valeurs possibles	Les valeurs possibles, pour la taille et l'orientation de la page, sont les suivantes : `auto` : dimensions et orientation de la page standard (valeurs par défaut définies dans le navigateur), deux valeurs `largeur hauteur` séparées par un espace (généralement exprimées en cm ou en in - pas de %). Taille standardisée (A5, A4, A3 ; B5, B4, `letter`, `legal`, `ledger`). Si une taille standardisée est utilisée pour la page, elle peut être accompagnée de son orientation : `landscape` (orientation « paysage ») ou `portrait` (orientation « portrait »).
Héritage	Propriété *héritée*. Pour retrouver la valeur initiale, utilisez `auto`.

Sélecteur de page

Le sélecteur @page permet de spécifier les caractéristiques de pagination (taille, orientation portrait ou paysage, marges...). Il peut être complété par :first, :left ou :right pour n'attribuer les propriétés en question qu'à une partie du document.

Pour toutes les pages

```
@page { margin: 1.5cm; }
```

Pour la première page

```
@page :first { margin-top: 5cm; }
```

Pour toutes les pages de gauche

```
@page :left { margin-right: 2cm; }
```

Pour toutes les pages de droite

```
@page :right { margin-left: 2cm; }
```

Pages nommées

Il est possible de donner un nom à un type de page et de lui associer des propriétés de mise en forme, en utilisant la syntaxe suivante :

```
@page nom_de_page_choisi { propriétés_associées }
```

Exemples :

```
@page paysage { size: A4 landscape; }
@page formatA5 { size: 10cm 15cm; }
```

Par la suite, un élément peut faire référence à ce nom de page pour en prendre toutes les caractéristiques. Il faut pour cela utiliser la propriété page, décrite ci-après.

Référence à un type de page

Lorsqu'un règle `@page` définit des propriétés en leur associant un nom, comme dans les deux exemples précédents, ce nom peut être affecté à un élément à l'aide de la propriété `page`. Toutes les propriétés d'impression ainsi définies (dimensions, marges, etc.) seront alors attribuées à cet élément.

TABLEAU 10–8 **Propriété page**

Propriété	`page`

Exemple	`img { page: paysage; }`
	`#notice { page: formatA5; }`
	Les types de page nommés `paysage` et `formatA5` auront été définis précédemment, par exemple :
	@page paysage { size: landscape; }
	@page formatA5 { size: 10cm 15cm; }

Valeurs possibles	`auto` : pas de nom de page associée (valeur par défaut), ou **nom d'une page** défini par @page `xxx` { ... }.
Héritage	Propriété *héritée*. Pour retrouver la valeur initiale, utilisez `auto`.

ATTENTION **Saut de page automatique**

Si deux éléments qui se suivent sont associés à des types de page différents, alors un saut de page est automatiquement inséré entre eux. La même règle est d'ailleurs appliquée par les traitements de texte : il ne peut pas y avoir deux mises en forme différentes pour la même page. Par exemple, dans un texte en mode portrait, si un paragraphe est associé au mode paysage, un saut de page sera automatiquement inséré avant et après.

Paramétrage des images

Rotation d'image

Si l'image fournie par un appareil photo ou un scanner est encodée séparément, il n'est pas certain que le matériel utilisé possédera la ressource logicielle nécessaire pour adapter les images à l'orientation de la page à imprimer.

La propriété `image-orientation` intervient alors, permettant de faire pivoter d'un angle donné les images concernées, par exemple de 90 degrés lorsque la page est imprimée en mode paysage.

TABLEAU 10–9 **Propriété image-orientation**

Propriété	`image-orientation`
Exemple	`img { image-orientation: 90deg; }`
Valeurs possibles	`auto` : rotation automatique en fonction de l'orientation de la page (valeur par défaut), ou angle en degrés, positif pour le sens des aiguilles d'une montre, négatif pour le sens inverse (la norme demande aux navigateurs d'interpréter au moins les valeurs 0deg, 90deg, 180deg et 270deg, en positif et en négatif).
Héritage	Non.

Options de remplissage de la page par une image

Lorsqu'une image doit être imprimée, si ses dimensions `width` et `height` n'ont ni l'une ni l'autre la valeur `auto`, la propriété `fit` précisera si l'image doit :

- apparaître en taille réelle ;
- remplir entièrement la largeur ou bien la hauteur de la page ;
- couvrir exactement la surface de la page, ce qui entraînera souvent une modification de ses proportions initiales.

TABLEAU 10–10 **Propriété fit**

Propriété	`fit`
Exemple	`img.photo { image-orientation: 90deg; }`
Valeurs possibles	`fill` : remplissage exact de la page, éventuellement avec déformation de l'image (valeur par défaut) ; `hidden` : insertion en taille réelle ; `meet` : remplissage de la largeur de la page ; `slice` : remplissage de la hauteur de la page.
Héritage	Propriété *héritée*. Pour retrouver la valeur initiale, utiliser `fill`.

La figure 10-2, inspirée par l'exemple proposé sur le site officiel du W3C (www.w3.org), montre comment une image peut être traitée de différentes manières avec la propriété fit.

 taille réelle de l'image

`fit: fill;`   `fit: hidden;`   `fit: meet;`   `fit: slice;`

FIGURE 10-2 *Suivant la valeur de sa propriété fit, l'image du haut peut être étirée sur la page (fill), conserver sa taille réelle (hidden), remplir la largeur de la page (meet) ou sa hauteur (slice).*

Positionnement d'une image sur la page

La propriété fit-position détermine l'alignement de l'image à l'intérieur de la page. Elle utilise les mêmes valeurs que background-position, en y ajoutant la valeur auto qui correspond normalement à top left (en haut à gauche), mais devient top right (en haut à droite) lorsque le sens d'écriture est défini de la droite vers la gauche.

TABLEAU 10-11 **Propriété fit-position**

Propriété	`fit-position`
Exemples	`img.photo { fit-position: top center; }` `img.logo { fit-position: boottom right; }`
Valeurs possibles	Soit auto (coin supérieur gauche pour une écriture de gauche à droite), soit une ou deux valeurs, données par des noms ou des nombres (décalage à partir du coin supérieur gauche, en cm ou en % de la page).

Tableau 10-11 **Propriété fit-position (suite)**

	Première valeur pour l'alignement horizontal : `left` (valeur par défaut), `center`, `right` ou nombre en cm ou en pourcentage (`0%` = `left`, `100%` = `right`). Deuxième valeur pour l'alignement vertical : `top` (valeur par défaut), `center`, `bottom` ou nombre en cm ou en pourcentage (`0%` = `top`, `100%` = `bottom`).
Pourcentage	% de la largeur et de la hauteur de la page, respectivement pour la première et la deuxième valeur.
Héritage	Propriété *héritée*. Pour annuler l'héritage, utiliser les valeurs initiales `top left` ou `0% 0%`.

> Normes **Propriétés spécifiques à la version CSS 3**
>
> Les fonctions liées à l'impression que nous venons d'étudier sont ont été introduites en CSS 2 et reprises dans la version CSS 3. Seules les propriétés `image-orientation`, `fit` et `fit-position` sont spécifiques à la norme CSS 3.

Nous disposons donc d'une panoplie de propriétés qui facilitent la présentation de données sous une forme paginée. Cependant, avant de les utiliser, il faudra s'assurer de leur interprétation correcte par le logiciel destinataire, car ces fonctions sont encore assez peu utilisées. Il en est de même pour les propriétés audio que nous allons découvrir à présent.

Média sonore : fonctions audio CSS 3

Les propriétés audio, appelées « Aural CSS » ou ACSS, permettent en CSS 3 le paramétrage des sons, pour l'accompagnement du site par des extraits sonores ainsi que pour la lecture orale des pages écrites, principalement à destination des personnes ayant un handicap visuel. Dans la feuille de style, elles seront placées à l'intérieur des accolades de la règle `@media speech { ... }`.

Si une utilisation essentielle de ces techniques est la synthèse vocale des pages web pour les personnes malvoyantes, d'autres applications existent, comme l'apprentissage des langues étrangères. Malheureusement, ces propriétés CSS sont peu reconnues par les navigateurs et par les logiciels de lecture d'écran, que ce soient des logiciels spécifiques ou des extensions de navigateur. Ces normes sont donc très peu utilisées dans la pratique.

Figure 10-3 *Les fonctions audio s'intégrant de plus en plus à l'informatique, elles seront progressivement prises en compte par les navigateurs web.*

Voici un résumé de ces propriétés sonores, dont les valeurs possibles sont indiquées dans l'annexe C. Pour tout détail complémentaire à leur sujet, vous pouvez consulter la page correspondante sur le site officiel du W3C : www.w3.org/TR/css3-speech.

Les propriétés sonores de type speech proposées en CSS 3 sont ici classées en deux catégories :

- les propriétés de réglage du son et de la voix ;
- les ponctuations audio autour d'un élément de texte lu, pauses et encadrements sonores.

Tableau 10-12 **Paramétrages du son et de la voix**

Propriété	Fonction assurée
voice-volume	volume de la voix ou des éléments sonores diffusés
voice-balance	balance gauche/droite du son
speak	indique si le texte doit être lu ou non par le lecteur vocal
speak as	précise si le lecteur vocal doit tenir compte ou non des ponctuations, les interpréter, les épeler ou les ignorer

TABLEAU 10-12 **Paramétrages du son et de la voix (suite)**

Propriété	Fonction assurée
`voice-family`	types de voix à utiliser (analogue à `font-family` pour les polices de caractères)
`voice-rate`	vitesse de lecture du texte
`voice-pitch`	fréquence moyenne à utiliser pour la voix (grave, aigüe...)
`voice-range`	étendue des variations de tonalité, pour le type de voix choisi
`voice-stress`	importance de l'accentuation de la voix, pour les mots mis en relief dans le texte
`voice-duration`	durée de lecture de la totalité de l'élément concerné, incluant tous ses éléments enfants, les icônes sonores de début et de fin, ainsi que les pauses

Si la propriété `voice-duration` est affectée à un élément, sa propriété `voice-rate` est ignorée, ainsi que les propriétés `voice-duration` et `voice-rate` de tous ses éléments enfants, puisque la durée de lecture indiquée concerne la lecture de l'élément tout entier.

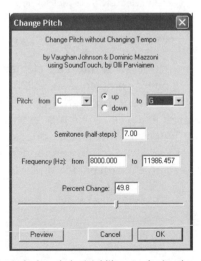

FIGURE 10-4 *Le réglage pitch dans le logiciel libre Audacity de traitement du son (extrait du site http://sourceforge.net)*

Tableau 10-13 Ponctuations sonores et pauses

Propriété	Fonction assurée
`cue-before`	diffusion, avant l'élément concerné, d'une icône sonore désignée par le nom ou l'adresse d'un fichier son
`cue-after`	diffusion, après l'élément concerné, d'une icône sonore désignée par le nom ou l'adresse d'un fichier son
`cue`	raccourci pour `cue-before` et `cue-after`
`pause-before`	durée de pause, avant la lecture d'une partie de texte et avant la lecture de l'éventuel élément sonore qui ponctue son début
`pause-after`	durée de pause, après la lecture d'une partie de texte et après la lecture de l'éventuel élément sonore qui ponctue sa fin
`pause`	raccourci pour `pause-before` et `pause-after`
`rest-before`	durée de pause, avant la lecture d'une partie de texte mais après la lecture de l'éventuel élément sonore qui ponctue son début
`rest-after`	durée de pause, après la lecture d'une partie de texte mais avant la lecture de l'éventuel élément sonore qui ponctue sa fin
`rest`	raccourci pour `rest-before` et `rest-after`

Les icônes sonores de début et de fin d'un élément, définis par `cue-before` et `cue-after`, jouent en quelque sorte le rôle de la bordure d'un bloc sur l'écran. En poursuivant cette analogie, les propriétés `rest` et `pause`, situées respectivement à l'intérieur et à l'extérieur par rapport à cet encadrement sonore, jouent le même rôle que les marges intérieures `padding` et extérieures `margin`. Cette correspondance est illustrée par la figure 10-5 qui est un exemple fourni par le site www.w3.org.

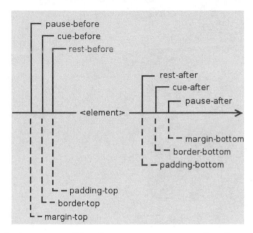

FIGURE 10-5 *Analogie entre un bloc de texte, comprenant bordure et marges, et un élément lu par le navigateur, délimité par des icônes sonores espacées par des pauses avant et après.*

ATTENTION **Prise en charge incomplète**

Ces propriétés sonores étant peu utilisées, il ne faut pas compter sur une diffusion importante des informations sous cette forme. Seule leur interprétation convenable par les principaux navigateurs ou par des logiciels spécifiques permettra à ces styles sonores d'avoir un impact réel.

À l'heure où ces lignes sont écrites, seuls Firefox et Opera semblent mettre en place ces normes. Firefox ne les reconnaît encore que très partiellement, tandis que le navigateur Opera est le plus à la pointe dans ce domaine ; il interprète la plupart de ces propriétés, utilisant le préfixe spécifique `-xv-` tant que ces spécifications sont à l'état de brouillons, c'est-à-dire en cours de conception.

Ce livre se termine par des annexes où vous trouverez les noms et codes de couleurs, le comportement de certains navigateurs par rapport aux balises HTML et CSS, ainsi qu'un résumé des propriétés CSS 2 et CSS 3, puis des références web et bibliographiques.

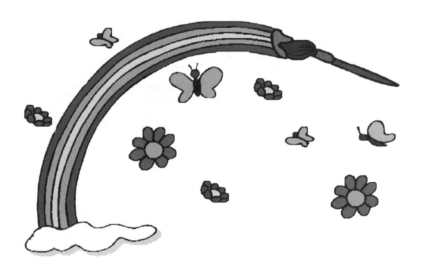

Couleurs

Dans cette annexe sont répertoriées, d'abord les 16 couleurs de base du HTML, et ensuite toutes les couleurs nommées.

« Des goûts et des couleurs, il ne faut point discuter »... Cependant, quels que soient les choix effectués, il faut ensuite les transcrire ! En général, les éditeurs HTML nous offrent la possibilité de choisir visuellement une couleur et affichent automatiquement le code correspondant.

Dans un premier temps, pour rester simple, un tableau nous donne les 16 couleurs de bases du HTML. Du classique, mais du solide !

Ensuite, après un petit détour par les « couleurs sûres », ceux qui sont allergiques aux codes numériques, qu'ils soient décimaux ou hexadécimaux, trouveront la liste complète des couleurs qui portent un nom.

Les 16 couleurs de base

Voici, classées par ordre alphabétique de leur nom en français, les 16 couleurs de base du HTML.

TABLEAU A–1 **Les 16 couleurs de base du HTML**

Nom en français	Nom HTML	Code hexadécimal	Code décimal
Blanc	white	#ffffff	rgb(255,255,255)
Bleu	blue	#0000ff	rgb(000,000,255)
Bleu foncé	navy	#000080	rgb(000,000,128)
Bleu-vert	teal	#008080	rgb(000,128,128)
Cyan	aqua	#00ffff	rgb(000,255,255)
Gris clair	silver	#c0c0c0	rgb(192,192,192)
Gris foncé	gray	#808080	rgb(128,128,128)
Jaune	yellow	#ffff00	rgb(255,255,000)
Marron	maroon	#800000	rgb(128,000,000)
Noir	black	#000000	rgb(000,000,000)
Rose	fuchsia	#ff00ff	rgb(255,000,255)
Rouge	red	#ff0000	rgb(255,000,000)

Tableau A–1 Les 16 couleurs de base du HTML (suite)

Nom en français	Nom HTML	Code hexadécimal	Code décimal
Vert	`green`	`#008000`	`rgb(000,128,000)`
Vert brillant	`lime`	`#00ff00`	`rgb(000,255,000)`
Vert olive	`olive`	`#808000`	`rgb(128,128,000)`
Violet	`purple`	`#800080`	`rgb(128,000,128)`

> **Rappel Code RVB**
>
> Le code RVB (Rouge - Vert - Bleu) ou RGB en anglais (Red - Green - Blue) consiste à fournir l'intensité de chacune de ces trois couleurs dans l'ordre, de trois façons possibles :
> - soit en hexadécimal, chaque composante étant exprimée sur deux chiffres, compris entre `00` et `ff` ;
> - soit en décimal, l'intensité de chaque couleur étant codée à l'aide de trois chiffres, compris entre `000` et `255`, avec la fonction `rgb(xx,xx,xx)` ;
> - soit encore en pourcentage, puisque dans l'expression `rgb(xx,xx,xx)`, le code `xx` de chaque couleur peut être aussi un pourcentage compris entre `0%` et `100%`.

Couleurs sûres

Il existe une liste de 216 couleurs dites sûres (dont peu sont nommées), qui donnent le même résultat sur toutes les configurations, notamment celles qui sont limitées à 256 couleurs.

Par définition, une couleur est « sûre » si chacune de ses composantes RVB en hexadécimal vaut `00`, `33`, `66`, `99`, `cc`, ou `ff`.

Il était recommandé, il y a un certain nombre d'années, de ne choisir que parmi ces couleurs sûres pour ne pas avoir de surprise à l'affichage sur certaines configurations modestes.

Néanmoins, la technique a beaucoup évolué depuis et à présent, cette restriction de notre palette aux 216 couleurs sûres n'est plus nécessaire : les caractéristiques des cartes graphiques de base (couleurs définies sur 16 ou 24 bits) permettent maintenant de profiter des 16 millions de couleurs disponibles.

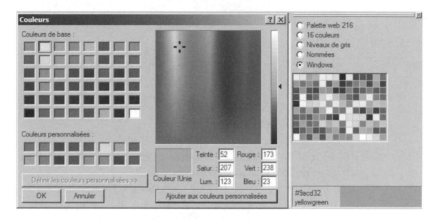

FIGURE A–1 *Un large choix de couleurs : copie d'écran du logiciel PsPad*

Liste de toutes les couleurs nommées

Sauf pour les couleurs simples ou fréquemment utilisées, le code RVB « Rouge - Vert - Bleu » hexadécimal n'est pas très parlant : à quoi ressemble la couleur `#adff2f` ? Même exprimée sous la forme `rgb(173,255,47)` ou encore `rgb(68%,100%,18%)`, cela ne nous dit pas grand-chose...

Une alternative plaisante consiste donc à utiliser les noms de couleurs prédéfinis, du moins pour celles qui en possèdent un. Pour reprendre l'exemple précédent, le nom `greenyellow` nous indique clairement qu'il s'agit d'un vert qui tire sur le jaune.

Le tableau suivant classe par teinte toutes les couleurs HTML nommées. Il provient du travail très intéressant d'Alain Beyrand, webmestre du site http://www.pressibus.org. La page des couleurs est disponible à l'adresse : http://www.pressibus.org/perso/html/frcouleurs.html.

Pour voir les couleurs associées à ces noms, consultez ce site Internet ou essayez les en HTML.

TABLEAU A-2 Couleurs nommées de ton BEIGE

Nom en français	Nom HTML	Code hexadécimal	Code décimal
Beige	beige	#f5f5dc	rgb(245,245,220)
Beige blanc antique	antiquewhite	#faebd7	rgb(250,235,215)
Beige blanc Dalmond	blanchedalmond	#ffebcd	rgb(255,235,205)
Beige bisque	bisque	#ffe4ba	rgb(255,228,186)
Beige citron-soie	lemonchiffon	#fffacd	rgb(255,250,205)
Beige crème de papaye	papayawhip	#ffefd5	rgb(255,239,213)
Beige mocassin	moccasin	#ffe4b5	rgb(255,228,181)
Beige pêche	peachpuff	#ffdab9	rgb(255,218,185)

TABLEAU A-3 Couleurs nommées de ton BLANC

Nom en français	Nom HTML	Code hexadécimal	Code décimal
Blanc	white	#ffffff	rgb(255,255,255)
Blanc coquillage	seashell	#fff5ee	rgb(255,245,238)
Blanc dentelle ancienne	oldlace	#fdf5e6	rgb(253,245,230)
Blanc fantôme	ghostwhite	#f8f8ff	rgb(248,248,255)
Blanc floral	floralwhite	#fffaf0	rgb(255,250,240)
Blanc ivoire	ivory	#fffff0	rgb(255,255,240)
Blanc fumée	whitesmoke	#f5f5f5	rgb(245,245,245)
Blanc lavande	lavenderblush	#fff0f5	rgb(255,240,245)
Blanc lin	linen	#faf0e6	rgb(250,240,230)
Blanc menthe	mintcream	#f5fffa	rgb(245,255,250)
Blanc neige	snow	#fffafa	rgb(255,250,250)

Tableau A-4 Couleurs nommées de ton BLEU

Nom en français	Nom HTML	Code hexadécimal	Code décimal
Bleu	blue	#0000ff	rgb(000,000,255)
Bleu acier	steelblue	#4582b4	rgb(070,130,180)
Bleu acier clair	lightsteelblue	#b0c4de	rgb(176,196,222)
Bleu Alice	aliceblue	#f0f8ff	rgb(240,248,255)
Bleu ardoise	slateblue	#6a5acd	rgb(106,090,205)
Bleu ardoise foncé	darkslateblue	#483d88	rgb(072,061,139)
Bleu ardoise moyen	mediumslateblue	#7b68ee	rgb(123,104,238)
Bleu azur	azure	#f0ffff	rgb(240,255,255)
Bleu bleuet	cornflowerblue	#6495ed	rgb(100,149,237)
Bleu cadet	cadetblue	#5f9ea0	rgb(095,158,160)
Bleu ciel	skyblue	#87cdeb	rgb(135,205,235)
Bleu ciel clair	lightskyblue	#87cefa	rgb(135,206,250)
Bleu ciel profond	deepskyblue	#00bfff	rgb(000,191,255)
Bleu clair	lightblue	#add8e6	rgb(173,216,230)
Bleu foncé	darkblue	#00008b	rgb(000,000,139)
Bleu indigo	indigo	#4b0082	rgb(075,000,130)
Bleu lavande	lavender	#e6e6fa	rgb(230,230,250)
Bleu marin	navy	#000080	rgb(000,000,128)
Bleu de minuit	midnightblue	#191970	rgb(025,025,112)
Bleu moyen	mediumblue	#0000cd	rgb(000,000,205)
Bleu poudre	powderblue	#b0e0e6	rgb(176,224,230)
Bleu Pressibus	pressibusblue	#000099	rgb(000,000,153)
Bleu royal	royalblue	#4169e1	rgb(065,105,225)
Bleu toile	dodgerblue	#1e90ff	rgb(030,144,255)
Bleu violet	blueviolet	#262be2	rgb(250,235,215)

TABLEAU A-5 Couleurs nommées de ton BRUN

Nom en français	Nom HTML	Code hexadécimal	Code décimal
Brun	brown	#a5292a	rgb(000,255,255)
Brun bois rustique	burlywood	#deb887	rgb(222,184,135)
Brun chocolat	chocolate	#d2691e	rgb(210,105,030)
Brun cuir	saddlebrown	#8b4513	rgb(139,069,019)
Brun kaki	khaki	#f0e68c	rgb(240,230,140)
Brun kaki foncé	darkkhaki	#bdb76b	rgb(189,183,107)
Brun marron	maroon	#800000	rgb(128,000,000)
Brun Pérou	peru	#cd8540	rgb(205,133,064)
Brun rosé	rosybrown	#bc8f8f	rgb(188,143,143)
Brun roux	tan	#d2b48c	rgb(210,180,140)
Brun sableux	sandybrown	#f4a460	rgb(244,164,096)
Brun terre de Sienne	sienna	#a0522d	rgb(160,082,045)

TABLEAU A-6 Couleurs nommées de ton CYAN - TURQUOISE

Nom en français	Nom HTML	Code hexadécimal	Code décimal
Cyan	cyan	#00ffff	rgb(000,255,255)
Cyan clair	lightcyan	#e0ffff	rgb(224,255,255)
Cyan foncé	darkcyan	#008b8b	rgb(000,139,139)
Turquoise	turquoise	#40e0d0	rgb(064,224,208)
Turquoise foncé	darkturquoise	#00ced1	rgb(000,206,209)
Turquoise moyen	mediumturquoise	#48d1cc	rgb(072,209,204)
Turquoise pâle	paleturquoise	#afeeee	rgb(175,238,238)

TABLEAU A-7 Couleurs nommées de ton GRIS

Nom en français	Nom HTML	Code hexadécimal	Code décimal
Gris	gray	#808080	rgb(128,128,128)
Gris ardoise	slategray	#708090	rgb(112,128,144)
Gris ardoise clair	lightslategray	#778899	rgb(119,136,153)
Gris ardoise foncé	darkslategray	#2f4f4f	rgb(047,079,079)
Gris argent	silver	#c0c0c0	rgb(192,192,192)
Gris clair	lightgrey	#d3d3d3	rgb(211,211,211)
Gris Gainsboro	gainsboro	#dcdcdc	rgb(220,220,220)
Gris mat	dimgray	#696969	rgb(105,105,105)

TABLEAU A-8 Couleur nommée NOIR et codes des NUANCES DE GRIS

Nom en français	Nom HTML	Code hexadécimal	Code décimal
Noir	black	#000000	rgb(000,000,000)
(gris très foncé)		#333333	rgb(051,051,051)
(gris foncé)		#666666	rgb(102,102,102)
(gris moyen)		#999999	rgb(153,153,153)
(gris clair)		#cccccc	rgb(204,204,204)

TABLEAU A-9 Couleurs nommées de ton JAUNE

Nom en français	Nom HTML	Code hexadécimal	Code décimal
Jaune	yellow	#ffff00	rgb(255,255,000)
Jaune blanc Navajo	navajowhite	#fffead	rgb(255,222,173)
Jaune blé	wheat	#f5deb3	rgb(245,222,179)
Jaune clair	lightyellow	#f4ffe0	rgb(244,255,224)

TABLEAU A-9 Couleurs nommées de ton JAUNE (suite)

Nom en français	Nom HTML	Code hexa-décimal	Code décimal
Jaune doré	goldenrod	#daa520	rgb(218,165,032)
Jaune doré clair	lightgoldenrod yellow	#fafad2	rgb(250,250,210)
Jaune doré foncé	darkgoldenrod	#b8840b	rgb(184,132,011)
Jaune doré pâle	palegoldenrod	#eee8aa	rgb(238,232,170)
Jaune or	gold	#ffff00	rgb(255,255,000)

TABLEAU A-10 Couleurs nommées de ton ORANGE - CORAIL - SAUMON

Nom en français	Nom HTML	Code hexadécimal	Code décimal
Orange	orange	#ffa500	rgb(255,165,000)
Orange foncé	darkorange	#ff8c00	rgb(255,140,000)
Orangé	orangered	#ff4500	rgb(255,069,000)
Corail	coral	#ff7f50	rgb(255,127,080)
Corail clair	lightcoral	#f08080	rgb(240,128,128)
Saumon	salmon	#fa7872	rgb(250,120,114)
Saumon clair	lightsalmon	#ffa07a	rgb(255,160,122)
Saumon foncé	darksalmon	#e9967a	rgb(233,150,122)

TABLEAU A-11 Couleurs nommées de ton ROUGE

Nom en français	Nom HTML	Code hexadécimal	Code décimal
Rouge	red	#ff0000	rgb(255,000,000)
Rouge brique	firebrick	#b22222	rgb(178,034,034)
Rouge cramoisi	crimson	#dc143c	rgb(220,020,060)
Rouge foncé	darkred	#8b0000	rgb(139,000,000)
Rouge indien	indianred	#cd5c5c	rgb(205,092,092)

TABLEAU A-11 Couleurs nommées de ton ROUGE (suite)

Nom en français	Nom HTML	Code hexadécimal	Code décimal
Rouge tomate	tomato	#ff6347	rgb(255,099,071)

TABLEAU A-12 Couleurs nommées de ton ROSE

Nom en français	Nom HTML	Code hexadécimal	Code décimal
Rose	pink	#ffc0cb	rgb(255,192,203)
Rose brumeux	mistyrose	#ffe4ff	rgb(255,228,255)
Rose clair	lightpink	#ffb6c1	rgb(255,182,193)
Rose passion	hotpink	#ff69b4	rgb(255,105,180)
Rose profond	deeppink	#ff1493	rgb(255,020,147)

TABLEAU A-13 Couleurs nommées de ton VIOLET - POURPRE - MAGENTA

Nom en français	Nom HTML	Code hexadécimal	Code décimal
Violet	violet	#ee82ee	rgb(238,130,238)
Violet bourbon	cornsilk	#ff30dc	rgb(255,048,220)
Violet chardon	thistle	#d8bfd8	rgb(216,191,216)
Violet foncé	darkviolet	#9400d3	rgb(148,000,211)
Violet fuchsia	fuchsia	#ff00ff	rgb(000,206,209)
Violet moyen	mediumvioletred	#c71585	rgb(199,021,133)
Violet orchidée	orchid	#da70d6	rgb(218,112,214)
Violet orchidée foncé	darkorchid	#9932cc	rgb(153,050,204)
Violet orchidée moyen	mediumorchid	#ba55d3	rgb(186,085,211)
Violet pâle	palevioletred	#db7093	rgb(219,112,147)
Violet prune	plum	#dda0dd	rgb(221,160,221)

Tableau A-13 Couleurs nommées de ton VIOLET - POURPRE - MAGENTA (suite)

Nom en français	Nom HTML	Code hexadécimal	Code décimal
Pourpre	purple	#800080	rgb(128,000,128)
Pourpre moyen	mediumpurple	#9370db	rgb(147,112,219)
Magenta	magenta	#ff00ff	rgb(255,000,255)
Magenta foncé	darkmagenta	#8b008b	rgb(139,000,139)

Tableau A-14 Couleurs nommées de ton VERT

Nom en français	Nom HTML	Code hexadécimal	Code décimal
Vert	green	#008000	rgb(000,128,000)
Vert Chartreuse	chartreuse	#7fff00	rgb(127,255,000)
Vert clair	lightgreen	#90ee90	rgb(144,238,144)
Vert eau marine	aquamarine	#7fffd4	rgb(127,255,212)
Vert eau marine moyen	mediumaquamarine	#66cdaa	rgb(102,205,170)
Vert forestier	forestgreen	#228b22	rgb(034,139,034)
Vert foncé	darkgreen	#006400	rgb(000,100,000)
Vert jaune	greenyellow	#adff2f	rgb(173,255,047)
Vert jauni	yellowgreen	#9acd32	rgb(154,205,050)
Vert marin	seagreen	#2e8b57	rgb(046,139,087)
Vert marin clair	lightseagreen	#20b2aa	rgb(032,178,170)
Vert marin foncé	darkseagreen	#8fbc8f	rgb(143,188,143)
Vert marin moyen	mediumseagreen	#3cb371	rgb(060,179,113)
Vert olive	olive	#808000	rgb(128,128,000)
Vert olive grise	olivedrab	#6b8e23	rgb(107,142,035)
Vert olive foncé	darkolivegreen	#556b2f	rgb(085,107,047)
Vert pâle	palegreen	#98fb98	rgb(152,251,152)

Tableau A-14 Couleurs nommées de ton VERT (suite)

Nom en français	Nom HTML	Code hexadécimal	Code décimal
Vert pelouse	`lawngreen`	#7cfc00	rgb(124,252,000)
Vert Pressibus	`pressibusgreen`	#99cc99	rgb(153,204,153)
Vert printanier	`springgreen`	#00ff7f	rgb(000,255,127)
Vert printanier moyen	`mediumspring green`	#00fa9a	rgb(000,250,154)
Vert sarcelle	`teal`	#008080	rgb(000,128,128)
Vert tilleul clair	`lime`	#00ff00	rgb(000,255,000)
Vert tilleul foncé	`limegreen`	#32cd32	rgb(050,205,050)

Bien sûr, il n'est absolument pas nécessaire de se limiter aux couleurs qui possèdent un nom, ce serait bien trop restrictif. Votre éditeur HTML ou votre logiciel de retouche d'image vous proposera un nuancier associé aux codes hexadécimaux, et vous pourrez également consulter la liste de couleurs très complète qui se trouve à l'adresse http://fr.wikipedia.org/wiki/Liste_de_couleurs.

Figure A-2 *Il est possible de mélanger toutes sortes de couleurs, pour obtenir un rendu ludique.*

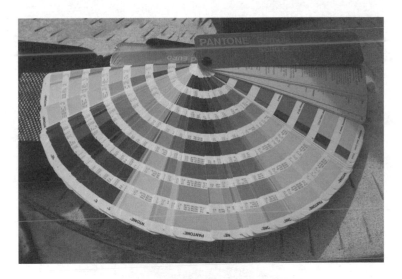

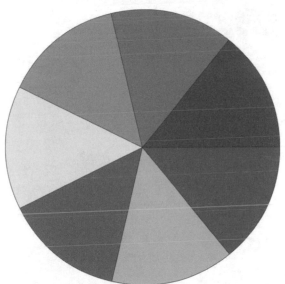

Figure A–3 *Un éventail de couleurs en guise de nuancier, et le cercle des couleurs de Newton (source : wikipédia)*

chapitre

B

Firefox

Internet
Explorer

Chrome

Safari

OPERA
software

Comportement des principaux navigateurs

Il est important de tester un site sur plusieurs navigateurs, car les balises HTML et propriétés CSS peuvent être interprétées diversement, suivant le logiciel utilisé et sa version. Quant aux nouvelles propriétés CSS 3, elles ne sont encore que partiellement intégrées dans les navigateurs actuels.

Même si nous parlons correctement une langue étrangère, il reste des mots qui nous échappent. Cette liste de mots incompris sera plus ou moins longue, en fonction de l'étendue de nos connaissances dans cette langue.

Eh bien, pour les navigateurs web, c'est pareil ! Globalement, il comprennent ce qu'il leur est demandé d'afficher, mais suivant la version utilisée, ils peuvent avoir des lacunes sur certains détails...

FIGURE B–1 *Parfois, des mots nous échappent ; de même, il y a des normes qui sont mal comprises par certains navigateurs web.*

Test des pages sur plusieurs navigateurs

Lors de l'écriture d'une page, il est important de contrôler au fur et à mesure le résultat affiché. Certains éditeurs HTML proposent une fenêtre d'aperçu rapide qui simule le navigateur, mais il est utile de vérifier le rendu de la page dans les conditions réelles d'affichage.

Pour cela, nous ouvrirons deux fenêtres en parallèle, celle de l'éditeur utilisé pour écrire le code et une autre qui affiche la page dans un navigateur. Le test continu de la page s'effectue alors de la façon suivante :

- après chaque écriture ou modification d'une partie du code, il faut penser à enregistrer la page ;
- ensuite, il suffit de basculer vers la fenêtre du navigateur (par exemple avec la combinaison des touches *Alt* et *Tabulation*) puis d'actualiser l'affichage (c'est souvent la touche *F5* qui est affectée à cette fonction).

La vérification avec différentes versions de plusieurs navigateurs ne s'effectuera qu'une fois la page terminée, sans quoi le développement deviendrait beaucoup trop long.

> UTILE **Des extensions pour faciliter la conception**
> La plupart des navigateurs proposent des extensions, qui sont des programmes additionnels apportant des fonctions supplémentaires pour l'utilisateur ou pour le concepteur. Par exemple, Firefox permet l'ajout des modules destinés à faciliter la création et le débogage des pages, tels que *Web Developer*, *Firebug* et *MeasureIt*, parmi les plus connus. La liste de ces modules et leur description est disponible soit à partir du menu *Outils* du navigateur, soit directement à l'adresse https://addons.mozilla.org/fr/firefox/. Ces trois outils sont également disponibles pour le navigateur Chrome, Firebug devenant alors Chromebug ; les extensions pour Chrome sont disponibles sur la page https://chrome.google.com/extensions.
> Il faudra néanmoins faire attention à ne pas trop installer d'extensions, car si elles sont nombreuses ou trop gourmandes en ressources, elles peuvent ralentir la navigation.

Une fois la page écrite et testée dans ces conditions, il faudra en vérifier l'affichage sur d'autres navigateurs et d'autres versions, avec une attention particulière pour certains navigateurs qui sont plus ou moins éloignés des normes XHTML et CSS 2, ainsi que des nouvelles normes HTML 5 et CSS 3, comme notamment Internet Explorer 8 (la version 9 n'étant pas disponible pour Windows XP). Si nous remontons à la version 7 d'Internet Explorer, nous trouverons davantage d'écarts, la version 6 (heureusement en voie de disparition) étant encore plus loin des normes de base XHTML/CSS 2.

CHOIX **Quels navigateurs et quelles versions faut-il viser ?**

Évidemment, il ne sera pas possible de créer des pages qui s'afficheront parfaitement sur toutes les versions de tous les navigateurs en remontant jusqu'à Mathusalem ! D'ailleurs, à cette époque, les navigateurs étaient plutôt sur la mer que dans un ordinateur...

Il faudra donc sélectionner et ne tester que les principaux de ces « butineurs », appelés *browsers* en anglais. Aussi, est-il intéressant de consulter les statistiques qui donnent le taux d'utilisation de chaque version des différents navigateurs. Elles sont accessibles à partir de la page :

▶ http://www.w3schools.com/browsers/

Attention à l'interprétation de ces statistiques :

- d'une part, ces données sont des moyennes mondiales qui peuvent varier suivant le pays ;
- d'autre part, elles peuvent être à pondérer en fonction du type de public visé. Par exemple, un public d'informaticiens utilisera plus souvent un navigateur moderne, interprétant les derniers standards du W3C.

Browser Information

« W3Schools Home   Next Chapter »

Statistics are important for web developers.

Web Statistics

 W3Schools' famous month-by-month statistics and trends:

Browser Statistics	What are the most common browsers?
OS Platform Statistics	What are the most common operating systems?
Screen and Color Statistics	What are the most common screen resolutions and color depths?

FIGURE B–2 *Extrait de la page* http://www.w3schools.com/browsers/ : *accès aux statistiques d'utilisation des différents navigateurs Internet.*

À NOTER **Installer différentes versions d'un même logiciel**

Pour afficher notre page dans plusieurs versions d'un même logiciel, il faudra installer celles-ci sur notre ordinateur. La cohabitation de ces versions nécessite une installation spécifique. Elle est même impossible pour Internet Explorer qui est intégré au système d'exploitation Windows, toute nouvelle version installée remplaçant la précédente. Voici donc des astuces qui nous permettront d'utiliser tour à tour différentes versions d'un même navigateur :

- Firefox, Opera, Chrome ou Safari existent en versions portables, qui ne nécessitent pas d'installation et sont utilisables à partir d'une clef USB ou d'un disque dur externe. Toutes les versions portables de ces logiciels, ainsi que bien d'autres, sont disponibles sur le site très intéressant http://portableapps.com. Cependant, il ne sera peut-être pas possible de lancer simultanément deux versions d'un même navigateur.

- Pour Internet Explorer, des versions dites « standalone » non officielles pourront cohabiter avec celle intégrée au système d'exploitation : outre *Multiple IE* (www.tredosoft.com/Multiple_IE) et *IE Tester* (www.my-debugbar.com/wiki/IETester), il existe la solution *Utilu IE Collection*, proposée à l'adresse http://utilu.com/IECollection. Cependant, la solution la plus simple consiste à utiliser, avec Internet Explorer 8 ou 9, le menu *Outils>Outils de développement* : dans la fenêtre qui s'ouvre, le menu *Mode navigateur* permet alors de changer le moteur de rendu (IE 7 ou IE 8) dans la fenêtre principale.

Nous allons étudier quelques méthodes permettant d'adapter une feuille de style en fonction du navigateur, notamment pour les versions d'Internet Explorer qui ont longtemps pris des libertés avec l'interprétation des normes CSS.

Adaptations pour les anciens navigateurs

Il est parfois nécessaire d'appliquer des règles de style différentes, d'une part pour les navigateurs respectant les normes XHTML 1/CSS 2 (qui sont aussi les bases des normes HTML 5/CSS 3), d'autre part pour quelques versions de navigateurs qui ne les interprètent pas correctement, en particulier Internet Explorer dans ses versions 6 et 7 (en raccourci IE 6 et IE 7).

Plusieurs solutions sont possibles :

- Réserver des feuilles de style particulières pour IE 6 et IE 7, c'est la solution conseillée.

- Utiliser des *hacks* (astuces en anglais) dans les sélecteurs des feuilles de style, pour réserver certaines règles à IE 6 ou IE 7. Cette solution est moins officielle, mais plus souple. Certains de ces hacks s'appliquent directement aux propriétés CSS elles-mêmes ; si cette technique fait perdre la validation du code, elle peut cependant s'avérer utile pendant la phase de test.

- Faire appel à des programmes écrits en JavaScript, qui corrigent les défauts des navigateurs concernés, nécessitant parfois l'ajout de classes dans certaines balises HTML. Cette technique évite la multiplication des styles pour une même mise en forme.

Balises HTML conditionnelles

Les navigateurs de Microsoft comprennent une syntaxe spécifique permettant de réserver ou d'exclure une partie du code HTML pour une ou plusieurs versions d'Internet Explorer. Cette possibilité permet notamment de compenser les mauvaises interprétations des CSS par IE 6 et IE 7.

Voici le principe de cette méthode, qui est détaillée sur le site de Microsoft à l'adresse http://msdn.microsoft.com/fr-fr/library/cc817577.aspx.

Code réservé à une ou plusieurs versions d'Internet Explorer

```
<!--[if lte IE 7]>  ❶
   <link rel="stylesheet" type="text/css"
                          href="style-ie7.css" />  ❷
<![endif]-->  ❸
```

La condition ❶ signifie : « Si le navigateur est une version d'Internet Explorer égale ou antérieure à la version 7 (soit IE 7, IE 6, IE 5.5, IE 5, ...) ».

L'expression « lte IE 7 » veut dire « less than or equal », c'est-à-dire *inférieur ou égal à IE 7*. Il ne faut pas oublier d'insérer un espace entre chacun des trois termes, ici lte, IE et 7.

Le code HTML ❷ n'est interprété que par les versions d'Internet Explorer indiquées dans la condition ❶. Il est ignoré par les navigateurs autres qu'Internet Explorer, en raison de la présence de marques de commentaires `<!--` et `-->` sur les lignes ❶ et ❸.

Dans le cas présent, l'appel de la feuille de style `style-ie7.css` par la balise `<link>` ❷ ne sera pris en compte que par Internet Explorer dans ses versions 7 et antérieures. Les autres navigateurs, y compris les versions 8 et ultérieures d'Internet Explorer, ne liront pas cette ligne, donc cette feuille de style ne leur sera pas appliquée.

Si, pour prendre un autre exemple, nous souhaitons que la feuille de style (ou le contenu HMTL qui serait écrit à la place de la balise `<link>`) soit interprété uniquement par Internet Explorer 6, il suffira de remplacer la ligne ❶ par :

```
<!--[if IE 6]>
```

D'une manière générale, la condition entre crochets s'écrit de la façon montrée par les exemples suivants :

condition	signification	traduction
`IE`		toute version d'Internet Explorer
`IE7`		égal à IE 7
`lt IE 7`	less than	antérieur à IE 7
`lte IE 6`	less than or equal	antérieur ou égal à IE 6
`gte IE 8`	greater than or equal	postérieur ou égal à IE 8
`gt IE 7`	greater than	postérieur à IE 7

Code ignoré par une ou plusieurs versions d'Internet Explorer

```
<!--[if !IE]> <--> ❶
   <link rel="stylesheet" type="text/css"
                     href="style-sauf-ie.css" /> ❷
<!--> <![endif]--> ❸
```

Notez bien que si c'est le *point d'exclamation* qui entraîne la négation de la condition, il faut en même temps quitter le mode *commentaires* pour que le code HTML soit bien pris en compte par les autres navigateurs, et y revenir pour écrire le code de fin `endif` spécifique à Internet Explorer. C'est pourquoi les lignes ❶ et ❸ sont différentes du cas précédent.

Dans l'exemple ci-dessus, la balise `<link>` ❷ et donc la feuille de style `style-sauf-ie.css` seront ignorées par toutes les versions d'Internet Explorer mais prises en compte par les autres navigateurs.

Prenons un nouvel exemple, dans lequel le code HTML ne doit *pas* être interprété par les versions Internet Explorer 7 et antérieures. Il faut alors écrire la ligne ❶ de la façon suivante :

```
<!--[if !lte IE 7]> <--> ❶
```

Ces méthodes permettent d'affecter des feuilles de style spécifiques à ces anciennes versions qui ont un comportement hors normes.

Lorsqu'il y a peu de règles de style à modifier, il est possible d'écrire une feuille de style interne, placée entre les balises de sélection. Une autre technique, moins officielle mais souple d'emploi, consiste à adapter les règles aux navigateurs, comme nous allons le voir maintenant.

Règles de style en fonction des navigateurs

Ce sont les *sélecteurs* des règles de style qui nous permettront d'effectuer ici le distinguo entre des versions anciennes, telles IE 6 et IE 7, et les autres navigateurs. Ces techniques sont parfois utiles, bien qu'elles soient dédaignées par les puristes, qui font remarquer le côté « bricolage » de ces *hacks* ou astuces.

Règles de style pour Internet Explorer 6 et versions antérieures

Ces informations ne concerneront que ceux qui veulent une compatibilité très complète de leur site, car cette version devient peu courante, concernant bien moins de 5 % d'utilisateurs en Europe. Vous trouverez les détails de la fréquence d'utilisation d'IE 6 sur le site créé par Microsoft pour en encourager l'abandon : http://www.ie6countdown.com. Nombre de grands acteurs de l'informatique (Google Docs, Adobe, YouTube, Dailymotion, Facebook, Twitter, etc.) n'assurent déjà plus la compatibilité avec IE 6.

Cette méthode permet d'écrire entre accolades un ensemble de propriétés CSS qui seront ignorées par IE 7, 8, 9, etc., ainsi que par tous les autres navigateurs : Firefox, Chrome, Opera, Safari, Konqueror... Elles ne seront prises en compte que par Internet Explorer 6, qui fut un vrai casse-tête pour les concepteurs web, tellement son interprétation des normes était mauvaise.

Exemple

```
* html p { ... propriétés de style ... }
```

L'astérisque * représente n'importe quelle balise. Cette règle s'adresse donc à une balise (ici <p>) incluse dans une balise <html>, elle-même incluse dans une balise quelconque *.

Or, la balise <html> étant la première de la page, elle ne peut pas être incluse dans une autre. Cette règle n'est donc jamais interprétée, sauf par Internet Explorer 6 et versions inférieures, qui ne tiennent pas compte de cette restriction.

Règles de style pour Internet Explorer 7 seul

Sur certains points, Internet Explorer 7 respecte mieux les normes que la version 6, mais hélas il n'interprète pas correctement toutes les propriétés CSS. Voici une technique pour s'adresser à IE 7 en particulier.

Exemple

```
*:first-child+html div{ ... propriétés de style ... }
```

Ce sélecteur inventif (balise html juxtaposée au premier enfant de n'importe quelle balise...) provient du site de David Hammond, http://www.webdevout.net/css-hacks. Il permet d'appliquer des propriétés à IE 7, qui ne seront pas prises en compte par IE versions 6 et antérieures, ni par les autres navigateurs.

> **À NOTER Règles de style pour Internet Explorer 6 et 7**
>
> Pour écrire des règles de style destinées aux versions Internet Explorer 7 et inférieures, il suffit d'utiliser les deux types de sélecteurs, soit en écrivant les deux lignes, soit en écrivant ces deux sélecteurs séparés par une virgule, comme dans cet exemple :
> `* html h1, *:first-child+html h1{ styles}`

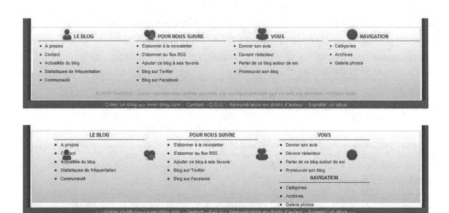

FIGURE B–3 *Le pied de page d'un site s'affichant correctement en haut sur un navigateur moderne, ici Firefox, et désorganisé en bas, sur Internet Explorer 7 (extrait du forum d'entraide* http://forum.webrankinfo.com*).*

Règles excluant les navigateurs IE 6 et inférieurs

Pour qu'une règle de style ne soit pas prise en compte par Internet Explorer 6 et versions inférieures, il suffit d'écrire par exemple :

```
html>body  p { ... propriétés de style ..... }
```

La technique consiste à faire précéder le sélecteur (ici `p`) par l'expression `html>body` écrite sans espace.

Toutes les balises d'une page sont dans `<body>` qui est toujours un enfant direct de la balise `<html>`. Par conséquent, cet ajout n'apporte aucune restriction au sélecteur : les navigateurs modernes lisent bien cette règle, ainsi qu'Internet Explorer à partir de sa version 7.

Cependant, ce combinateur « enfant direct », noté >, n'est pas reconnu par Internet Explorer 6 et versions inférieures, qui ignorent donc la règle.

Règles excluant les navigateurs IE 7 et inférieurs

Le sélecteur `html>/**/body` permet de s'adresser à la plupart des navigateurs, en excluant les versions problématiques IE 7, IE 6 et inférieures, soit par exemple :

```
html>/**/body p { styles}
```

Dans cette astuce, également extraite du site de David Hammond, le début et la fin de commentaires CSS sont juxtaposés à l'intérieur du sélecteur, qui reste alors incompris par les navigateurs IE 7 et versions inférieures. En revanche, les navigateurs modernes interpréteront ces règles de style.

Propriétés de styles affectées à un navigateur

Les astuces pour réserver des styles à IE 6 ou 7 vont jusqu'à l'écriture des propriétés elles-mêmes. Ces techniques font perdre la validation CSS et ne devraient être utilisées que de façon temporaire, par exemple lors de la mise au point d'une feuille de style.

Exemple de propriété spécifique à IE 6

```
_width: 120px;
```

Le caractère de soulignement accolé à la propriété la rend invalide pour la plupart des navigateurs, même pour IE 7. Par contre Internet Explorer versions 6 et antérieures prendront bien en compte cette propriété de style.

Exemple de propriété reconnue uniquement par IE 6 et IE 7

```
*height: 100%;
```

Son nom étant précédé d'une étoile, la propriété de style ne sera pas interprétée par les navigateurs conformes, sauf Internet Explorer versions 7, 6 et antérieures qui prendront en compte cette propriété CSS, ignorant la présence de cette étoile.

Autre exemple de propriété spécifique à IE 6 et IE 7

```
width: expression(120 + "px");
```

Le mot-clé `expression(...)`, contenant entre parenthèses un assemblage ou un calcul en Javascript, est interprété par Internet Explorer, dans ses versions 7, 6 et antérieures seulement. C'est donc un équivalent de l'étoile accolée au nom de la propriété.

Compensation en JavaScript

Des programmes écrits en JavaScript permettent de combler les lacunes en CSS et HTML des différentes versions d'Internet Explorer. Les plus connus et complets de ces scripts ont été écrits par Dean Edwards et sont inclus à l'intérieur d'un seul fichier compressé, disponible à l'adresse :
http://code.google.com/p/ie7-js/

Compatibilité avec IE 7, 8 et 9

Dean Edwards a donc créé trois programmes pour compenser les défauts des anciennes versions, de façon à les mettre à niveau jusqu'à la version 7, 8 ou 9 d'Internet Explorer. Ces fichiers ont pour extension `.js` comme Java-Script et sont à intégrer à l'en-tête des pages web.

- Le script IE7.js fait en sorte que les navigateurs IE 5.5 et 6 interprètent les CSS 2 comme IE 7.
- Grâce au fichier IE8.js, le comportement des versions IE 5.5, 6 et 7 est rehaussé au niveau d'IE 8.
- Le programme IE9.js rend les versions IE 5.5, 6, 7 et 8 compatibles avec le navigateur plus moderne IE 9, du moins pour les utilisations basiques du HTML 5 (reconnaissance des nouvelles balises), ainsi que pour quelques sélecteurs et propriétés CSS.

Utilisation des fichiers de compatibilité

Un seul des trois fichiers indiqués précédemment sera nécessaire, son choix étant fonction de la compatibilité désirée. Par exemple, pour que le comportement d'IE 6 et IE 7 soit au niveau de celui d'IE 8, nous pourrons écrire dans l'en-tête de la page, entre les balises `<head>` et `</head>` :

```
<!--[if lt IE 8]>
    <script src="IE8.js"></script>
<![endif]-->
```

Ceci suppose ici d'avoir placé le fichier IE8.js dans le même dossier que notre page web, ainsi que l'image blank.gif qui lui est associée. La balise `<script>` qui appelle ce fichier est écrite entre commentaires conditionnels. Ainsi, elle est interprétée par les versions d'Internet Explorer inférieures à 8 et ignorée par les autres navigateurs.

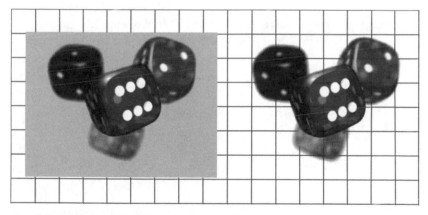

FIGURE B-4 *Affichage d'une image PNG avec plusieurs niveaux de transparence : à gauche par IE 6, à droite avec un navigateur moderne ou IE 6 plus un programme JavaScript (image Wikipédia).*

À NOTER **Transparence des images PNG avec IE 6**

Le navigateur Internet Explorer 6 ne reconnaît pas la transparence des images de type PNG. Les scripts de Dean Edwards résolvent ce problème, à condition que le nom des images concernées se termine par `-transp.png`. Pour que toutes les images PNG soient prises en compte, il faut initialiser une variable nommée `IE7_PNG_SUFFIX` (quelle que soit la version de script utilisée), ce qui donne pour notre exemple :

```
<script src="IE8.js">IE7_PNG_SUFFIX=".png";</script>
```

Cependant, cette méthode ne règle pas le problème d'IE 6 avec des images de fond, lorsqu'elles utilisent la transparence en PNG. Si cette prise en compte est nécessaire, il est préférable de la traiter à part avec une autre méthode, en annulant tout d'abord le traitement des images PNG par la méthode générale, de cette façon pour notre exemple :

```
<script src="IE8.js">IE7_PNG_SUFFIX=":";</script>
```

Le traitement par IE 6 des images de fond de type PNG avec transparence pourra alors être résolu par l'appel du script DD_belatedPNG écrit par Drew Diller et disponible à l'adresse :

▸ http://www.dillerdesign.com/experiment/DD_belatedPNG/

Une autre méthode consiste à écrire la balise image normale, sauf pour IE 6, puis une balise image spécifique à IE 6, en utilisant un filtre Microsoft et une image `blank.gif` de 1 pixel de côté. Voici le code affichant de cette manière l'image `logo.png` :

```
<!--[if gt IE 6]> <--->
  <img src="logo.png" />
<!--> <![endif]-->

<!--[if lte IE 6]>
  <img src="blank.gif"
      style=" width: 150px; height: 100px;
          filter:progid:
          DXImageTransform.Microsoft.AlphaImageLoader(
            src='logo.png', sizingMethod='scale');" />
<![endif]-->
```

Les trois premières lignes afficheront l'image logo.png sur tous les navigateurs sauf sur Internet Explorer versions 6 et inférieures, ces derniers utilisant les autres lignes de cet exemple, qui leur sont réservées. Les dimensions de l'image doivent être précisées dans la deuxième partie, elles ne doivent pas être différentes de celles du fichier image.

Interprétation du HTML et des propriétés CSS 2

Les navigateurs actuels interprètent correctement les balises HTML (au moins jusqu'à la version XHTML 1) et les propriétés CSS 2.1, mis à part certaines fonctions très rarement utilisées, comme celles liées au son ou à la pagination. Ce n'était pas toujours le cas pour certaines anciennes versions, en particulier d'Internet Explorer.

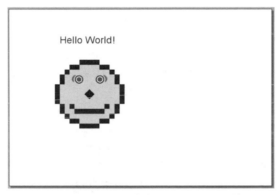

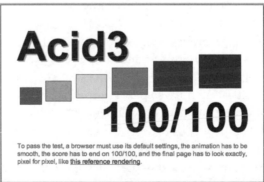

FIGURE B-5 *Créés pour inciter les développeurs à mieux respecter les normes CSS 2, le test Acid2 (http://acid2.acidtests.org), puis le test Acid3 (http://acid3.acidtests.org) : si le navigateur passe ce dernier test, il affiche une animation qui se termine par l'image du bas.*

Principaux défauts des anciennes versions d'Internet Explorer

Les différentes versions du navigateur Internet Explorer ont longtemps posé des problèmes, interprétant de façon erronée les CSS de base.

Problèmes liés à Internet Explorer 6

Les principales causes de soucis avec IE 6 sont les suivantes, d'abord en ce qui concerne les sélecteurs :

- La pseudo-classe `:hover` ne fonctionne qu'appliquée à la balise `<a>`.
- Les pseudo-classes `:first-child`, `:focus`, `:before` et `:after` ne sont pas reconnues.
- Les sélecteurs d'attribut indiqués entre crochets, comme par exemple `img[alt="logo"]`, ne sont pas compris.

Il existe de nombreuses autres sources de problèmes avec IE 6, à propos des propriétés de style :

- Les dimensions `width` et `height` intègrent les marges internes et l'épaisseur des bordures qui normalement n'y sont pas incluses.
- Ces dimensions `width` et `height`, en principe fixes lorsqu'elles sont fournies, sont comprises par IE 6 comme des dimensions minimales, donc traduites comme `min-width` et `min-height`.
- Par contre, les propriétés `min-width` et `min-height`, ne sont pas reconnues, pas plus que `max-width` ni `max-height`.
- Le centrage d'un bloc par la règle `margin: 0 auto;` n'est pas prise en compte et doit être remplacée par la propriété `text-align: center;` appliquée au bloc conteneur de l'élément concerné.
- La position fixe (règle `position: fixed;`) est ignorée, elle peut être remplacée par des solutions spécifiques écrites en JavaScript.
- La propriété `display` n'est que partiellement comprise, les propriétés `border-spacing`, `outline`, `caption-site` et `empty-cells` sont ignorées, de même que la balise HMTL `quotes`.

Problèmes liés à Internet Explorer 7

Bien que moins nombreuses, les mauvaises interprétations des normes par IE 7 sont notables :

- en ce qui concerne les sélecteurs, les pseudo-classes :first-child, :focus, :before et :after ne sont toujours pas reconnues ;
- la propriété display n'est que partiellement comprise, les propriétés border-spacing, outline, caption-site et empty-cells sont ignorées, de même que la balise HMTL quotes.

Ces listes ne sont qu'un extrait des nombreux défauts de ces deux navigateurs. La version IE 8 pose moins de problème pour la création de pages simples, des soucis apparaissent dans des cas de figures plus particuliers, comme la modification des pages via un programme JavaScript.

Test complet des anciens navigateurs

Des tests complets sont disponibles sur Internet, indiquant en détail le taux de compréhension des normes HTML 4 – XHTML 1 et CSS 2.1 par trois anciens navigateurs qui ont fait les beaux jours du Web : Internet Explorer versions 6 et 7, Firefox 2 et 3, et Opera 9. Ces tests sont le fruit de l'excellent et courageux travail de David Hammond (mentionnons son site : http://nanobox.chipx86.com) et peuvent être consultés à l'adresse : http://www.webdevout.net/browser_support.php.

This table is in summarized form. **View the full tables**

CSS 2.1					
Feature	IE 6	IE 7	Firefox 2	Firefox 3	Opera 9
CSS 2.1 Units					
Color	99%	99%	Y	Y	97%
Counter	N	N	Y	Y	i
Integer	Y	Y	Y	Y	Y
Length	Y	Y	Y	Y	Y
Number	Y	Y	Y	Y	Y
Percentage	Y	Y	Y	Y	Y
String	N	N	Y	Y	Y
URI	Y	Y	Y	Y	Y
CSS 2.1 Importance					
!important	i	i	Y	Y	Y
CSS 2.1 At-rules					
@charset	i	i	Y	Y	Y
@import	i	i	Y	Y	Y
@media	i	i	Y	Y	Y
@page	N	N	N	N	Y

Figure B–6 *Un extrait des tests effectués par David Hammond, disponibles sur le site* www.webdevout.net.

Interprétation des propriétés CSS 3

Comme nous l'avons vu, la norme CSS 3 n'est pas encore finalisée. Les nouveautés qu'elle apporte seront progressivement prises en compte par les navigateurs, au fur et à mesure de leurs nouvelles versions.

Les tableaux qui suivent nous permettront de savoir dans quelle mesure les éléments spécifiques à la norme CSS 3 sont compris par les principaux navigateurs dans leurs versions suivantes : Firefox 8, Internet Explorer 8 et 9 (IE 8/IE 9), Chrome 15, Safari 5.1 et Opera 11.52, qui sont les dernières versions stables au moment de la publication de ce livre.

Pour les utilisateurs de Windows XP, la dernière version de navigateur proposée par Microsoft est Internet Explorer 8, la version 9 n'étant disponible que pour les versions Windows Vista, Windows 7 et ultérieures. Ceux qui souhaitent utiliser un navigateur moderne sous Windows XP devront donc se tourner vers un logiciel dont la mise à jour est assurée pour ce système d'exploitation, comme Firefox, Chrome, Opera, etc.

Les nouvelles versions à venir de ces navigateurs viendront sans nul doute améliorer leur score et intégrer davantage de sélecteurs et propriétés CSS 3.

Nouveaux sélecteurs CSS 3

TABLEAU B-1 Prise en compte des sélecteurs CSS 3

Caractéristiques CSS 3	Firefox 8	IE8/IE 9	Chrome15	Safari 5	Opera 11.5
voisinage `E~F`	oui	oui/oui	oui	oui	oui
existence d'un attribut `E[attribut]`	oui	oui/oui	oui	oui	oui
attribut contenant le mot fourni `E[attr~="..."]`	oui	oui/oui	oui	oui	oui
attribut exact ou suivi d'un tiret `E[attr|="..."]`	oui	oui/oui	oui	oui	oui
attribut commençant par... `E[attribut^="..."]`	oui	oui/oui	oui	oui	oui

Tableau B-1 Prise en compte des sélecteurs CSS 3 (suite)

Caractéristiques CSS 3	Firefox 8	IE8/IE 9	Chrome 15	Safari 5	Opera 11.5
attribut se terminant par `E[attribut$="..."]`	oui	oui/oui	oui	oui	oui
attribut contenant `E[attribut*"..."]`	oui	oui/oui	oui	oui	oui
pseudo-classe `:not(...)`	oui	oui/oui	oui	oui	oui
pseudo-classe `:last-child`	oui	non/oui	oui	oui	oui
pseudo-classe `:first-of-type`	oui	non/oui	oui	oui	oui
pseudo-classe `:last-of-type`	oui	non/oui	oui	oui	oui
pseudo-classe `:only-child`	oui	non/oui	oui	oui	oui
pseudo-classe `:only-of-type`	oui	non/oui	oui	oui	oui
pseudo-classe `:nth-child(n)`	oui	non/oui	oui	oui	oui
pseudo-classe `:nth-of-type(n)`	oui	non/oui	oui	oui	oui
pseudo-classe `:nth-last-child(n)`	oui	non/oui	oui	oui	oui
pseudo-classe `:nth-last-of-type(n)`	oui	non/oui	oui	oui	oui
pseudo-classe `:checked`	oui	non/oui	oui	oui	oui
pseudo-classe `:empty`	oui	non/oui	oui	oui	oui
pseudo-classe `:enabled`	oui	non/oui	oui	oui	oui
pseudo-classe `:disabled`	oui	non/oui	oui	oui	oui
pseudo-classe `:focus`	oui	oui/oui	oui	oui	oui
pseudo-classe `:root`	oui	non/oui	oui	oui	oui

TABLEAU B-1 Prise en compte des sélecteurs CSS 3 (suite)

Caractéristiques CSS 3	Firefox 8	IE8/IE 9	Chrome15	Safari 5	Opera 11.5
pseudo-classe :target	oui	non/oui	oui	oui	oui
pseudo-classe ::selection	non	non/oui	oui	oui	oui

Polices et couleurs

TABLEAU B-2 Prise en compte des téléchargements de police et codages de couleur CSS 3

Caractéristiques CSS 3	Firefox 8	IE8/IE 9	Chrome15	Safari 5	Opera 11.5
téléchargement de police @font-face	oui	non/oui	oui	oui	oui
couleurs rgba(...)	oui	non/oui	oui	oui	oui
couleurs hsl(...)	non	non/non	non	non	non
couleurs hsla(...)	non	non/non	non	non	non

Propriétés CSS 3

Il ne s'agit pas ici d'un test exhaustif de toutes les possibilités apportées par ces nouvelles propriétés. Le tableau B-12 indique simplement si chacune d'entre elles est reconnue ou non, à partir d'un test simple.

Lorsqu'une propriété nécessite l'ajout d'un préfixe pour être interprétée, ce préfixe est indiqué dans le tableau : -moz- pour Mozilla Firefox, -webkit- pour Chrome et Safari qui sont basés sur le même moteur Webkit, -ms- comme Microsoft pour Internet Explorer et-o- pour Opera.

TABLEAU B-3 Prise en compte des principales propriétés CSS 3

Caractéristiques CSS 3	Firefox 8	IE8/IE 9	Chrome15	Safari 5	Opera 11.5
animation et @keyframes	-moz-	non/non	-webkit-	-webkit-	non
animation-delay	-moz-	non/non	-webkit-	-webkit-	non

TABLEAU B-3 Prise en compte des principales propriétés CSS 3 (suite)

Caractéristiques CSS 3	Firefox 8	IE8/IE 9	Chrome15	Safari 5	Opera 11.5
animation-direction	-moz-	non/non	-webkit-	-webkit-	non
animation-duration	-moz-	non/non	-webkit-	-webkit-	non
animation-iteration-count	-moz-	non/non	-webkit-	-webkit-	non
animation-name	-moz-	non/non	-webkit-	-webkit-	non
animation-play-state	-moz-	non/non	-webkit-	-webkit-	non
animation-timing-function	-moz-	non/non	-webkit-	-webkit-	non
appearance	-moz-	non/non	-webkit-	-webkit-	non
background-attachment	non	non/oui	oui	oui	oui
background-clip	oui	non/oui	oui	oui	oui
background-image (plusieurs images de fond)	oui	non/oui	oui	oui	oui
background-origin	oui	non/oui	oui	oui	oui
background-size	oui	non/oui	oui	oui	oui
background: linear-gradient(..)	-moz-	non/non	-webkit-	-webkit-	-o-
background: radial-gradient(..)	-moz-	non/non	-webkit-	-webkit-	non
background: repeating-linear-gradient(..)	non	non/non	-webkit-	-webkit-	non
background: repeating-radial-gradient(..)	non	non/non	-webkit-	-webkit-	non

Tableau B-3 Prise en compte des principales propriétés CSS 3 (suite)

Caractéristiques CSS 3	Firefox 8	IE8/IE 9	Chrome15	Safari 5	Opera 11.5
`border-bottom-left-radius`	oui	non/oui	oui	oui	oui
`border-bottom-right-radius`	oui	non/oui	oui	oui	oui
`border-image`	-moz-	non/non	-webkit-	-webkit-	-o-
`border-radius`	oui	non/oui	oui	oui	oui
`border-style` (nouvelles bordures)	non	non/non	non	non	non
`border-top-left-radius`	oui	non/oui	oui	oui	oui
`border-top-right-radius`	oui	non/oui	oui	oui	ouis
`box-shadow`	oui	oui/oui	oui	oui	oui
`box-sizing`	-moz-	oui/oui	oui	oui	oui
`columns` (raccourci)	non	non/non	-webkit-	-webkit-	non
`column-count`	-moz-	non/non	-webkit-	-webkit-	oui
`column-gap`	-moz-	non/non	-webkit-	-webkit-	oui
`column-rule` (raccourci)	-moz-	non/non	-webkit-	-webkit-	oui
`column-rule-color`	-moz-	non/non	-webkit-	-webkit-	oui
`column-rule-style`	-moz-	non/non	-webkit-	-webkit-	oui
`column-rule-width`	-moz-	non/non	-webkit-	-webkit-	oui
`column-span`	non	non/non	-webkit-	-webkit-	oui
`column-width`	-moz-	non/non	-webkit-	-webkit-	oui
`font-stretch`	non	non/non	non	non	non
`nav-down`	non	non/non	non	non	non
`nav-index`	non	non/non	non	non	non
`nav-left`	non	non/non	non	non	non

TABLEAU B-3 Prise en compte des principales propriétés CSS 3 (suite)

Caractéristiques CSS 3	Firefox 8	IE8/IE 9	Chrome15	Safari 5	Opera 11.5
nav-right	non	non/non	non	non	non
nav-up	non	non/non	non	non	non
outline-offset	oui	non/non	oui	oui	oui
opacity	oui	non/oui	oui	oui	oui
resize	oui	non/non	oui	oui	non
text-overflow	oui	oui/oui	oui	oui	oui
text-shadow	oui	non/non	oui	oui	oui
transform: matrix	non	non/-ms-	-webkit-	-webkit-	-o-
transform: rotate	-moz-	non/-ms-	-webkit-	-webkit-	-o-
transform: scale	-moz-	non/-ms-	-webkit-	-webkit-	-o-
transform: skew	-moz-	non/-ms-	-webkit-	-webkit-	-o-
transform: translate	-moz-	non/-ms-	-webkit-	-webkit-	-o-
transform-origin	-moz-	non/-ms-	-webkit-	-webkit-	-o-
transition	-moz-	non/non	-webkit-	-webkit-	-o-
transition-delay	-moz-	non/non	-webkit-	-webkit-	-o-
transition-duration	-moz-	non/non	-webkit-	-webkit-	-o-
transition-property	-moz-	non/non	-webkit-	-webkit-	-o-
transition-timing-function	-moz-	non/non	-webkit-	-webkit-	-o-
word-break	non	oui/oui	oui	oui	non

En ce qui concerne les propriétés associées aux transformations 3D, elles ne sont généralement pas prises en compte par les navigateurs, seules quelques-unes sont reconnues par Safari avec le préfixe `-webkit-`.

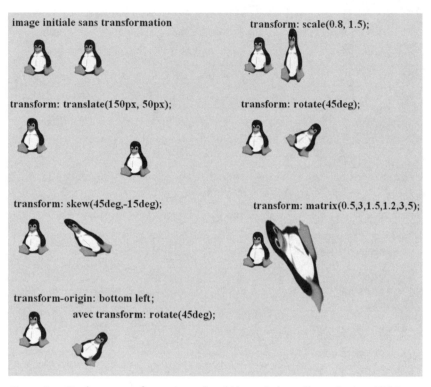

FIGURE B-7 *Quelques transformations géométriques à deux dimensions en CSS 3, affichées par le navigateur Chrome.*

Figure B-8 *Quelques effets de la transparence en CSS3, sur un fond de vacances (sources : Wikipédia et Wikimédia)*

Résumé des propriétés CSS

Voici quelques pages qui pourront servir de référence, puisqu'elles résument les caractéristiques principales de chaque propriété.

Une fois habitué à l'utilisation des feuilles de style, vous aurez parfois besoin d'un petit rappel sur une propriété. Alors, ces index seront bien pratiques pour vous rafraîchir la mémoire.

Propriétés communes aux normes CSS 2 et CSS 3

Ces tableaux ont été réalisés d'après une page du site www.yoyodesign.org, qui propose la traduction en français des normes du W3C, le World Wide Web Consortium : http://www.yoyodesign.org/doc/w3c/css2/propidx.html. La page web originale en anglais se trouve à l'adresse http://www.w3.org/TR/REC-CSS2/propidx.html.

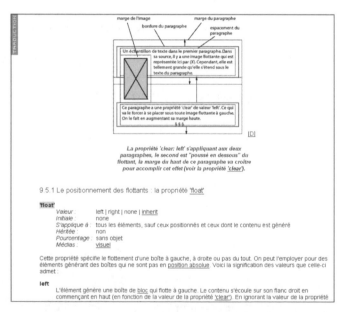

FIGURE C-1 *Pour plus de détails sur une propriété CSS, n'hésitez pas à consulter les documents du W3C, partiellement traduits en français à l'adresse :* www.yoyodesign.org/doc/w3c/index.php *et complets en anglais à l'adresse :* www.w3.org/standards/techs/css.

Propriétés d'affichage

Ces propriétés affectées aux écrans d'ordinateur, donc de type @media screen, font partie de la norme CSS 2 et constituent toujours les bases de la version CSS 3.

TABLEAU C–1 Index des propriétés d'affichage CSS 2 et CSS 3

Propriété	Fonction	Valeurs (H) si héritage	Valeur initiale	S'applique à (par défaut : tous éléments)	Pourcentage (si utilisé)
background	fond	[background-color || background-image || background-repeat || background-attachment || background-position] | inherit	voir chaque propriété		admis pour backgroun d- position
background-attachment	défilement de l'image de fond	scroll | fixed | inherit	scroll		
background-color	couleur de fond	<couleur> | transparent | inherit	transparent		
background-image	image de fond	<uri> | none | inherit	none		
background-position	position de l'image de fond	[[<pourcentage> | <longueur>]{1,2} | [[top | center | bottom] || [left | center | right]]] | inherit	0 % 0 %	éléments de type bloc et éléments remplacés	% de la taille de la boîte elle-même

TABLEAU C–1 Index des propriétés d'affichage CSS 2 et CSS 3 (suite)

Propriété	Fonction	Valeurs (H) si héritage	Valeur initiale	S'applique à (par défaut : tous éléments)	Pourcentage (si utilisé)
background-repeat	répétition de l'image de fond	repeat | repeat-x | repeat-y | no-repeat | inherit	repeat		
border	raccourci pour les bordures	[border-width || border-style || <couleur>] | inherit	voir chaque propriété		
border-collapse	fusion des bordures	collapse | separate | inherit (H)	collapse	éléments avec 'display: table' ou 'display: inline-table'	
border-color	couleur des bordures	<couleur>{1,4} | transparent | inherit	voir chaque propriété		
border-spacing	espace entre les bordures	<longueur> <longueur>? | inherit (H)	0	éléments avec 'display: table' ou 'display: inline-table'	
border-style	style de bordure	<bordure-style>{1,4} | inherit	voir chaque propriété		

Tableau C-1 Index des propriétés d'affichage CSS 2 et CSS 3 (suite)

Propriété	Fonction	Valeurs (H) si héritage	Valeur initiale	S'applique à (par défaut : tous éléments)	Pourcentage (si utilisé)
`border-top` `border-right` `border-bottom` `border-left`	bordures sur les côtés	[border-top-width || border-style || <couleur>] | inherit	voir chaque propriété		
`border-top-color` `border-right-color` `border-bottom-color` `border-left-color`	couleur des bordures sur les côtés	<couleur> | inherit	la valeur de la propriété 'color'		
`border-top-style` `border-right-style` `border-bottom-style` `border-left-style`	style de bordure sur les côtés	<bordure-style> | inherit	none		
`border-top-width` `border-right-width` `border-bottom-width` `border-left-width`	épaisseur des bordures sur les côtés	<bordure-épaisseur> | inherit	medium		

TABLEAU C-1 Index des propriétés d'affichage CSS 2 et CSS 3 (suite)

Propriété	Fonction	Valeurs (H) si héritage	Valeur initiale	S'applique à (par défaut : tous éléments)	Pourcentage (si utilisé)
border-width	épaisseur des bordures	<bordure-épaisseur>{1,4} | inherit	voir chaque propriété		
bottom	position par rapport au bas	<longueur> | <pourcentage> | auto | inherit	auto	éléments positionnés	% de la hauteur du conteneur
caption-side	emplacement du titre (tableau)	top | bottom | left | right | inherit (H)	top	éléments avec 'display: table-caption'	
clear	pas de boîtes flottantes à côté	none | left | right | both | inherit	none	éléments de type bloc	
clip	zone visible	<forme> | auto | inherit	auto	éléments de type bloc et éléments remplacés	
color	couleur de police	<couleur> | inherit (H)	selon navigateur		

Tableau C-1 Index des propriétés d'affichage CSS 2 et CSS 3 (suite)

Propriété	Fonction	Valeurs (H) si héritage	Valeur initiale	S'applique à (par défaut : tous éléments)	Pourcentage (si utilisé)
content	contenu à ajouter	[<chaîne> | <uri> | <compteur> | attr(X) | open-quote | close-quote | no-open-quote | no-close-quote]+ | inherit	chaîne vide	pseudo-éléments :before et :after	
counter-increment	incrémentation de compteur	[<identifiant> <entier>?]+ | none | inherit	none		
counter-reset	remise à zéro de compteur	[<identifiant> <entier>?]+ | none | inherit	none		
cursor	type de curseur	[[<uri> ,]* [auto | crosshair | default | pointer | move | e-resize | ne-resize | nw-resize | n-resize | se-resize | sw-resize | s-resize | w-resize| text | wait | help]] | inherit (H)	auto	(médias interactifs)	
direction	sens de lecture	ltr | rtl | inherit (H)	ltr	tous les éléments	

TABLEAU C–1 Index des propriétés d'affichage CSS 2 et CSS 3 (suite)

Propriété	Fonction	Valeurs (H) si héritage	Valeur initiale	S'applique à (par défaut : tous éléments)	Pourcentage (si utilisé)
display	mode d'affichage d'un élément	inline | block | list-item | run-in | inline-block | table | inline-table | table-row-group | table-header-group | table-footer-group | table-row | table-column-group | table-column | table-cell | table-caption | none | inherit	inline	(tous médias)	
empty-cells	bordure des cellules vides	show | hide | inherit (H)	show	éléments avec 'display: table-cell'	
float	transformation en bloc flottant	left | right | none | inherit	none	tous les éléments, sauf ceux positionnés ou avec un contenu généré	

Tableau C-1 Index des propriétés d'affichage CSS 2 et CSS 3 (suite)

Propriété	Fonction	Valeurs (H) si héritage	Valeur initiale	S'applique à (par défaut : tous éléments)	Pourcentage (si utilisé)
font	raccourci pour les propriétés font-...	[[font-style || font-variant || font-weight]? font-size [/ line-height]? font-family] | caption|icon|menu| message-box|small-caption| status-bar | inherit (H)	voir chaque propriété		admis pour font-size et line-height
font-family	police(s) de caractères	[[<famille-nom> | <famille-générique>],]* [<famille-nom> | <famille-générique>] | inherit (H)	selon l'agent utilisateur		
font-size	taille des caractères	<taille-absolue> | <taille-relative> | <longueur> | <pourcentage> | inherit (H)	medium		% de la taille de police du bloc parent
font-style	italique	normal|italic|oblique|inherit (H)	normal		
font-variant	petites majuscules	normal|small-caps|inherit (H)	normal		

TABLEAU C-1 Index des propriétés d'affichage CSS 2 et CSS 3 (suite)

Propriété	Fonction	Valeurs (H) si héritage	Valeur initiale	S'applique à (par défaut : tous éléments)	Pourcentage (si utilisé)
font-weight	graissage des caractères	normal | bold | bolder | lighter | 100 | 200 | 300 | 400 | 500 | 600 | 700 | 800 | 900 | inherit (H)	normal		
height	hauteur	<longueur> | <pourcentage> | auto | inherit	auto	tous les éléments, sauf en-ligne non remplacés et colonnes de tableau	voir explications
left	décalage à partir de la gauche	<longueur> | <pourcentage> | auto | inherit	auto	éléments positionnés	% de la largeur du bloc conteneur
letter-spacing	espacement entre les lettres	normal | <longueur> | inherit (H)	normal		

Tableau C-1 Index des propriétés d'affichage CSS 2 et CSS 3 (suite)

Propriété	Fonction	Valeurs (H) si héritage	Valeur initiale	S'applique à (par défaut : tous éléments)	Pourcen-tage (si utilisé)
line-height	hauteur de ligne	normal ‖ <nombre> ‖ <longueur> ‖ <pourcentage> ‖ inherit (H)	normal		% de la taille de la police de l'élément lui-même
list-style	raccourci pour les propriétés list-style-...	[list-style-type ‖ list-style-position ‖ list-style-image] ‖ inherit (H)	voir chaque propriété	éléments avec 'display: list-item'	
list-style-image	image à utiliser comme puce	<uri> ‖ none ‖ inherit (H)	none	éléments avec 'display: list-item'	
list-style-position	position de la puce	inside ‖ outside ‖ inherit (H)	outside	éléments avec 'display: list-item'	

TABLEAU C-1 Index des propriétés d'affichage CSS 2 et CSS 3 (suite)

Propriété	Fonction	Valeurs (H) si héritage	Valeur initiale	S'applique à (par défaut : tous éléments)	Pourcen-tage (si utilisé)
list-style-type	type de puce ou de numérotation	disc | circle | square | decimal | decimal-leading-zero | lower-roman | upper-roman | lower-greek | lower-alpha | lower-latin | upper-alpha | upper-latin | hebrew | armenian | georgian | cjk-ideographic | hiragana | katakana | hiragana-iroha | katakana-iroha | none | inherit (H)	disc	éléments avec 'display: list-item'	
margin	raccourci pour les marges extérieures	<marge-largeur>{1,4} | inherit	voir chaque propriété		% de la largeur du bloc conteneur
margin-top margin-right margin-bottom margin-left	marges extérieures de chaque côté	<marge-largeur> | inherit	0		% de la largeur du bloc conteneur

Tableau C-1 Index des propriétés d'affichage CSS 2 et CSS 3 (suite)

Propriété	Fonction	Valeurs (H) si héritage	Valeur initiale	S'applique à (par défaut : tous éléments)	Pourcentage (si utilisé)
max-height	hauteur maximum	`<longueur>` | `<pourcentage>` | none | inherit	none	tous éléments, sauf en-ligne non remplacés et éléments des tableaux	% de la largeur du bloc conteneur
max-width	largeur maximum	`<longueur>` | `<pourcentage>` | none | inherit	none	tous éléments, sauf en-ligne non remplacés et éléments des tableaux	% de la largeur du bloc conteneur
min-height	hauteur minimum	`<longueur>` | `<pourcentage>` | inherit	0	tous éléments, sauf en-ligne non remplacés et éléments des tableaux	% de la largeur du bloc conteneur

TABLEAU C–1 Index des propriétés d'affichage CSS 2 et CSS 3 (suite)

Propriété	Fonction	Valeurs (H) si héritage	Valeur initiale	S'applique à (par défaut : tous éléments)	Pourcen-tage (si utilisé)
min-width	largeur minimum	<longueur> | <pourcentage> | inherit	selon le navigateur	tous éléments, sauf en-ligne non remplacés et éléments des tableaux	% de la largeur du bloc conteneur
outline	raccourci pour les propriétés outline-...	[outline-color || outline-style || outline-width] | inherit	voir chaque propriété		
outline-color	couleur du contour des boîtes	<couleur> | invert | inherit	invert		
outline-style	style du contour des boîtes	<bordure-style> | inherit	none		
outline-width	épaisseur du contour des boîtes	<bordure-épaisseur> | inherit	medium		

Tableau C-1 Index des propriétés d'affichage CSS 2 et CSS 3 (suite)

Propriété	Fonction	Valeurs (H) si héritage	Valeur initiale	S'applique à (par défaut : tous éléments)	Pourcentage (si utilisé)
`overflow`	affichage des débordements	visible | hidden | scroll | auto | inherit	visible	éléments de type bloc et éléments remplacés	
`padding`	raccourci pour les propriétés padding...	<espacement-largeur>{1,4} | inherit	voir chaque propriété		% de la largeur du bloc conteneur
`padding-top` `padding-right` `padding-bottom` `padding-left`	marges intérieures de chaque côté	<espacement-largeur> | inherit	0		% de la largeur du bloc conteneur
`position`	type de positionnement	static | relative | absolute | fixed | inherit	static	tous les éléments, sauf ceux avec contenu généré	

TABLEAU C-1 Index des propriétés d'affichage CSS 2 et CSS 3 (suite)

Propriété	Fonction	Valeurs (H) si héritage	Valeur initiale	S'applique à (par défaut : tous éléments)	Pourcentage (si utilisé)
quotes	caractères pour guillemets	[<chaîne> <chaîne>]+ | none | inherit (H)	selon navigateur		
right	décalage à partir de la droite	<longueur> | <pourcentage> | auto | inherit	auto	éléments positionnés	% de la largeur du bloc conteneur
table-layout	largeur des colonnes fixe ou variable	auto | fixed | inherit	auto	éléments avec 'display: table' ou 'display: inline-table'	
text-align	alignement horizontal du texte	left | right | center | justify | <chaîne> | inherit (H)	selon navigateur	éléments de type bloc	
text-decoration	souligné-barré-clignotant-...	none | [underline || overline || line-through || blink] | inherit	none		

Tableau C-1 Index des propriétés d'affichage CSS 2 et CSS 3 (suite)

Propriété	Fonction	Valeurs (H) si héritage	Valeur initiale	S'applique à (par défaut : tous éléments)	Pourcentage (si utilisé)
text-indent	retrait de la première ligne	<longueur> | <pourcentage> | inherit (H)	0	éléments de type bloc	% de la largeur du bloc conteneur
text-transform	majuscules-minuscules	capitalize | uppercase | lowercase | none | inherit (H)	none		
top	décalage à partir du haut	<longueur> | <pourcentage> | auto | inherit	auto	éléments positionnés	% de la largeur du bloc conteneur
unicode-bidi	gestion du texte bidirectionnel	normal | embed | bidi-override | inherit	normal		

TABLEAU C-1 Index des propriétés d'affichage CSS 2 et CSS 3 (suite)

Propriété	Fonction	Valeurs (H) si héritage	Valeur initiale	S'applique à (par défaut : tous éléments)	Pourcentage (si utilisé)
vertical-align	alignement ou décalage vertical	baseline | sub | super | top | text-top | middle | bottom | text-bottom | <pourcentage> | <longueur> | inherit	baseline	éléments de type en-ligne (décalage vertical) ou avec 'display: table-cell' (alignemt)	% de la valeur de line-height de l'élément lui-même
visibility	affichage de l'élément	visible | hidden | collapse | inherit	inherit		
white-space	conservation des espaces et des sauts de ligne	normal | pre | nowrap | inherit (H)	normal	éléments de type bloc	
width	largeur de l'élément	<longueur> | <pourcentage> | auto | inherit	auto	tous les éléments, sauf en-ligne non remplacés et rangées de tableau	% de la largeur du bloc conteneur

TABLEAU C-1 Index des propriétés d'affichage CSS 2 et CSS 3 (suite)

Propriété	Fonction	Valeurs (H) si héritage	Valeur initiale	S'applique à (par défaut : tous éléments)	Pourcentage (si utilisé)
word-spacing	espacement entre les mots	normal | <longueur> | inherit (H)	normal		
z-index	ordre de superposition	auto | <entier> | inherit	auto	éléments positionnés	

Principales propriétés spécifiques aux CSS 3

Suivant le même schéma que les tableaux précédents, voici un résumé des principales nouvelles propriétés apportées par la norme CSS 3. Il faut cependant garder à l'esprit que cette norme n'est pas finalisée et que des évolutions des caractéristiques qui figurent dans ce tableau sont possibles.

High Priority	Current	Upcoming
CSS Level 2 Revision 1	Candidate Recommendation	Proposed Recommendation
Selectors	Proposed Recommendation	Recommendation
CSS Mobile Profile 2.0	Candidate Recommendation	Proposed Recommendation
CSS Marquee	Candidate Recommendation	Proposed Recommendation
Medium Priority	**Current**	**Upcoming**
CSS Snapshot 2007	Last Call	Candidate Recommendation
CSS Namespaces	Candidate Recommendation	Proposed Recommendation
CSS Paged Media	Last Call	Last Call
CSS Print Profile	Last Call	Candidate Recommendation
CSS Values and Units	Working Draft	Working Draft
CSS Cascading and Inheritance	Working Draft	Working Draft
CSS Text	Working Draft	Working Draft
CSS Text Layout		Working Draft
CSS Line Grid		Working Draft
CSS Ruby	Candidate Recommendation	Working Draft
CSS Generated Content for Paged Media	Working Draft	Working Draft
CSS Backgrounds and Borders	Candidate Recommendation	Proposed Recommendation
CSS Fonts	Working Draft	Last Call
CSS Basic Box Model	Working Draft	Working Draft
CSS Multi-column Layout	Candidate Recommendation	Proposed Recommendation
CSS Template Layout	Working Draft	Working Draft
Media Queries	Candidate Recommendation	Proposed Recommendation
CSS Speech	Working Draft	Working Draft
CSS Color	Last Call	Proposed Recommendation
CSS Basic User Interface	Candidate Recommendation	Test Suite
CSS Scoping		Working Draft
CSS Grid Positioning	Working Draft	Working Draft
CSS Flexible Box Layout	Working Draft	Working Draft
CSS Image Values	Working Draft	Working Draft
CSS 2D Transformations	Working Draft	Working Draft
CSS 3D Transformations	Working Draft	Working Draft

FIGURE C–2 *Le W3C tient à jour l'état d'avancement de la norme CSS3 à l'adresse http://www.w3.org/Style/CSS/current-work.*

Tableau C-2 Index des propriétés d'affichage CSS 3

Propriété	Fonction	Valeurs (H) si héritage	Valeur initiale	S'applique à (par défaut : tous éléments)	Pourcentage (si utilisé)
animation	animation au chargement de la page	[<animation-name> || <animation-duration> || <animation-timing-function> || <animation-delay> || <animation-iteration-count> || <animation-direction> || <animation-fill-mode>]	voir chaque propriété		
animation-delay	délai avant le début de l'animation	<durée> [, <durée>]+	0		
animation-direction	sens de l'animation	normal | alternate [, normal | alternate]+	normal		
animation-duration	durée de l'animation	<durée> [, <durée>]+	0		
animation-fill-mode	aspect initial et final de l'élément	none | forwards | backwards | both [,...]+	none		

TABLEAU C-2 Index des propriétés d'affichage CSS 3 (suite)

Propriété	Fonction	Valeurs (H) si héritage	Valeur initiale	S'applique à (par défaut : tous éléments)	Pourcen-tage (si utilisé)
animation-iteration-count	nombre de répétitions de l'animation	infinite | <nombre> [,infinite | <nombre>]	1		
animation-name	nom de l'animation	none | <nom> [, none | <nom>]+	none		
animation-play-state	suspension de l'animation	running | paused [,running | paused]+	running		
animation-timing-function	évolution de la vitesse de transition	ease | linear | ease-in | ease-out | ease-in-out | step-start | step-end | steps(nombre[,start | end]) | cubic-bezier(x1,y1,x2,y2) [,...]+	ease		
appearance	apparence de l'élément	normal | <apparence> comme button, push-button, hyperlink, radio-button, checkbox, pop-up-menu, list-menu, radio-group, checkbox-group, field, password | inherit	normal		

Tableau C–2 Index des propriétés d'affichage CSS 3 (suite)

Propriété	Fonction	Valeurs (H) si héritage	Valeur initiale	S'applique à (par défaut : tous éléments)	Pourcentage (si utilisé)
background-clip	arrière-plan sous la bordure ou non	border-box | padding-box | content-box		blocs	
background-image	image de fond	none | url(...) | linear-gradient(...) | repeating-linear-gradient(...) | radial-gradient(...) | repeating-radial-gradient(...)	none		
background-origin	origine pour la position de l'image d'arrière-plan	border-box | padding-box | content-box		blocs	
background-size	dimension de l'image d'arrière-plan	auto | <longueur>{1,2} | <pourcentage>{1,2} | contain | cover	auto	blocs	% des dimensions du bloc
border-bottom-left-radius	arrondi du coin inférieur gauche	<longueur> ou %{1,2}	0	blocs	
border-bottom-right-radius	arrondi du coin inférieur droit	<longueur> ou %{1,2}	0	blocs	

TABLEAU C-2 Index des propriétés d'affichage CSS 3 (suite)

Propriété	Fonction	Valeurs (H) si héritage	Valeur initiale	S'applique à (par défaut : tous éléments)	Pourcen-tage (si utilisé)
border-image	encadrement par une image	none | <url> <pourcentage>{1,4} [<stretch | repeat | round>]	none	blocs	
border-radius	arrondi des coins	none | <longueur> ou %{1,4} [<longueur>{ou %1,4}]	0	blocs	
border-top-left-radius	arrondi du coin supérieur gauche	<longueur> ou %{1,2}	0	blocs	
border-top-right-radius	arrondi du coin supérieur droit	<longueur>{ ou %1,2}	0	blocs	
box-shadow	ombrage d'un bloc	none | x y flou couleur [, x y flou couleur ,...]	none	blocs	
box-sizing	dimensions incluant ou non padding et bordures	content-box | border-box	content-box	blocs	
columns	multicolonnage	[column-count || column-width]	voir chaque propriété	blocs	

Tableau C-2 Index des propriétés d'affichage CSS 3 (suite)

Propriété	Fonction	Valeurs (H) si héritage	Valeur initiale	S'applique à (par défaut : tous éléments)	Pourcentage (si utilisé)
column-count	nombre de colonnes	auto | <entier>	auto	blocs	
column-fill	équilibrage des colonnes	auto | balance	auto	blocs	
column-gap	espacement entre colonnes	<largeur> | <pourcentage> | auto | normal | inherit	normal (1em)	blocs	% relatif au contenu
column-rule	trait de séparation des colonnes	[column-rule-style || column-rule-width || column-rule-color]	voir chaque propriété	blocs	
column-rule-color	couleur du trait de séparation des colonnes	<couleur>	valeur de la propriété 'color'	blocs	
column-rule-style	type de trait de séparation des colonnes	<border-style>	none	blocs	

TABLEAU C-2 Index des propriétés d'affichage CSS 3 (suite)

Propriété	Fonction	Valeurs (H) si héritage	Valeur initiale	S'applique à (par défaut : tous éléments)	Pourcentage (si utilisé)
column-rule-width	épaisseur du trait de séparation des colonnes	<border-width>	medium	blocs	
column-span	étalement d'un titre sur plusieurs colonnes	1 | all	1	blocs	
column-width	largeur des colonnes	auto | <largeur>	auto	blocs	% de la largeur du contenu
font-stretch	largeur des lettres	ultra-condensed | extra-condensed | condensed | semi-condensed | normal | semi-expanded | expanded | extra-expanded | ultra-expanded | inherit (H)	normal		

TABLEAU C-2 Index des propriétés d'affichage CSS 3 (suite)

Propriété	Fonction	Valeurs (H) si héritage	Valeur initiale	S'applique à (par défaut : tous éléments)	Pourcentage (si utilisé)
nav-index	ordre de tabulation dans un menu	auto	<nombre>	inherit	auto		
nav-up, nav-down, nav-left, nav-right	navigation au clavier	auto	<id>	inherit	auto		
opacity	taux d'opacité	<nombre> (entre 0 et 1 - décimale=point)	inherit	1 (opacité totale)		
outline-offset	espacement entre border et outline	<longueur>	inherit	0		
resize	bloc redimensionnable	none	both	horizontal	vertical	inherit	none	blocs avec overflow hidden ou scroll	
text-overflow	Marqueur de coupure de ligne	clip	ellipsis		[<texte>]	inherit	clip	blocs	
text-shadow	ombrage du texte	none	x y flou couleur [x y flou couleur ...](H)	none		

TABLEAU C-2 Index des propriétés d'affichage CSS 3 (suite)

Propriété	Fonction	Valeurs (H) si héritage	Valeur initiale	S'applique à (par défaut : tous éléments)	Pourcentage (si utilisé)
transform	transformation par une fonction géométrique	none | translateX(...) | translateY(...) | translate(...) | scaleX(...) | scaleY(...) | scale(...) | rotate(...) | skewX(...) | skewY(...) | skew(...)	none		
transform-origin	origine de l'opération de transformation	[<longueur> | % | mots-clés] {1,2} avec mots-clés = combinaisons parmi top / center / bottom et left / center / right	50 % 50 %		
transition	changement progressif de propriétés	[<'transition-property'> || <'transition-duration'> || <'transition-timing-function'> || <'transition-delay'> [, [<'transition-property'> || <'transition-duration'> || <'transition-timing-function'> || <'transition-delay'>]]	voir chaque propriété		

Tableau C-2 Index des propriétés d'affichage CSS 3 (suite)

Propriété	Fonction	Valeurs (H) si héritage	Valeur initiale	S'applique à (par défaut : tous éléments)	Pourcen-tage (si utilisé)
transition-delay	délai avant le début de la transition	<durée> [, <durée>]+	0		
transition-duration	durée de la transition	<durée> [, <durée>]+	0		
transition-property	propriétés pour lesquelles il y aura transition	none | all | <propriété> [, <propriété>]+	all		
transition-timing-function	évolution de la vitesse de transition	ease | linear | ease-in | ease-out | ease-in-out | step-start | step-end | steps(nombre[, start | end]) | cubic-bezier(x1,y1,x2,y2) [,...]+	ease		
word-break	coupure des mots longs	normal | break-all | keep-all (H)	normal		

Pour compléter ce tableau résumant les nouvelles propriétés CSS 3, il ne faut pas oublier les nouvelles valeurs possibles en CSS 3 pour quelques propriétés déjà présentes dans la norme CSS 2 :

- `background`, `background-attachment`, `background-image`, `background-position`, `background-repeat` : plusieurs valeurs possibles, pour le support des images de fond multiples ;
- `background-attachment` : valeur `local`, en plus de `scroll` (par défaut) et `fixed` ;
- `border`, `border-style`, `border-top-style`, `border-bottom-style`, `border-left-style`, `border-right-style` : types de bordure `dot-dash`, `dot-dot-dash` et `wave`, en plus des valeurs habituelles `none` (par défaut), `hidden`, `solid`, `dotted`, `dashed`, `double`, `groove`, `ridge`, `inset` et `outset`.

Styles pour les médias paginés et sonores

Média paginé

La plupart de ces propriétés de type `@media print` sont communes aux normes CSS 2 et CSS 3, seules les propriétés `image-orientation`, `fit` et `fit-position` sont apparues avec les CSS 3.

TABLEAU C-3 Index des propriétés CSS pour les médias paginés

Propriété	Fonction	Valeurs (H) si héritage	Valeur initiale	S'applique à
`image-orientation`	rotation d'image	auto | <angle>	auto	images
`fit`	remplissage de la page par l'image	fill | hidden | meet | slice (H)	fill	éléments remplacés

TABLEAU C-3 Index des propriétés CSS pour les médias paginés (suite)

Propriété	Fonction	Valeurs (H) si héritage	Valeur initiale	S'applique à
`fit-position`	position de l'image	[[<pourcentage> | <length>]{1,2} | [[top | center | bottom] || [left | center | right]]] | auto (H)	0% 0%	éléments remplacés
`orphans`	orphelines	<entier> | inherit (H)	2	éléments de type bloc
`page`	choix de la page destination	<identifiant> | auto (H)	auto	éléments de type bloc
`page-break-after`	saut de page après	auto | always | avoid | left | right | inherit	auto	éléments de type bloc
`page-break-before`	saut de page avant	auto | always | avoid | left | right | inherit	auto	éléments de type bloc
`page-break-inside`	autorisation de saut de page	avoid | auto | inherit (H)	auto	éléments de type bloc
`size`	portrait-paysage / taille	<longueur>{1,2} | auto | [<format-page> || [portrait | landscape]]	auto	contexte de page
`widows`	veuve	<entier> | inherit (H)	2	éléments de type bloc

Média sonore

Les CSS 2 proposaient déjà des styles associés au type `@media speech`. Cependant, les noms de propriétés, leurs valeurs et la façon même d'aborder la lecture sonore ont été très largement remaniés par la norme CSS 3.

Tableau C–4 Index des propriétés CSS3 pour les médias sonores

Propriété	Fonction	Valeurs (H) si héritage	Valeur initiale	S'applique à (par défaut : tous éléments)
cue	raccourci pour cue-before et cue-after	<'cue-before'> <'cue-after'>?	voir chaque propriété	
cue-after	délimitation sonore après l'élément lu	<uri> <decibel>? | none	none	
cue-before	délimitation sonore avant l'élément lu	<uri> <decibel>? | none	none	
pause	raccourci pour pause-before et pause-after	[[<durée> | <'pause-before'> <'pause-after'>?	none	
pause-after	pause après élément et délimitation sonore	<durée> | none | x-weak | weak | medium | strong | x-strong	none	
pause-before	pause avant élément et délimitation sonore	<durée> | none | x-weak | weak | medium | strong | x-strong	none	
rest	raccourci pour rest-before et rest-after	<'rest-before'> <'rest-after'>?	none	
rest-after	pause après élément et avant délimitation sonore	<durée> | none | x-weak | weak | medium | strong | x-strong	none	

Tableau C-4 Index des propriétés CSS3 pour les médias sonores (suite)

Propriété	Fonction	Valeurs (H) si héritage	Valeur initiale	S'applique à (par défaut : tous éléments)
`rest-before`	pause avant élément et après délimitation sonore	`<durée>` | `none` | `x-weak` | `weak` | `medium` | `strong` | `x-strong`	`none`	
`speak`	texte à lire ou non	`auto` | `none` | `normal` (H)	`auto`	
`speak-as`	lecture des ponctuations	`normal` | `spell-out` || `digits` || [`literal-punctuation` | `no-punctuation`] (H)	`normal`	
`voice-balance`	balance gauche/droite du son	`<number>` | `left` | `center` | `right` | `leftwards` | `rightwards` (H)	`center`	
`voice-duration`	durée de lecture	`auto` | `<durée>`	`auto`	
`voice-family`	type de voix à utiliser	`[[<nom> | <voix-générique>],]*` `[<nom> | <voix-générique>]` | `preserve` (H) où `<voix-générique>` = `[<âge>?` `<genre> <nombre>?]`	selon le navigateur	

TABLEAU C-4 Index des propriétés CSS3 pour les médias sonores (suite)

Propriété	Fonction	Valeurs (H) si héritage	Valeur initiale	S'applique à (par défaut : tous éléments)
voice-pitch	fréquence moyenne de la voix	\<fréquence\> && absolute | [[x-low | low | medium | high | x-high] || [\<fréquence\> | \<demi-tons\> | \<pourcentage\>]] (H)	medium	
voice-range	étendue des variations de tonalité	\<fréquence\> && absolute | [[x-low | low | medium | high | x-high] || [\<fréquence\> | \<demi-tons\> | \<pourcentage\>]] (H)	medium	
voice-rate	vitesse de lecture	[normal | x-slow | slow | medium | fast | x-fast] || \<pourcentage\> (H)	normal	
voice-stress	accentuation des mots en relief	normal | strong | moderate | none | reduced (H)	normal	
voice-volume	volume moyen du son	silent | [[x-soft | soft | medium | loud | x-loud] || \<decibel\>] (H)	medium	

Propriétés classées par catégories

Quelles propriétés CSS peuvent être utilisées pour paragraphe, pour un tableau, pour une liste ?

L'index précédent classait les propriétés par ordre alphabétique.

Voici à présent les noms seuls des principales propriétés, avec cette fois un regroupement par catégories d'utilisation.

Propriétés communes aux CSS 2 et CSS 3

Caractères

```
background-color,
color,
font,
font-family,
font-size,
font-style,
font-variant,
font-weight,
text-decoration,
text-transform,
vertical-align
```

Mots, paragraphes et blocs de texte

```
background,
background-attachment, background-color,
background-image, background-position,
background-repeat,

border,
border-top, border-right, border-bottom, border-left,
border-color,
border-top-color, border-right-color,
border-bottom-color, border-left-color,
border-spacing,
border-style,
border-top-style, border-right-style,
```

```
border-bottom-style, border-left-style,
border-width,
border-top-width, border-right-width,
border-bottom-width, border-left-width,

outline,
outline-color, outline-style, outline-width,

margin,
margin-top, margin-right, margin-bottom, margin-left,

height, width,
max-height, max-width, min-height, min-width,

padding,
padding-top, padding-right,
padding-bottom, padding-left,

text-align, text-indent,
line-height, letter-spacing, word-spacing,
white-space,

content, quotes,
counter-increment, counter-reset,
direction, unicode-bidi, cursor
```

Listes à puces ou à numéros

```
list-style,
list-style-image,
list-style-position,
list-style-type
```

Tableaux

```
border-collapse,
border-spacing,
caption-side,
empty-cells,
table-layout,
```

```
text-align,
vertical-align
```

Positionnement

```
display, visibility,
float,
position,
top, bottom,
right, left,
clear, clip,
overflow,
z-index
```

Propriétés spécifiques aux CSS 3

Mots, paragraphes et blocs de texte

```
@font-face, font-stretch,
appearance, word-break,
opacity, text-shadow,

nav-index,
nav-up, nav-down, nav-left, nav-right,

box-shadow, outline-offset,
border-image,
border-radius,
border-top-left-radius, border-top-right-radius,
border-bottom-left-radius, border-bottom-right-
radius,

box-sizing, resize,
text-overflow,
text-overflow-mode, text-overflow-ellipsis
```

Images de fond et dégradés de couleur

```
background-origin, background-clip,
background-size, background-attachment,
background: linear-gradient(...),
background:radial-gradient(...),
background: repeating-linear-gradient(...),
background: repeating-radial-gradient(...)
```

Multicolonnage

```
columns,
column-count, column-width,
column-gap,
column-rule,
column-rule-style, column-rule-width,
column-rule-color
column-span, column-fill
```

Transformations géométriques

```
transform: ...

avec les fonctions 2D
matrix(a,b,c,d,e,f),
translateX(x), translateY(y), translate(x,y)
scaleX(x), scaleY(y), scale(x,y)
rotate(angle),
skewX(angle), skewY(angle), skew(angle1, angle2)

et avec les fonctions 3D
matrix(a,b,c,d,e,f,g,h,i,j,k,l,m,o,p),
translateX(x), translateY(y), translateZ(z),
translate3d(x,y,z)
scaleX(x), scaleY(y), scaleZ(z), scale(x,y,z)
rotateX(angle), rotateY(angle), rotateZ(angle),
rotate3d(x,y,z,angle),
perspective(profondeur)
```

```
transform-origin
transform-style, backface-visibility
perspective, perspective-origin
```

Transitions et animations

```
transition, transition-property, transition-duration,
transition-timing-function, transition-delay
@keyframes, animation,
animation-name, animation-duration,
animation-timing-function, animation-delay,
animation-iteration-count, animation-direction,
animation-fill-mode, animation-play-state
```

Médias paginés et sonores

Médias paginés

```
page-break-before, page-break-after
page-break-inside
size, page
orphans, widows
image-orientation, fit, fit-position
```

Médias sonores

```
voice-volume, voice-balance
speak, speak as
voice-family, voice-rate, voice-pitch
voice-range, voice-stress
voice-duration
cue, cue-before, cue-after
pause, pause-before, pause-after
rest, rest-before, rest-after
```

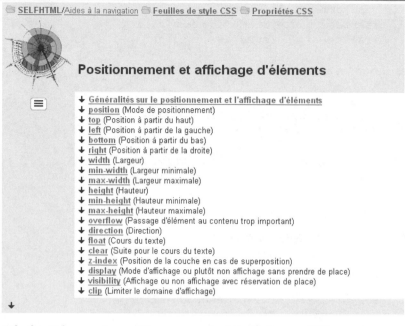

FIGURE C-3 *Extrait de la page http://fr.selfhtml.org/css/proprietes/positionnement.htm. Le site SelfHTML est une source d'information très complète pour le développeur web.*

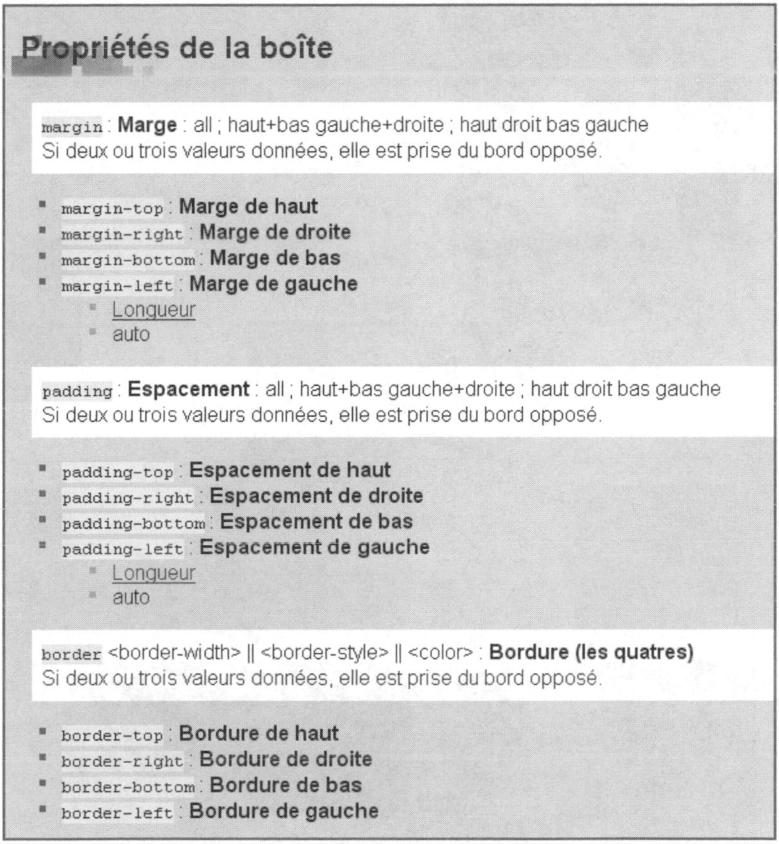

Propriétés de la boîte

`margin` : **Marge** : all ; haut+bas gauche+droite ; haut droit bas gauche
Si deux ou trois valeurs données, elle est prise du bord opposé.

- `margin-top` : **Marge de haut**
- `margin-right` : **Marge de droite**
- `margin-bottom` : **Marge de bas**
- `margin-left` : **Marge de gauche**
  - Longueur
  - auto

`padding` : **Espacement** : all ; haut+bas gauche+droite ; haut droit bas gauche
Si deux ou trois valeurs données, elle est prise du bord opposé.

- `padding-top` : **Espacement de haut**
- `padding-right` : **Espacement de droite**
- `padding-bottom` : **Espacement de bas**
- `padding-left` : **Espacement de gauche**
  - Longueur
  - auto

`border` <border-width> || <border-style> || <color> : **Bordure (les quatres)**
Si deux ou trois valeurs données, elle est prise du bord opposé.

- `border-top` : **Bordure de haut**
- `border-right` : **Bordure de droite**
- `border-bottom` : **Bordure de bas**
- `border-left` : **Bordure de gauche**

FIGURE C–4 *Extrait de la page http://slaout.linux62.org/html_css/doc_css.html, qui propose des tutoriels et des aide-mémoire sur le HTML et les CSS.*

Références bibliographiques et sites web

Voici maintenant quelques références pour compléter cet ouvrage et aller plus loin, ainsi que des sites web intéressants.

L'objectif de cet ouvrage était la présentation des techniques de base nécessaires pour créer des pages web, à savoir le HTML, les feuilles de style CSS et leur mise en pratique. Une fois que vous aurez compris la philosophie de la programmation HTML/CSS, il pourra continuer à vous servir d'aide-mémoire.

Pour aller plus loin, n'hésitez pas à consulter des ouvrages plus volumineux, qui vous présenteront en détail d'autres cas concrets d'application.

Bibliographie

Voici une liste d'ouvrages qui sont actuellement des références en matière de développement HTML/CSS :

- *CSS 3 pour les web designers*, de Jeremy Keith, éditions Eyrolles
- *HTML 5 pour les web designers*, de Dan Cederholm, éditions Eyrolles
- *Stratégie de contenu web*, d'Erin Kissane, éditions Eyrolles
- *Réussir son site web avec XHTML et CSS*, de Mathieu Nebra, éditions Eyrolles
- *CSS 2 Pratique du design web*, de Raphaël Goetter, éditions Eyrolles
- *Memento CSS*, de Raphaël Goetter, éditions Eyrolles
- *CSS - Techniques professionnelles pour une mise en page moderne*, d'Éric Meyer, éditions Pearson Education
- *XHTML/CSS et JavaScript pour le Web mobile - Développement iPhone et Android avec iUI et XUI*, par Éric Sarrion, éditions Eyrolles

Sites web utiles

Les quelques sites web qui suivent sont très intéressants (attention à ne pas oublier le signe / qui termine certaines adresses). Vous pourrez y glaner d'autres informations, applications pratiques et astuces. Cette liste n'est évidemment pas exhaustive, ce n'est qu'un aperçu des trésors de la toile...

- Le World Wide Web Consortium (W3C) met à notre disposition l'ensemble des normes web
  http://www.w3.org
- Le W3C propose notamment les spécifications officielles en anglais des différentes versions des normes CSS
  http://www.w3.org/TR/CSS
- Il existe une traduction en français de certaines spécifications officielles du W3C, dont les feuilles de style CSS
  http://www.yoyodesign.org/doc/w3c/index.php
- La communauté de propositions et d'aide WHATWG est à l'origine de la norme HTML 5 (en anglais)
  http://www.whatwg.org/
- W3Schools est un site en anglais comprenant nombre de tutoriels autour des normes du Web
  http://www.w3schools.com
- Le groupe OpenWeb, qui a pour but de populariser les standards du Web, propose entre autres des tutoriels dédiés au (X)HTML et aux CSS
  http://openweb.eu.org
- Le site Pompage a pour sous-titre « Web design puisé à la source », et traduit en français une sélection d'articles parus à propos du Web
  http://pompage.net/
- Un ensemble d'articles du site Pompage, intitulé « CSS : On reprend tout à zéro ! », constitue un tutoriel intéressant sur les feuilles de style
  http://pompage.net/pompe/cssdezero-1/
- Le Site du Zéro contient des tutoriels, des articles et des forums
  http://www.siteduzero.com/
- Outre une sélection de scripts, le site ToutJavaScript.com propose des tutoriels pour le JavaScript
  http://www.toutjavascript.com/savoir
- Alsacréations est un lieu d'échange de tutoriels et d'astuces
  http://www.alsacreations.com
- Le forum d'Alsacréations est également une bonne source de renseignements sur des cas pratiques
  http://forum.alsacreations.com

- CSS3.info donne, comme son nom l'indique, des informations sur les CSS 3 (en anglais)
  http://www.css3.info
- Framasoft est une ressource très utile qui permet de choisir et de télécharger des logiciels libres ainsi que des documentations
  http://www.framasoft.net
- Zen Garden offre une démonstration très esthétique des possibilités apportées par les feuilles de style
  http://csszengarden.com/tr/francais

FIGURE D–1 *Extraits du site http://www.framasoft.net, réalisation de la communauté francophone du logiciel libre, qui recense et commente plus de 1 500 programmes, propose des liens pour leur téléchargement, des tutoriels et des forums de discussion.*

Index

Dépôt légal : décembre 2011
N° d'éditeur : 8668
IMPRIMÉ EN FRANCE

Achevé d'imprimer le 30 novembre 2011
sur les presses de l'imprimerie « La Source d'Or »
63039 Clermont-Ferrand
Imprimeur n° 12828

Dans le cadre de sa politique de développement durable,
La Source d'Or a été référencée IMPRIM'VERT®
par son organisme consulaire de tutelle.
Cet ouvrage est imprimé - pour l'intérieur - sur papier offset « Amber Graphic » 90 g
provenant de la gestion durable des forêts, des papeteries Arctic Paper,
dont les usines ont obtenu les certifications environnementales ISO 14001 et E.M.A.S.